初中生阅读写作进阶指导丛书

张　隽◎著

写作之旅

同济大学出版社
TONGJI UNIVERSITY PRESS
·上海·

内 容 提 要

本书是“初中生阅读写作进阶指导丛书”的第一部。这套丛书主要针对初中生写作和阅读中的焦点问题和疑难困惑进行指导，阅读对象主要是初中生和初中阶段的新入职教师，是一套在学与教基础上，兼具工具性和文学性的实用读物。本书依据学生的写作类型分为上、中、下三篇。上篇为备考作文指导，通过典型的写作样例，全方位讲解备考作文的策略与方法，内容精炼、通俗易懂，易于学习掌握。中篇为应用文写作指导，旨在强化日常应用文写作的规范性和生动性。下篇集结日常写作的一些基本类型，运用阅读与鉴赏的形式，和读者共同探讨自由写作的真谛。下篇是本书写作的宗旨，回归写作的本真状态，写作是一种融入生活、书写个人情志、解析生命的精神活动。

本书可作为初中生写作的指导用书，也可供新入职初中语文教师及相关人士参考借鉴。

图书在版编目(CIP)数据

写作之旅 / 张隽著. --上海：同济大学出版社，2022.4

ISBN 978-7-5765-0206-0

Ⅰ.①写… Ⅱ.①张… Ⅲ.①作文课—初中—教学参考资料 Ⅳ.①G634.343

中国版本图书馆 CIP 数据核字(2022)第 072604 号

初中生阅读写作进阶指导丛书

写作之旅

张 隽 著

策划编辑 张 莉 **责任编辑** 任学敏 **责任校对** 徐春莲 **封面设计** 渲彩轩

出版发行 同济大学出版社 www.tongjipress.com.cn
(地址：上海市四平路 1239 号 邮编：200092 电话：021-65985622)
经　　销 全国各地新华书店
印　　刷 常熟市大宏印刷有限公司
开　　本 787mm×1092mm 1/16
印　　张 12.75
字　　数 318 000
版　　次 2022 年 4 月第 1 版 2022 年 4 月第 1 次印刷
书　　号 ISBN 978-7-5765-0206-0

定　　价 48.00 元

序言

十多年前，我在华东师范大学指导教育硕士论文写作，有幸与张隽老师相识。看到她论文的开题报告，我眼前一亮，结构的完整性，参考文献的列举方式，还有论文的创新之处等，与其他同学相比，都明显高出一筹，可见她是一个很用功的同学。后来她的论文写就之后，我稍微提了一点建议，她都采纳了，顺利通过了答辩。毕业之后，她在复旦大学第二附属中学工作。她经常抽空来我主持的上海市虹口区语文名师培养基地听讲座，同我交流语文教学方面的问题，渐渐地我们从师生变成了好朋友。近期，她的《写作之旅》即将付梓，请我写序，我欣然应允。

一个优秀的教师要如诗人般爱做梦，喜欢憧憬明天。对职业的憧憬，促使自己设置一个奋斗的目标。目标一旦确立，一个人在工作中就会有强烈的冲动、愿望和使命感、责任感，就能在工作中不断自我挑战，从而感受教育生活每一天的新鲜，拥有诗意的教育生活。张隽老师就是这样一位有职业理想、对学生充满责任感的老师，她把自己十多年的教学经验和实践成果提炼再思考，形诸文字，以期更好地帮助学生写好作文。

学校里流传着这样一条“知识折旧率”：一年不学习，自己知道；两年不学习，同事知道；三年不学习，学生知道。一劳永逸、以不变应万变已经是不可能实现的奢望。对于教师而言，不读书学习意味着误人子弟；一个喜爱读书、善于读书的教师，方能教出喜爱读书、善于读书的学生。读《写作之旅》，看得出张隽老师为了完成此书，阅读了国内外大量有关写作的书籍，有了深厚的积淀和广阔的视野。因此，《写作之旅》在同类书籍中，就显得特别耀眼。

作文和说话是同一个目的，只是所用的工具不同而已。毋庸讳言，学生不会写作文，怕写作文的不在少数。叶圣陶先生曾说："假如有所表白，这当是有关人间的事情的，则必须合于事理的真际，切乎生活的实况；假如有所感兴，这当是不倾吐不舒快的，则必须本于内心的郁积，发乎情性的自然。这种要求可以称之为'求诚'。"然而，中小学的作文教学，存在着严重的问题，主要是作文主体的失落，学生话语权的丢失，写的是别人的事，说的是别人的话，抒的是别人的情。有人这样调侃中学生作文的"真实性"：所说的都是假的，只有假话才是真的。言不由衷的现象，现在大有蔓延之势。学生写作失去了"小我"，只有清一色的"大我"。怎样引导学生改变，许多教师在思考，张隽老师不仅在思考，而且可贵的是她把思考转化为行动，给学生方法，为学生作文"指路"，且这些方法富有新意，切实可行。

本书有三个特点：一是"全"，全书三篇，上篇为备考写作，中篇为应用文写作，下篇为自由写作。从学生学习实际出发，先急后缓，先作文的基本要求，再有的放矢地进行指导。从作文的形式看，既有学生日常训练的常见文体，也有学生喜欢的日记、随笔等；既有备考作文的关键内容，也有不被人们关注的应用文；既有学生习作的典型案例，也有古代名家的大作赏析。从具体的内容看，一篇好作文需要具备的几个基本要素都有，如结构、材料、语言、主题等，可谓一本在手，作文不愁。二是"高"，站位高，落点实。上、中、下三篇，每篇都有两章，第一章都是理论支撑，如"上海市初中语文课程终结性评价指南解读""学生基本素养能力要求""《义务教育语文课程标准》的写作要求"等。这些"依据"，如同在茫茫沙漠中前行的目标，使得本书紧跟新课程的要求，在落实学科核心素养上找到了一个"落脚点"，可资借鉴。三是"新"。这本《写作之旅》，从书名到各章节的布局，作者都用心良苦，不同于同类指导书，不是简单"习作 + 点评"的集本，而是把自己长期的教学经验提炼加工，来源于教学现场，又高于教学实践。以"旅行"贯穿全书，让学生打消了"作文难"的顾虑。从上篇"备考写作指南"到中篇"应用文写作指南"，再到下篇"自由写作指南"，相信经过这样一段旅程，同学们对于写作的认识是会不断深化的。作为一种学科写作，我们可以总结写作的规律和技法，并娴熟地运用在写作之中，而当做了足够的综合与分析后，我们会发现很多一以贯之的写作原则。我相信，同学们阅读此书，犹如在名山大川中行走，既会身心愉悦，也会收获满满。

有人曾把教师分为三个层次：一流的教师教思想，二流的教师教方法，三流的教师教知识。真正的好教师应该有一定的教育思想，能站在学生发展的角度，站在整个学科的“制高点”上，能够把思维过程呈现给学生，能够让学生感受方法选取的过程，从而使其领悟其中的思想。本书不是简单的作文方法指导，而是有作者对语文学科的独特认知和理解，更有其对中学生写作的思考和创新。

金代元好问《论诗三首》之二有云：“晕碧裁红点缀匀，一回拈出一回新。鸳鸯绣了从教看，莫把金针度与人。”诗中所说“鸳鸯绣了从教看，莫把金针度与人”，意思是鸳鸯图刺绣好了可以随便人家观看、欣赏，却不能把绣花金针送给别人。而张隽老师不仅愿意把作文的“金针”度与人，而且还想尽办法将其巧妙地传授给广大读者。

为之感动，是为序！

华东师范大学附属第一中学学术委员会主任

上海市特级教师

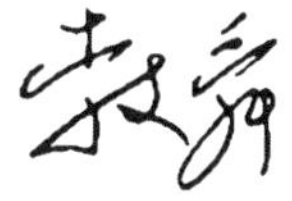

2021 年 12 月

目录

上篇　备考写作指南

中考兼具毕业诊断和升学选拔功能，是九年制义务教育的终结性测评，测评的结果直接或间接地影响学生后续的发展，在学生的学习生涯中具有举足轻重的意义。在“科教兴国”和高等教育普及的教育环境下，基础教育对学生学科素养、综合能力的奠基作用一直以来备受重视。另外，学生、家长和社会的产业链都不可避免地围绕着教育公平和资源均衡这个核心话题。所以无论是学生的个人发展，还是整个教育体制的革新，都应更加重视教育教学的规范。从学科角度来看，以评价指南为经，以基本素养能力培育作纬，全面提升学生的学科综合素养，培养学生多维素养的再生能力和兼容能力，是学科之重。写作，作为语文教学的一个分支，于学生而言难度相对较高。本篇以备考作为契机，通过系统写作方法的教授，引导学生敢于写作、乐于写作，开启学生的写作之旅。

第一章　上海中考作文要求与阶梯作文训练

中考作文要求是日常的写作教学和学生写作能力的反馈指标。教学活动具有导向作用，关注受教育者个体的学习经历和学习策略，分析受教育群体的学习能力和学习习惯，预设受教育者全体的心理模式和思维态势，选用适当的教学方法加以指导，对受教育者的写作能力和写作兴趣的提升有重要作用。语文教学评价是对教学技能和学力水平的甄别，是由诊断性评价、形成性评价衍生出的终结性评价。本章从《2021年上海市初中语文课程终结性评价指南》（以下行文中简称《终结性评价指南》）入手，具体分析上海市中考作文的标准，并以学生的学科素养培养为核心，探索写作指导的路径。

《终结性评价指南》对于写作能力的要求包含记叙、说明和议论点评三个基本要点。从对事件表象的记录叙写到对客体本质的深层挖掘，这样的能力要求具有层级性，在日常教学训练中需要设置由浅入深、由表及里的思维框架，借助常规训练中的素材加以练习。此外，需要将整个初中的写作教学视为一个整体，各层级的教学策略均需把握好尺度。

第一节　《2021年上海市初中语文课程终结性评价指南》解读

《终结性评价指南》对作文的要求：

4. 写作能力

4.1　能记叙生活中的人、事、物。

4.2　能说明生活中的事物和事理。

4.3　能对社会现象表达自己的感受、认识和见解。

4.4　能在规定时间内完成不少于600字的文章。

4.5　文章应符合题意，中心明确，内容充实，感情真挚，结构完整，条理清楚，表达通顺、连贯。

4.6　字迹清楚，书写规范，卷面整洁。

从《终结性评价指南》中，我们可以清晰地看到语文的智育目标在评价体系中的真实体现。写作是学生认知水平显性转化的重要形式，也是语文学习中最有难度的。它是学生的阅读、积累经过思维转化后再创造的过程。这个过程包含激发情感，也包含认知世界，二者高度统一，需要作者在静观和思考中再次将生活体验化为艺术形象，并且用贴切的语言表达出来。写作既表达作者的心迹与情感，也体现作者的价值观和人生观。

从显性的角度而言，《终结性评价指南》的作文要求里涵盖了表达方式中的三大类：记叙、说明和议论。首先，要求学生掌握记叙的六要素，将事件的起因、经过、结果完整地叙述出来。能在叙述过程中设置跌宕起伏的情节和引人入胜的细节是记叙的更高一级要求。其次，对生活中的事物和事理能透过现象挖掘本质，进行合理的阐释，能对客体和主体认知的空白部分进行补白和延伸，给予读者以逻辑勾连，这是第二层要求。第三，“表达自己的感受、认识和见解”，这是写作的根本。每一个学生的作文都是一个开放的空间，读者进行阅读时可能也会产生多元的期待。作为教师的阅读者会在自己既往审美经验和既往生活经验的基础上形成一定的定向期待，这对学生的表达准确性要求提高了，“中心明确，内容充实，感情真挚，结构完整，条理清楚，表达通顺、连贯”。而在考场上，因为诸多因素的影响，学生很难在短时间内完成这个要求，经常在审题、选材和立意环节出现各种偏差。审题片面导致选材范围的狭窄是惯常情况，而立意不高、人云亦云的情况也是层出不穷。因此，在作文训练中，学生对既有素材深度阅读、挖掘文本内涵，并用准确的语言表达出来至关重要。

从隐性的角度而言，上述要求中也包含了描写和抒情两种表达方式。根据笔者多年来从事作文教学以及批阅考试作文的经验，描写这种表达方式在学生作文中具有无可替代的作用。描写是学生词语把握能力、情境感知能力，以及想象力、迁移力等最为生动的表达。任何一篇文章，作者只要能做到定格而生动的描写，文章就一定能呈现一种别样的美。所以，学生在习作训练中，有意识地训练对事物、情境“镜头式”刻画和描摹，对写作能力的提高大有裨益。当然，所有的描写应该服务于文本的中心主旨。清代王原祁说：“如命意不高，眼光不到，虽渲染周致，终属隔膜。”所以，具体的描绘和情志的抒发需以文章主旨为导向。

第二节　学生基本素养能力的培养

教育的目的在于受教育者的全面发展。“全面”包含了多维景深，学生的核心素养多层级目标是整个能力支架的焦点，思维能力和语用能力是学生能力支架的两翼，三者之间相融相形，共同支撑学生的发展。

一、基于学生核心素养的要求

学生核心素养，主要指学生应具备的，能够适应终身发展和社会发展需要的必备品格和关键能力。核心素养包含文化基础、自主发展和社会参与三个方面，涵盖人文底蕴、科学精神、学会学习、健康生活、责任担当和实践创新六大方面的核心素养，具体可以细化到18个基本要点。

核心素养观点，是在国际比较的基础上，分析综合了15个国际组织、国家和地区的核心素养研究方法提出的，从思路框架到内容形式、从逻辑起点到实践运用，都高度符合我国的国情和学生身心发展规律。这个庞大的体系与学科课程融合，为学生的终身发展奠定了基础。

在语文教学中，德育目标、智育目标和美育目标从不同的维度围绕学生核心素养的发展而设计。尤其是写作教学与写作评估，它们是培养学生核心素养和检验目标达成情况的重要形式。

《毛诗序》中语云：“情动于中而形成于言。”写作是一种情志融合的脑力活动。“情发于声，声成文谓之音”。学生通过作文的形式向外界表达自己独特的见解，而这个行为本身有两个支点：其一为认识宇宙外界；其二为认识自我。在历届中考作文题中，我们可以明晰地读到核心素养的基本要点。《不止一次，我努力尝试过》(2015年)，《没想到，真没想到》(2016年)，《就这样，埋下一颗种子》(2017年)，《真的不容易》(2018年)，《这事，真带劲》(2019年)以及《有一种甜》(2020年)，以上作文题的共性是高度关注了学生个体的自主性。自主性是人作为主体的根本属性。在生命的起源里，人作为万物之灵长，无论是物质形态的发展还是思想的进化，人都具有其他物种不可替代的优越性。人在繁衍生息的历程中又掌握了文化的命脉，成为历史时空里的主宰。回归到前面提到的核心素养，高度彰显“自主发展”是我们尊重生命个体的本能手段。学生在写作时，可以反观自己的学习和生活，思考个体的人生价值和社会价值。在心灵深处埋下一颗种子，在风雨兼程的前行中抒发理想，在破茧成蝶的奋进中欢呼，这正是中考作文命题里蕴涵的人生哲学。

近年的中考作文，文化倾向也是一个突出表现。作文中大量涌现出文化类素材，比如传统戏曲、民间风俗、文艺技法等成为学生青睐的作文素材。在学生的文字里，我们能体会到人文积淀和审美情趣。学生会大量运用描写、议论和抒情的手法表达自己对传统文化的热爱之情，这里，有对传统文化的歌赞，有对文化衰微的忧虑，也有对文化转型的欣慰。学生的表达具有多层次的景深，从文化自觉到责任担当，从科学精神到实践创新，从个体觉醒到社会参与，我们从中能看到学生珍爱生命，文化自信的精神风貌。

二、基于学生思维培养的要求

思维是人类最重要的高级心理活动之一。思维是人运用大脑并借助语言这个媒介和载体对事物和事理的概括和反应认知的过程。这个活动过程与人的智力水平和情感认知程度相关，是知识积淀、理解深化后的产物，可以实现从事物的现象到本质的跨越。思维的外在形式有直接感知和间接认知。直接感知属于本能反应范畴，间接认知是在先前经验的基础上进行新的逻辑推演而形成的。关于思维研究的相关资料显示，思维水平是具有一定的评估标准的。美国"批判性思维国家高层理事会"主席，国际公认的批判性思维权威理查德·保罗(Richard Paul)在其所著的《批判性思维工具》一书中，将思维的标准划分为清晰性、准确性、精确性、相关性、深度、广度、逻辑性、重要性和公正性九个方面。从这个标准里，我们可以看到思维的准确严密、思维的内涵以及逻辑自洽是优质思维的基本要求。

写作活动的构思是非常重要的。晋代陆机较早谈及思维在文学创作中的作用，探讨了"物、意、文"之间的矛盾，提出了"意不称物，文不逮意"的问题，指出文章构思和客观对象不相符合的矛盾。刘勰《文心雕龙》中《神思》是创作论的总纲，他认为艺术构思是"驭文之首术，谋篇之大端"。刘勰一定程度受到了陆机的影响，指出了"思理为妙，神与物游"这类主观情感和客观外物相互作用的精神活动在写作中的重要意义。

新课标提出，要重视学生思维能力的培养，学生的逻辑思维能力、形象思维能力和创新推演能力都应是训练的重点。面对一个写作命题，审题的过程是思维开发的第一步。半命题、全命题或者材料作文，必须抓住题目中的"题眼"，从"题眼"

出发进行文章构思。这里有一个对题目的深层次和多元化解读并进行甄选优化的过程，需要结合自己的已有经验和认知对题目的内涵进行重组。这里的经验包含阅读经验、生活经验及在此之上形成的深化理解。重组的过程也是确立素材的过程，这个过程一般比较长，学生会在选择时产生犹豫和徘徊。素材确立后对文章结构和主体的定位是思维的进阶过程。这个思维阶段，学生大脑进入开放式高速运转状态，学生需要运用动作思维、形象思维和抽象思维等对材料进行剪裁、组合等精加工。作文教学中，审题立意是教师关注较多的，而素材确立和文章布局的思维过程，更多的时候，是学生独立完成的。这个过程思维的引导相对缺乏一些，作文教学中成果的鉴赏和展示也重点落在字词的品析或者主题研究上，所以如何将素材演变成作品的思维过程应该是作文教学指导中一个需要关注的领域。这个思维过程的引导以及相应的材料处理是本章节的重点内容，希望能对学生写作的"前创作时期"给予一些有效的指导。

三、基于语用表达能力的要求

语用学是语言学、哲学和心理学的一个分支学科，分析研究影响语言行为的标准和规则。语用学研究中，意义和语境是基本元素。广义的语用，主要指"语言文字的运用"，包括听说读写的能力训练。"语文课程是一门学习语言文字运用的综合性、实践性课程"，这是就语文的本体意义而言的。语文课程的基础首先是母语的教学，母语这个载体本身的特质决定了学习的方式。语言文字具有表意性、形象性、审美性等特征。学生在学习过程中，需要从文字的本义、引申义和比喻义等多个维度出发，结合具体的语境对词语、句子、段落和篇章进行理解。这是一个由点到面、由浅入深、由表及里的循序渐进的过程，而且这个过程会受到外在环境因素、接受主体智力因素、语义框架以及心理等因素的影响，进而导致相同的作品、不同的读者产生认知的差异。这种差异具有存在的合理性，但出于规范化的语用要求，我们需要在一定程度上规范个体语言运用，所以在课程教学中，需要形成相对统一的语用体系。

学生听说读写语用能力培养的重要性被一再提及。它在国际学生评价项目(Program for International Student，PISA)测试中也作为一个重要的考察指标对学生进行评估。但目前在课程教学中，"说"这一能力的训练占据的比重略多于其他几项。不少学生通过自我阅读和其他方式获取信息，具有较为全面的知识积淀，课堂上思维敏捷，参与感较强，能快速进行知识的联系和迁移，表现出很好的语用能力。然而，这些学生听和写的能力就相对薄弱。大部分学生不能成为一个静心的倾听者，对于交流语境中其他人的表达，未能准确把握表达者的意愿，也不能针对表达主体的观点进行延伸提炼，形成自己的新的观点。写的环节对于大部分学生来说，更是不够理想。通常的表现是错别字多，词不达意，篇章结构线条不清，主旨不够深刻等。而且，很多学生对于写作有本能的心理恐惧。这种恐惧常常导致基本的写作任务也只是疲于应付，更别说找到写作的乐趣。文字的表达是"寄兴味""明情志"的一种方式，这个过程本身应该是任心所适。写作主体同时也是审美主体，最好的心理过程是兴会神到，"伫兴而作"，这样才易于达到主体需要表达的目标。

所以，听说读写的语用能力培养是学生语文素养培养的重点，是语文学科文学性和工具性有机统一的关键。教师需要针对学生的认知规律和知识积淀，制定分层目标。通过阶段目标达成的方式，教师对学生进行循序渐进的指导，实现听—说—读—写—思循环往复的能力训练，从知识的渗透到实践运用，培养学生的语用能力。

第三节　日常写作训练

写作训练是语文教学中占据一定时间比例的教学环节。目前学生的写作训练主要有大作文、随笔和阅读延伸写作三类。

一、大作文

大作文是大多数初中生每个学期都要完成的学习任务。此类写作命题来源主要是语文测试、教学单元主题，当然也包括语文教师根据学期写作计划设置的一些有针对性的命题。大作文目前以全命题、半命题为主，偶尔间杂材料类作文。

这类作文的写作主要是在学生当堂测试时，或者周末。两个时间段本身没有问题，但在操作层面，却存在弊端。在当堂测试时，由于试卷内容多，考试时间短，很多学生都只能套用旧题，经常会出现生搬硬套，文不对题的情况。此类写作过程对于学生写作能力的提升没有太多优势，即便是测试相对密集的年级，也很难在考试时达到测试与训练互促互补的效果，且最后测试作文高分的也主要是备考作文准备得比较好的学生。周末本来是写大作文很好的时机，学生可以有比较充足的酝酿时间，从选材、构思到谋篇布局都可以有充分的准备。但又会出现两个极端，一个是学生因为其他学习任务多，时间有限，写作文时间仓促，未能很好构思；另一个是花了很长的时间选材，然后否定，再徘徊，再否定。笔者曾有学生周末写作的选材竟然用了4个小时之久。思维跳跃，精力不够集中，都不利于良好作文思维的训练。

大作文是学生写作最为规范的展现形式，需要加强写作指导。思维训练、提纲撰写和修改是日常教学中需要重视的，且要针对不同层次的学生，制订分层的写作指导计划，这样才能更好地训练写作。

二、随笔

随笔是相对于大作文而言，是相对较为自由的写作形式。教师经常会只给话题，由学生自主拟题，可写人生感怀、社会观察、故乡情思、旅行随感、阅读品鉴等。文体不限、形式自由，深得学生的青睐。

笔者学生的随笔本，有时像他们心灵的匣子，他们会将自己的即兴感怀尽情诉诸文字。随笔本的扉页是他们的涂鸦墙。他们可以根据自己的喜好设计图案，写上自己喜爱的句子或者诗歌，或者为自己的随笔集取一个或典雅或张狂的名字。

随笔的内容具有随意性，但需要定期整理分类。笔者会让学生定期将自己修改过的作文及随笔按照一定的专题进行归类，并做成电子稿。笔者曾参与过《中考母题作文》一书的编写工作。这次编写经历强化了笔者引导学生依据母题进行素材整理的意识，主要按照梦想、热爱、自强、担当、发现、感恩、尊重和包容几个母题进行整理。随着学生年龄的增加，写作实践的增多，他们的素材库会越来越丰富。

三、阅读延伸写作

读写结合是作文训练中更加灵活和常见的一种方式。比如在《核舟记》教学中，让学生从穿越的现代推销员、博物馆馆长、一代名匠等身份中选择其一，写一段介绍核舟的文字；在《江城子·密州出猎》和《诉衷情》对比教学中，让学生通过对苏轼和陆游诗词的理解，写一段演讲稿，演讲稿的题目为“理想与现实，何去何从”；在

《狼牙山五壮士》教学中，让学生从导演的角度，选择文中一个场景拍摄微电影，撰写小剧本等。学生在多形式的片段写作中，思维自由驰骋，运用文字各抒己见。

第四节　作文阶梯训练

作文阶梯是教师根据课程标准和学生发展不同时期的能力特征，制定的各阶段的写作要点，其要求呈现阶梯状分布。在小学阶段，观察能力、习惯和兴趣的培养是一个重点。在对外在世界认知形成的基础上，运用简单的叙述方式记录并能和他人分享，这是基本的能力要求。到了小学的高年级阶段，写作对表达内容的生动性和深刻性提出要求。初中，是能力要求的一个骤然递增阶段。学生对外在的认知从单一线性到自我与外在的双向往返。学生需要对生命、社会、文化这样一些较为宏大的主题进行思考，而且要能实现从认知到检验和实践的梯度跨越。基于这样的写作能力要求，在不同的阶段，教师借用分类的训练方式对学生进行训练。从字、词、句、篇到个人文章体系，是一个循序渐进的过程。教师在此过程中不断总结和思考，既要关注个体性差异，又要做到普适性，顺利搭设写作训练的阶梯。

一、《义务教育语文课程标准》的写作要求

细读新课程标准《义务教育语文课程标准》对写作的要求，我们明显看到小学阶段至和初中阶段对学生写作要求的螺旋上升阶梯状态。第一阶段（一至二年级）注重学生观察、想象和表达的兴趣，能够连贯清楚表达意思即可。第二阶段（三至四年级）注重从“对写话有兴趣”到“乐于书面表达”，并且愿意和他人分享习作的快乐。第三阶段（五至六年级）提出了速度的要求，这是对学生表达的流畅度和思维的敏捷度作出要求。前三个阶段有一些共性：第一，都非常关注基本的表达习惯，比如标点符号和语词的正确使用；第二，关注阅读对写作的积累和潜移默化作用；第三，关注写作这一行为的本体，即主观情感和客观世界相结合的产物，写作应该“缘情而作”。

从第四阶段（七至九年级）开始，写作的能力要求陡然上升。第一是写作对象的扩大，“力求表达自己对自然、社会、人生的感受和体验”。这里，学生是作为社会人生的观察者和思考者。第二，对表达的生动性提出新的要求。重视观察的多角度去表达丰富多彩的生活，这里可看到对学生思维宽度与深度的考察。第三，作文

修改中提及“借助语感和语文常识”修改、互评交流作文。这一要求，关注学生语用能力、逻辑思维能力以及对知识构架的搭设。

二、作文阶梯训练策略

不同学段的能力要求需要符合学生的认知规律。教师在指导中，可以以学科素养为经，以写作技能训练为纬，构筑写作序列。

写作序列设计可采用以下三种分类方法。其一，知识点分类法。六年级重在记叙文六要素训练、人物描写专项练习；七年级重在记叙文中的环境描写、细节描写；八年级以抒情、说明表达专项和综合训练为主；九年级学习议论文基础表达手法和夹叙夹议的写作手法。在能力训练逐层深入的同时，也可以根据班级和学生个体的不同情况适当调整策略。其二，点线面深入法。起始年级重在字词的打磨，根据学生已有的作文水平修改现有文章，六年级修改字词。19 世纪法国文学巨匠福楼拜对学生莫泊桑说“只有一个词是最恰当的，一个动词或一个形容词，因此你得寻找，务必找到它”以及杜诗韩文“无一字无来历”都是注重字词的推敲。七年级和八年级关注学生片段写作练习，利用教材和阅读过程中的写作契机，读写结合训练学生片段写作能力。九年级综合训练成篇作文。其三，文章篇章结构分类训练法。六、七年级训练学生首尾写作手法，有开门见山法、直接点题法、引用法、巧用修辞法、创设情境法、设问置疑法、设计题记法、言彼意此法、托物起兴法；八、九年级重点训练文章中间段落的布局谋篇，包括过渡段的设计、倒叙插叙手法的运用、主旨的提升等。

三、写作的关键要素

作文序列是初中生作文训练的总纲，也是学生可以拾级而上的写作阶梯。在总纲之下，学生应根据自身的写作实际，对写作中的关键要素进行操练，适时总结，更有助于提升写作能力。

《2020 年上海市中考语文作文评分标准》中一类卷的表述：深刻、新颖、思想健康、中心突出，有自己的生活体验，感情真切，内容丰富，结构合理，语言准确、流畅，有文采，标点正确，600 字以上；二类卷的表述：符合题意，正确，思想健康，中心明确，有一定的生活感受，感情较真切，内容较充实，结构完整，语言基本准确，通顺，标点正确，600 字左右。二类卷以下的其他分类在此不做赘述。从上述两个级别的要求可以看到，主题思想是作文考核的第一要点。二类卷的要求是切题、主题正确和鲜明。清代刘熙载在《艺概·经义概》中语云："主意要纯，一而贯摄。"强调了文章应该有统摄全文的主旨。他还在《艺概·文概》中指出："揭全文之旨，或在篇首，或在篇中，或在篇末。在篇首则后必顾之，在篇末则前必注之，在篇中则前必注之，后顾之。"大意是文章的主旨应该处于文章合适的位置，整篇文章围绕着这个主旨前后呼应。明确的主旨是文章作者和读者沟通的桥梁，也是作者写作的目的所在。

主旨明确只是形式，主旨的深刻才是关键。深刻、新颖、别立新宗之作才可列为一类卷。主题立意时，写作者独到的审美视角和丰厚的知识积淀是成就这种别致的关键，这是需要丰富的阅历，不停歇的思考、写作才能逐渐达成的。"天地入胸臆，吁嗟生风雷"是我们所期待的。除了对常见素材的深度解读，我们还有一条路径，即选取相对陌生的材料是我们避免"人云亦云"的另一方法。我们要善于从日常生活中发掘出相对新颖的材料，或者通过不同的途径从生活中获取素材。

一类卷对语言提出"准确、流畅，有文采"的要求，这是学生在写作和后期修改时可以重点打磨的。具有灵性的文字可以彰显文章的感染力，也能更为生动地表达作者的心志情感，常常会有"妙改一字，境界全出"之感。刘勰《文心雕龙》中指出："篇之彪炳，章无疵也；章之明靡，句无玷也；句之清英，字不妄也。"就是说，文章要写得好，应该对字、句、章、篇仔细推敲，力求无瑕疵。

清代李渔《闲情偶寄·词曲部·结构》谈到文章结构的问题时提到"至于'结构'二字，则在引商刻羽之先，拈韵抽毫之始"，强调了文章的篇章布局对文章的重要性。学生在文章布局上，会有一些习惯性思维和常规模型，比如写个人成长类文章，用先抑后扬的表现手法。任何一种布局都有存在的合理性，但一些学生为了情节的需要，在抑扬的详略安排上不够合理，导致头重脚轻，匆匆收尾。在文章的起承转合的把握上，我们要善于研究和琢磨。元代范德玑在《诗格》中写到："作诗有四法：起要平直，承要春容，转要变化，合要渊水。"这告诉我们写作应该避免呆板，但又不可矫揉造作，掌握好度，是一篇好作文的标准。

第二章　开启作文备考之旅

同学们，在本章节，我们就将正式进入作文备考之旅。关于备考作文，这里将阐述八个方面的策略，主要涉及选材、构思、结构、语言和主旨几个角度，这些是写作需要关注的核心要素。前面四个方面与中心主旨之间又形成相互支撑的关系，中心主旨是选材与构思之本，结构和语言是材料的组合与表现方式，组合产生的结果为文章的中心主旨服务。此外，本章还介绍了作文修改和积累的一些方法。写作是我们感知外界，感悟生活，表达内心情感志趣的一种方式，它是一项需要长期训练，不断反思的行为。积累、优化、再生是写作的常态。

我们常常说需要训练写作的技巧，何为技巧？技巧是写作中以表达主旨为目的，以表情达意为形式的有效艺术手段。但所谓的艺术手段，并不是一种孤立的存在，而是一种有形可感的方法。也就是说，它本身不是教条，不是我们可以照搬照抄的僵化操作守则，而是我们通过大量的阅读积累、写作实践和思维规整后形成的符合自己写作风格的规律与心得。它带有个人创作的风格，是我们写作经历的印记。

第一节　材料

材料是成就一篇优秀作文非常关键的要素。写作就像玉器打造一样，是一个千锤百炼的过程，凝聚了设计者、制作者大量的心血。玉器制作大致有买料、相玉、开料、设计、雕刻的基本过程，但每一个细节的反复打磨都是无法计量的。买料就好比写作的选材——文章质地是第一决定因素，所以，审美眼光和智慧取材是完成一篇佳文的第一步。

本章节为同学们提供了五种选材和材料初步加工的方法。涉及材料来源的方法有三种：生活观察法、阅读衍生法和艺术构想法，这三种方法主要阐述了写作的输入和输出问题。我们要善于观察生活和感悟生活，在日常点滴中激发写作的灵感，从广阔的文学殿堂和艺术领域中寻求写作素材的源泉。我们采撷、汲取和化用优秀作品的写作手法、文意之美，融汇阅读与写作为一体，体悟、观察、品读艺术人生。此外，详略甄选法和素材重组法两种方法是对素材进行剪裁和组合的手法，似云锦巧织天衣，体现我们对素材本身的理解和审美。

另外，需要补充的是，优秀材料是主要因素，但不是唯一指标。生活像往复旋转的车轮，我们每一天的生活里有复沓，也有不新鲜。因此，同学们对素材求新求奇的意识是无可厚非的，但千万不能在选材上执拗。要知道，即使是普通的材料也可以经过写作者智慧的艺术加工，成为精美的"玉器"。

一、生活观察法

写作是语言学习的重要分支，但写作不仅限于语文的学习。写作能力作为一种重要的综合能力，也会影响其他学科的学习，是将来工作和生活中很实用的一种能力。写作也是我们终身学习中一项不可或缺的训练。但问题在于，不爱写作的同学一遇到写作就很茫然，觉得大脑空空如也。为了解决这一矛盾，我们应该从学会观察生活开始。

首先，观景是写作很好的突破口。每一个个体生活在广袤的宇宙空间里，春夏秋冬更迭，光线、声音、色泽、气味环绕着我们，外在的物质世界在飞速运转，作用于我们的精神世界。我们应该学会用多重感官去感知外在世界，并对感知的内容进行定格刻画。请同学们欣赏以下片段：

> 我看见奔流似的马群，听见蒙古狗深夜的嗥鸣和皮鞭滚落在山涧里的脆响；我想起红布似的高粱，金黄的豆粒，黑色的土地，红玉的脸庞，黑玉的眼睛，斑斓的山雕，奔驰的鹿群，带着松香气味的煤块，带着赤色的足金；我想起幽远的车铃，晴天里马儿戴着串铃在溜直的大道上跑着，狐仙姑深夜的谰语，原野上怪诞的狂风……
>
> ——端木蕻良《土地的誓言》

作家运用多重感官，利用上述一段文字将故乡的图景一帧帧描绘在读者面前，表达了对这片土地的深深眷念。

景物就像文章的底色。借景抒怀不仅仅是古典诗文的常用手法，也是我们写作时运用的基本手法之一。正面描写中光影色泽的渲染，侧面描写中虚实烘托、点面结合、高低错落、动静相衬，各种手法的交错运用都可以为文章增加很好的点染效果。

其次，我们要观人。对人物的刻画有两个要点：第一，可以聚焦社会这个大群体中的“非焦点”人物。对非焦点人物进行观察和描绘，比如默默无闻的漂泊者、底层劳动者、戏剧舞台上的配角等，我们能从更广阔和公平的视角去感知他们的喜怒哀乐。第二，人物描写由表及里，触及精神内核。同学们的作文经常浮于表面，因为写作时重在表象的反复摹写，或者人物表达比较标签化和单一化。优秀文学作品中的一些人物何以具有很强的感染力，很多时候在于人物的多面性格。有的是抗争的倔强与妥协的孱弱并存，有的是无法遏制的邪恶与本真的善良兼具，有的是端庄娴雅又不失玲珑活泼，描写人物时需要塑造立体型人物，才能让人物更加生动。

再次，观察生活时我们要学会观理。同学们可以读读宋代的哲理诗。苏轼的《题西林壁》是同学们较为熟悉的。这首诗表达了庐山千姿百态的美，也讲述了观察主体和对象之间的关系，包含人与自然的融入和相对。同学们面对生活中的事，可以试着将事件放入更宏大的时空进行考量，思考事件的价值；可以回溯历史，也可以思考未来。时空的跳跃会让我们不再局限于事件本身，从而让写作素材更加丰富。

二、阅读衍生法

黄庭坚，江西诗派的开创者，“苏门（苏轼门下）四学士”之一。他与苏轼并称“苏黄”。黄庭坚有一个著名的诗学主张——“无一字无来历”，语见《答洪驹父书》，出自黄庭坚对杜甫及韩愈的评价：“老杜作诗，退之作文，无一字无来处，盖后人读书少，故谓韩、杜自作此语耳。古之能为文章者，真能陶冶万物，虽取古人陈言……”这段文字的大意是，杜甫和韩愈的诗文讲究用典。此外，黄庭坚还有“点铁成金”“脱胎换骨”等主张，黄庭坚坚持选择老杜作为自己学习写诗的对象，“换骨”主张将前人的陈言纳入自己的诗中进行再创造。以上主张是创作理论的重要纲领，关注的是文学创作中对前人精华的汲取和再加工，而不是简单地模仿。

古诗词中有大量化用前人诗词的例子。比如王安石“春风又绿江南岸”化用了李白的“春风已绿瀛洲草”，王勃的“落霞与孤鹜齐飞，秋水共长天一色”化用了庾信的“落花与芝盖齐飞，杨柳共春旗一色”，秦观的“寒鸦万点，流水绕孤村”化用了杨广的“寒鸦千万点，流水绕孤村”。同学们读到这些熟悉的句子，一定也非常感叹作者之间文学表现的相似性。这里需要注意的是，化用是在前者的基础上，结合新的意境和作品主题的升华，开阖有度，“词笔纵横”，需要寻求有形与无形的最佳结合点。写作中，我们也可采用这种创作手法。下面为同学们展示一些模仿方式和作品。

第一种，依据旋律模仿意境。

温柔邂逅

仿写：方文山《发如雪》

前一夜/我们邂逅/你的泪/让我太心碎/是否还曾记得我/为你独憔悴/仿佛是/前世相见/月光下/你温柔的剪影/牵动我那孤寂的心/我仍依旧/执着守候究竟为谁/你的冷漠/让我落泪/忆起初见你的美/在那一夜/我们的誓言/你的微笑让我醉/我愿意/让时光轮回/再次牵着你的手/在那一夜/你绝情背影/我哭着唤你回来/永不悔/微醺的岁月/我用无悔/刻永世爱你的碑。

（复旦大学第二附属学校 2013 届　蔡家安　葛渊）

第二种，依据诗歌模仿诗理。

阅读了卞之琳的《断章》，学生创作了《星星和孩子》，表现人和事物之间的相对依存关系。

星星和孩子

漆黑的阴影笼罩，锁上的房门被打开，
天真的孩子探出一个脑袋——
悄悄地爬到窗边，急切地拉起窗帘；
眼前是陷入沉睡的世界，
抬头，深邃的夜空沉闷无氧，
低头，静寂的城市没有光亮；
无助的窒息袭来，紧闭的窗户被推开，
天真的孩子向前伸展身躯——
用力地揉了揉眼睛，眨了眨眼睛；
垂眸，无声的不满，
伸手，伸向那广阔的天空，握紧；
灼热的温暖从手心渗透，禁锢的光芒被释放，
天真的孩子慢慢张开双手——

偷偷地放出藏在手中的满天星星，
拍了拍手心残留的光点，孩子笑弯了眼角；
璀璨的星空绽放，黑暗的世界被点亮，
天真的孩子向后缩回身躯——
轻轻关上窗户，轻轻拉下窗帘，轻轻锁上房门；
留下身后的一片星海，熄灭。

（复旦大学第二附属学校 2020 届　陈佳琦）

第三种，依据散文创作诗歌。

学习了朱自清的《春》，学生模仿散文创作了一首小诗：

春之漾

春，悄悄地来了/踏着轻快的脚步/轻纱作衣/百草为裙/点着脚尖轻轻抚过草原/唤醒了沉睡的/花草/乘着轻风轻轻划过树梢/与白云一起飞翔/又摆弄起湖边的柳条/同小鸟一起歌唱/花儿也跟着摇荡/春笑着轻轻点着脚尖/悄悄地走了

（复旦大学第二附属学校 2017 届　何梓霖）

此外，我们在阅读一些作品时，可以学习作品中的人物关系和事件，寻找自己生活和文章的交集，进行模仿。比如小说《祖母和葵花》一文，以祖母的葵花为线索，以葵花暗喻祖母，表达了对祖母的思念与怀念，表达了作为庄稼人的祖母对土地的挚爱，文章也表达了祖孙情和作者对童年的眷念。学生受到启发，回忆和爷爷在家乡酿酒的情形，写作了一篇《忆酒香》，用深情的笔触描绘了大雪纷飞的故乡，祖孙共同酿酒的情形，表达了对故乡和爷爷的怀念，也表现了爷爷对简单而纯净生活的热爱。

三、艺术构想法

艺术是借助一些手段或者媒介，塑造形象、营造氛围，反映现实、寄托情感。艺术具有美学价值和哲学价值。艺术通过语言、文字、绘画、音乐、形体等表达。18 世纪德国哲学家弗里德里希·谢林对艺术地位做过界定。他认为："艺术首先是客观性的，艺术需要客观载体和客观对象，美感直观是主客观同一；其次，艺术连接客观存在与主观意义，一方面，存在着单纯的无意义存在，这是缺乏内在精神和生命力的各种客观现象……；另一方面，存在着纯粹意味，抽象的精神性的东西，二者都不

完美，理想的状态是把二者结合起来，使存在有意味，使意味灌注于存在中。”[①]谢林的观点强调了艺术是主观和客观相作用的产物。在写作中，主体可以通过模仿、再现、创造等多种方式去表现艺术形式。

作文中，有不少同学涉及艺术领域，形式丰富，能对艺术对象进行生动的描摹，体现主体对美的感知力和创造力。对于这类素材，我们在写作时要把握三个原则。

第一，选材的陌生化。陌生化的文学理论，由俄国形式主义批评家什克洛夫斯基提出来，这个理论强调内容和形式上违反常情、常理，在艺术上有超越境界。这种陌生化会给读者以感官刺激。比如写作时涉及莫扎特的音乐，我们可以避开莫扎特日常表现的达观快乐、纯洁天真或者情意绵绵与金刚怒目，选择描绘在《A大调单簧管协奏曲》中表现出来的孤独、忧伤和深邃。音乐素材的选择，也建议同学们尽量避开常见的演奏乐器，选择一些涉及小众乐器的音乐素材进行写作。另外，可以增加文学元素，使文学和艺术结合。

除了《十面埋伏》，其他乐曲似乎都有动听婉转的音调引人入胜，唯独那一场“霸王别姬”竟让我陶醉其中，现在想来难免有些不可思议。《琵琶语》的娇柔妩媚，《金蛇狂舞》的欢脱潇洒，《阳春白雪》的清新明快……我接触到了更多不同风格的音乐，感受到了琵琶带给我的震撼。

（复旦大学第二附属学校 2020 届　王荠颍）

那乐声是二胡名曲《空山鸟语》，它不是华丽篇章，不是激昂乐曲，也不是流行音乐。它的意境倒是与摩诘《山居秋暝》中的“明月松间照，清泉石上流”颇为相似，清雅、高洁、悠长，驱散了烦躁，洗净了心田，升华了灵魂。它像是音调清脆的小铃铛，给繁杂带来清新；像是温柔细腻的溪流，给干涸带来生机；更像是一道光芒，给黑暗带来希望！

（复旦大学第二附属学校 2020 届　王一安）

第二，写作的专业化。写作时，建议同学们认真研究写作对象，查找专业术语和相关的研究资料，最好自己能动手亲自验证，再诉诸文字，这样能让文章更加生动。

你总邀我一同听戏。我们最常听到的是《沙家浜》里的那出《智斗》，听时你总

---

① 朱立元，《西方美学思想史》第二卷，上海人民出版社，第 807 页。

喜欢扮那胡传魁，我却是总扮那阿庆嫂。待人唱到“想当初，老子的队伍才开张……”你就会径自跟着唱起来，随后我们会情不自禁地对唱。夏天的傍晚，戏台下稀疏的人影四处散开，耳畔传来阵阵蝉鸣。一曲方休，你我竟还未缓过神来，任它台上怎么唱，我们都会以自己的方式去演绎。感谢有你的陪伴，使这台上的戏更加耐人寻味。

（复旦大学第二附属学校 2020 届　姚宇琦）

“唯有牡丹真国色，花开时节动京城。”牡丹是开遍长安城的国色，是按自己的规律立于天地的傲骨。老师引着我读牡丹相关的诗句典故，看真正的牡丹花。在不断观察与学习中，牡丹的形象渐渐丰满了起来。我读着“魏紫姚黄凝晓露”，在眼前描摹着《镜花缘》中牡丹的不服权贵被贬洛阳。我再一次手执毛笔，领会着“抒己之情，物我一体”，领会着国画历经千年，举手投足间的翩翩诗情。不断尝试着、历练着，行云流水，点染、勾勒。牡丹不苟且妥协，庄严而华丽。透过渲染的色彩，我们仿佛能感受到当初惊动长安城的盛景，是灿烂明艳，倾国倾城。在画面上，光与色仿佛都有了归属，和谐而饱满，仿佛牡丹盛放时的姿态定格在这一瞬。

（复旦大学第二附属学校 2020 届　戴子烨）

第三，描写的细节化。选择艺术类素材进行写作时，需要静心去领略写作对象的美，要静静地观赏、聆听和领会。有些同学写作时很喜欢强调结果，经常以考级成功或者获得奖状作为写作的重点，这就偏离了选择艺术类素材写作的意义。

爷爷悬肘执笔，挥毫泼墨，一边写，一边为我讲解。“这幅是书法家颜真卿追祭从侄的《祭侄文稿》，它不在意字距、行距，时疏时密，完全是随心所欲。错误之处甚多，时有涂抹，无不体现出他当时的悲愤。”当将那片白色都覆盖成了飘若浮云的书法时，看着细若蚊足的牵丝，他抬起头，搁下毛笔，满足地对我说道：“古人曾说‘书则一字已见其心’，作者的沉痛悲愤之情，在作品中溢于笔端。”听爷爷这么说，我带着好奇心去看了一眼作品，就被它悲怆的气势所震撼，感觉对书法提起了兴趣。我克制住自己的情绪，取下毛笔，将宣纸铺在桌上，用镇纸固定住，往墨砚上倒了些墨汁，浓郁的墨香扑鼻而来。我深呼了一口气便提起了毛笔。悬起手肘，落笔，墨汁在薄如蝉翼的宣纸上迅速渲染开来。三点连写，交相呼应，竖、横折后带起下方的“子”，那龙蛇竞走的字体便出现了。

（复旦大学第二附属学校 2020 届　鲁闻博）

四、详略甄选法

《文心雕龙·镕裁》中指出："规范本体谓之镕，剪截浮词谓之裁。裁则芜秽不生，镕则纲领昭畅，譬绳墨之审分，斧斤之斫削矣。"大意是使通篇合乎体制规范叫作熔，删除不必要的冗辞称为裁。经过剪裁的文辞就不会繁芜杂乱，经过熔铸的作品就能通畅明白，就如工匠用绳墨分辨木材的曲直，用斧子来加以砍削一样。[①] 文章在构思时，对材料的剪裁和取舍是写作的艺术加工活动之一，也是非常关键的第一步。如何对材料进行甄选，确定详略，笔者认为主要可以从主旨、人物和情节的角度来确定。

第一，以文章主旨为宗。《曹刿论战》通过曹刿与鲁庄公有关齐鲁战争问题的对话和指挥长勺之战的史实，阐明了作战必须取信于民，并运用正确的战略战术，掌握战机才能取胜的道理，表现了曹刿卓越的政治远见和军事才能。文章对长勺之战具体内容没有过多的描述，而是重点放在曹刿与鲁庄公关于"取信于民"的论辩。这场论辩成功将曹刿的政治远见生动地表达出来。本文选自《左传》。《左传》写战争，角度独特，不局限于正面的战斗场面描写，而着眼于战争的来龙去脉和胜败的内外因素。作者以历史学家的眼光，剖析历史事件，风云诡谲，妙趣横生。

第二，以人物塑造为宗。朱自清回忆性散文《背影》中多次写到父亲的背影，最具体的是父亲买橘时的背影。这一次的背影是全文背影的核心，因为这一次背影，作者真正理解了父亲，理解了父亲的不容易。同学们作文时，选材应聚焦在能表现人物精神品质的事件上。比如写母爱一类的主题，有些同学会长篇累牍地写母亲早上如何给自己做早餐，如何在生病时无微不至关怀自己。诚然，母亲为了我们操劳奔波，可能常常被我们忽略，我们应该感恩母亲为我们付出的辛劳。在写作中，建议从母亲个性、品质的角度出发，可以表现母亲温婉娴雅之美、从容淡定之态、果敢激越之姿，结合女性、母亲和朋友的角色综合表现自己的母亲。

第三，以情节设置为宗。写作时，多个事件在文章里不可能平行分布，需要有层次错落地进行剪裁。选择情节起伏、矛盾冲突激烈的事件，更具有陌生化的艺术效果。比如学生写学小提琴，不用太多笔墨写如何练琴，而是写看琴、抚琴、听琴，写月夜窗下，抚弄琴弦时的孤独与淡泊。写父亲，重点写农村背景下的父亲奋斗的历程，通过在家庭、事业的矛盾冲突中的完美诠释，写出了更加深沉的父爱——教

---

① 王运熙，周锋，《文心雕龙译注》，上海古籍出版社，1998 年。

会孩子奔跑的姿态，用微笑去迎接风雨。矛盾和起伏形成一种张力，让文章和人物呈现出别具一格的风采。

五、素材重组法

“重组法”，顾名思义，就是重新组合，这是美术创作术语。创作者把美术作品的形、色、结构等要素进行重新分割，重新组合成一幅新的作品，分为构图重组、色彩重组和造型重组。构图重组主要是对背景的重新分割和拼接，从形式上进行改变；色彩重组是保留形态，改变颜色布局；造型重组是将原来的形体进行拉伸、缩减，突出某一个部分。这个方法可以借用到写作中来。在写作时，我们通过背景元素的剪裁，借以表达文章的中心和作者的情感。

下面是作文指导中，同学们写作素材重组的例子：

(1)《祖父的斜阳》：亲情 + 诗词 + 风景；

(2)《画梅》：亲情 + 国画艺术；

(3)《品茶之道》：茶艺 + 诗词；

(4)《倾注于笔尖的执念》：爷爷奶奶的爱情 + 书法艺术 + 枣花飘香；

(5)《我与外婆的花鼓情结》：亲情 + 民俗文化；

(6)《陶醉于美丽的傣族舞》：自然风景 + 舞蹈艺术(在原始森林里，水鼓和笙奏出美丽曲调，在静谧的林中感受宁静和舞蹈之美)；

(7)《浮生素日》：篆刻 + 佛学思想(懂得前进，懂得停止，感受平淡，浮生素日，不忘初心，方得始终)；

(8)《彩沙入瓶织成画》：手工制作 + 塞外风光(发现细微的美好，约旦人用大漠孤烟下最平凡的沙造就精美的工艺，我感叹他们的智慧，因为他们超越了荒凉、炎热和痛苦)。

根据上面的例子，我们一起来总结写作素材重组的方法。

第一，增加人物互动。上例都不是单一人物表现情感，而是通过人物间的互动来表现情感。《祖父的斜阳》以斜阳为背景，描绘斜阳下祖孙一起品读诗词的情景。从童稚时期写到青春时节，文章表现爷爷带着孙子在巷口青石板上留下的祖孙剪影。《画梅》一文中，作者表现孪生姐妹对梅花绘画技法的不同观点，一人重写意，一人重绘形，对于枝干的用笔、用墨、浓淡、虚实的不同喜爱。全文表现了姐妹对国画艺术的挚爱，也表现了姐妹对绘画艺术各有偏爱，又心有灵犀的特质。《倾注于笔尖的执念》以秦观《江城子·枣花金钏约柔荑》为背景，将祖父母的相守相携引入文字，表现从艰难岁月中一起走过来的祖父母相濡以沫的情感。《我与外婆的花鼓情结》表现主要人物外婆和外孙对故乡凤阳花鼓这种民间艺术形式的喜爱之情。从外婆带着幼年的外孙去听《凤阳歌》《鲜花调》《王三姐赶集》等曲目，到和外孙一起讨论凤阳花鼓的艺术美。文章还表现了外孙对故乡童年生活的追忆。

第二，改变景物点染。环境犹如文章的底色，写作中切换四季和场地，相同的事件，发生在不同的场景和季节中，呈现不同的美感。比如，有的同学写打篮球，可以选择不同时期不同季节，对篮球的不同理解，从形到神的蜕变。以和煦三月为背景，写草长莺飞的日子，一群男孩自由、张扬、不羁的青春姿态。也可以写月夜星空校园路灯下，一个人在篮球场孤独落寞。篮球成为心灵的伴侣，它理解你的迷茫，聆听你的焦虑，你可以达到一种忘我的境界。白雪皑皑的冬日，孤荒的篮球场，还有那不可遏制的拼搏奋进与决绝。每一个我们生活过、经历过的场景，都可以借助外在的景物对事件点染，让事件摇曳生姿。

第三，切入文化意趣。传统文化是历史长河中璀璨的明珠。对传统文化的摹写，是对精神的传承，也是对文明的理解。在写作中，我们可以关注一些文化遗产，结合自己的经历进行陈述，在传统文化中感知意趣美。上述例子的中国画、茶艺、书法和民俗文化都是非常好的写作素材。在写作前，同学们可通过多种手段学习和理解相关的理论知识。写作时，注意专业术语的运用，让文化类的写作更加自然生动。

第二节　构思

构思是写作时的思维活动。广义而言，构思不仅存在于写作之前，也存在于写作过程中。写作前，主要是对文本的主题、选材、结构等的确立。写作过程中，基于对已有文本的理解，头脑中又会有即时的内容呈现，再一次优化思维框架，调整并加入新的元素。整个过程就是一个动态、不断更新的过程。

良好而活跃的构思对文章的一气呵成有比较重要的作用。如何达到良好的构思状态呢？除了广博的阅读积累，合理的构思方式能让我们更轻松、更有条理地设计写作的文章结构。本章节介绍了提纲挈领法、主线串联法、发散想象法、逆向思维法和起承转合法共五种构思方法，主要是针对文章写作框架搭设的思维建议，也包含了审题立意中，如何突破思维的局限，往纵深方向挖掘文章的主题。

对于同学们而言，构思这个环节有时会表现出两个极端：一个是随意仓促，缺少对全篇的合理规划，写作时想到哪写到哪；另一个是陷入思维的死胡同，总想标新立异，对自己的素材和主题一遍遍否定，反复做无用功。两个极端都是我们应该尽量避免的。整体来说，紧扣题眼，快速准确审题及比较筛选素材后快速在文中设定坐标，确立四个象限中的写作关键要素，核心词串联后就应该进入写作状态。平时遇到题目可以玩玩头脑风暴，养成打腹稿写提纲的习惯，对写作快速立意是很有帮助的。

一、提纲挈领法

同学们在写作时，常常会出现这样的状态，审题后思路还比较明晰，然后就开始着笔写，写着写着感觉文思滞碍，无从运笔，然后徘徊不定，左顾右盼，心猿意马，不知所云。假如是在考场上，看到时间流逝，心急若狂却又无济于事，最后草草收场。尤其是遇到比较艰涩的作文题，这样的情况更加严重。出现这一问题，主要在于同学们在写作前没有为文章搭设好脚手架，没有基本的支撑框架，所以很难在规定时间内完成文章。笔者认为，日常的提纲写作训练尤为关键。日常提纲笔者建议分为两种：一种是落笔成字的书面提纲；另一种是腹稿提纲。两种提纲的结构内容一样，区别就是一实一虚。日常写作和提纲写作初期，建议用书面提纲为文章搭设框架。经过一段时间的训练后，考场上用腹稿提纲更加快捷。

如何写作提纲呢？笔者认为，除了基本的框架之外，写作主体对全文的定位，对文本的细节和高潮的设计也很重要。具体操作方法：

第一，审题立意。对标题中的关键词——题眼进行解析，正向、逆向立意，甄选立意角度后，确立中心。提纲第一项，运用简练的语言表述中心。中心的格式：通过×××事件(关键词)，表达×××。请注意，在事件后写上关键词。关键词为事件中的主要因素或者事件的转折点，比如范仲淹成为一代大家这个事件的关键因素为家贫，勤勉和胸怀。

第二，确定主要内容。主要内容的写作顺序：时间的经过，时间的流转，人物行为，空间变换等。事件的描述不要面面俱到，可以运用关键词进行概括。

第三，确定文章开头和结尾的写法。文章开头和结尾讲究词语的锤炼、修辞的运用、标点辅助等。通过诗文的引用、定格镜头的捕捉等，多种表达方式融汇表达中心。写作之前的开头结尾设计很重要，能避免因为时间的仓促导致写作的随意性。

第四，思考文章的特异性。以上三步包含了提纲的基本要素，但我们可以对提纲进行升级，考虑文章的亮点和高潮部分。任何一篇文章，如果都是常规思路或者表达，很难有扣人心弦的魅力。我们在写作前需要思考文章的高潮部分是什么？文章的“核心竞争力”何在？和同类作文相比最大的不同是什么？哪一部分需要重点描绘，哪一个段落是文章的“文眼段落”，写作时重点刻画。

另外需要强调的是，每一次撰写提纲或者写作文，都应该养成定时的习惯。考场上的腹稿提纲，应基本在 3～5 分钟内完成。如果思考出现障碍，就应让自己暂停，然后通过文章的慢慢写作来唤醒和触发思考，再在头脑中完善。同理，写作过程中，头脑中若闪现新的灵感，那就及时调整，对提纲框架进行微调；事后，对提纲写作和调整原因进行总结和记录，优化自己写作提纲的方法，实现提纲对作文的有效性指导。

二、主线串联法

线索是串联文章的要素，主要有人物线索、事件线索、事物线索、地点线索、时间线索和情感线索。

很多名著，都是以主人公的经历为线索。比如《钢铁是怎样炼成的》以保尔·柯察金的生活经历为线索。他作为一个普通工人的儿子，经历第一次世界大战、十月革命、国内战争和国民经济恢复时期的严峻生活，从反抗到自觉的阶级意识的觉醒；《红与黑》以于连的一生经历为线索，向我们讲述了法国 19 世纪新旧势力的交锋；《简·爱》是以女主人公的成长经历为线索。事件线索，就是以中心事件的发展作为贯穿全文的主线，比如《变色龙》以奥楚蔑洛夫处理狗咬人事件的不同变化展开；有时人物线索和故事线索是交织在一起的，比如沈从文《腊八粥》中以小孩儿盼粥、分粥、猜粥、看粥、吃粥的活动为一条明线，再以腊八粥的熬制过程为暗线，表现了腊八风俗的美好，腊八粥的甜蜜和家庭生活的温情。情感线是我们在阅读文章中常见的，以人物的情感起伏变化为文章的脉络。史铁生的《那个星期天》表现了主人公从期盼、焦急、委屈到绝望的过程，细腻而深婉地表达了主人公丰富而敏感的情感世界。

在写作构思时，我们要善于设置文章的线索来初定文章的框架和行文思路。中学生的作文，主要以学生的个人成长为主，所以人物线索主要以“我”的所见、所思为线索。“我”的主体性在文中需要被强调。同学们的作文经常出现的情况，就是“我”成为一个彻底的旁观者，文章完全以叙述故事的方法展开，最后结尾处匆匆收笔，并象征性地点出这件事教会了“我”什么。比如，有些同学整篇文章都在讲述某个作家或者历史人物的故事，或者观看过的某部电影。文章里缺少“我”作为主体的参与感，偏离了表现个人成长的主题。所以，我们可以将“我”作为主体，以“我”的所见所思作为线索，陈述“我”在阅读、观看过程中的行为表现，从行动到精神。

另外，关于情感线索的构思。同学们在写作时，比较喜欢采用常规的情感线。比如表现学琴路上的心酸：讨厌—理解—喜欢。笔者建议避免利用这种常规模式，而是弱化最初的排斥，调整情感顺序，可以由最初的喜欢—热爱—疏离—理解的情感线索，表现一种对艺术从浅层的追随到刻骨铭心的相伴。这里需要注意的是，不能“为情造文”。“盖风雅之兴，志思蓄愤，而吟咏情性，以讽其上，此为情而造文”[①]。我们写作时需要正视自己的内心，表达真实的情感。写作时增加情感跨度区间，表达最完整的情感线。文本剪裁时要选择独特的切入点作为情感线的起点，让文章显出新意。

三、发散想象法

发散，指光线等由一点向四周散开，是一个中医学术语，是一种借助药物进行疏导的治疗方法，语出《周易参同契》上：“潜潭见象，发散清光。”在数学领域，发散又是和收敛相对的一个概念。这里我们谈到的发散，是从思维方法角度的定义。发散思维是大脑在思维过程中的一种扩张散开的状态。思维的视域被扩大，像射线一样多角度延伸。思维的结果具有多元性，也是人的创造力的表现。在写作的构思过程中，发散思维对于选材、立意很有价值，它可以让同学们的思维视角更加广阔。在立意方面，运用发散思维，同学们会跳出惯常的思维模式，跳出点、线、面的限制，会有认知和领悟层面的跨越，思维的广度和深度会加强。

我们如何进行发散的写作训练呢？笔者认为，通过感官刺激进行发散想象具有可操作性。比如，给同学们一些山峰的图片，可以是娇媚的峨眉，也可以是险峻

① 刘勰，《文心雕龙·情采》，上海古籍出版社，1984年，第287页。

的华山，气绝、逶迤、连绵的山峰图也可以。以“山的联想”为题，请同学们进行观察后想象和联想，并进行立意。学生的表达有以下几种：

（1）父爱如山，静默伟岸，有一天，我也将撑起父亲的天空；

（2）赏玩祖国名山大川，感受物华风貌，快意悠然；

（3）故乡的山是乡亲们永不弯曲的脊梁，也是我血液里的精神之源；

（4）山盟海誓，亘古不变的情愫，那初恋的青涩岁月；

（5）不断攀登，寻找人生的制高点，睥睨天下，豪情满怀；

（6）朴素、豪迈、俊秀、奇险、逶迤、孤独……聚集天地之灵气，是岁月的年轮，是人生的各种姿态；

（7）巍峨与崇高源于点滴的积累。

相似的练习也可以通过听来进行联想和想象。在学习朱自清的《春》时，笔者会带着同学们聆听维瓦尔第的《四季》小提琴协奏曲：聆听《春》E 大调第一乐章，感受春意盎然和愉悦轻快的旋律；聆听《夏》G 小调，理解夏季闷热、困倦；聆听《秋》F 大调，想象秋收的欢乐；聆听《冬》F 小调，描绘冬日白雪皑皑的情景。同学们对比四季典型乐章的旋律，用语言对听到的景物进行描绘和扩写，然后在班级朗读和交流。

关于发散想象，我们也可以遵循以下几种方式：

第一，紧扣客体品质，挖掘象征意义。进行发散想象时，需要对发散对象的内在品质进行分析，深度挖掘客体蕴含的象征意义。比如上述“山的联想”，杜甫《望岳》中的山的象征意义是很典型的。不断追寻，勇于攀登，睥睨天下的豪情壮志是少年青春永恒的记忆。

第二，勾连主客关系，丰富主体情感。发散思维本身属于求异思维，需要主体对于客体变换观察视角，借助于主客体之间不同的依存关系，抒发主体的情感。比如人与山之间的多重关系里，一种是和本体的山之间的关系，攀登、超越、不屈的意志等；另外一种是人与成为喻体的山之间的关系。父爱如山，山象征着伟岸，表达敬仰和感恩之情；故乡的山是故乡人永不弯曲的脊梁，是“我”血液里最柔韧的因子；山的轮廓是“我”的精神图腾，是“我”抵御风雨的一堵墙。

第三，关注生命感悟，联想历史人文。发散想象基于一些约定俗成的观念形态。高山，象征高尚的德行。《诗经·小雅·车辖》中“高山仰止，景行景止”，《荀子·劝学》中“故不登高山，不知天之高也”。《山海经》中各种神山，《楚辞》中的山，包括山水田园诗歌，以及后人的山岳文化。山是充满了生命意志的一个客体，从容、沧桑、悠然……是各种生命状态的集萃。

四、逆向思维法

逆向思维法是作文构思中的一种独特思维方式，也是一种求异思维，是反常规的思考方式，也就是从思维的对立方向出发，创设新的形象。这种思维具有反向的时间轴。一般思维对于这个问题常常从一个固定的方向去探索，而逆向思维是站在人们惯常思维的对立面进行推导。有时是从结论推到已知条件。

逆向思维有三种常见类型：反转型逆向思维、转换型逆向思维和缺点型逆向思维。其中转换型逆向思维是一种易用的思维方式。这种思维方式的典型案例是我们熟知的司马光砸缸的故事。在这个故事中，司马光救人是从解决问题手段的角度进行逆推，此刻救人的方法有多种，在直接入水援救和申请援救都不可实现的情况下，改变矛盾的焦点，从核心矛盾中水对人造成的伤害转移到缸对人的囚禁这个矛盾中来，从而从这个切入点出发进行问题的破解。写作构思中，我们也可采用逆向思维，改变矛盾的着眼点，让文章的立意脱颖而出。下面结合一些写作实践进行阐述。

第一，人物类写作。比如写父亲，常规思维中，大多数同学会表现父亲的伟岸与呵护。但我们常常会忽略，初中生作文里的父亲正是人到中年的时期。加拿大精神分析学家埃利奥特·杰奎斯关于“中年危机”的观点，提到中年的范围在30岁晚期到60岁早期。这个时期的人们因为多种因素产生危机。他们会在孩子面前表现出强大，但他们心理的负担和疲累是我们在生活中可以感知的。所以在写作时，同学们可以全面地看待父亲，不要把父爱描述成单向的给予或索求，可以形成双向的情感奔赴。写父亲面临事业、家庭、社会等多方面的压力之下的坚强，写他们坚强之下那挥之不去的困顿，这样的人物会具有更立体的艺术效果，同时也是我们可以思考感恩意义的时刻。

第二，景物类写作。有时我们会遇到“风景这边独好”这类作文题，同学们看到这样的作文题，常常会竭尽所能地表现景色如何华美绚烂，但有时还是会落入窠臼，再惊艳的美景呈现在读者面前也不过是千篇一律。

如何解决呢？运用逆向思维，你会发现柳暗花明：

(1) 枯藤老树的美，生命终结最完美的形态，看尽一世繁华后的淡然；

(2) 古城废墟之美，饱经沧桑，气度卓然，直击云霄；

（3）面对漫无边际的砂砾，在荒芜中享受孤独宁静之美，天地宇宙，自然人生。

第三，事件类写作。同学们在写作事件时，思维常常停滞在事件的表象。比如写友情，只倾向于写欢乐的话题；写亲情，只会表现呵护与美好。运用逆向思维，我们可以更全面理解人与人之间的情感，冲撞、对立、斗争、理解都是我们可以表达的。写友情，我们可以表现两人观点的对立和相互的欣赏，两人个性的差异和心照不宣的默契；写亲情，我们也可以写父与子、母与女不停歇的斗争、竞技，互相的扶持和深入骨髓的爱意。同学们可以尝试一下，从事件的对立面看待问题，也许会突破很多思维的局限。写作是促进我们理解生活的过程。我们要学会用更包容的眼光理解和接纳生活中的很多情绪，喜与乐、悲与痛，都是本真而可贵的，都应该被时光纪念。

五、起承转合法

起承转合是我们在作文构思中需要考虑的。它最早出自元代范德玑的《诗格》："作诗有四法：起要平直，承要春容，转要变化，合要渊水。"起指的是开头，承指承接上文而申述，转指转折，合是结束，这是一篇文章的基本要素。后来我国清代学者刘熙载在《艺概·文概》中再一次引申："起、承、转、合四字，起者，起下也，连合亦起在内；合者，合上也，连起亦合在内；中间用承用转、皆顾兼趣合也。"

对于这个概念，我们还可以借助它在音乐中的运用加以理解。同学们听过民族音乐吧？起承转合是民族曲式的结构原则之一。起部是呈示，这里包含的是主题的最初陈述，也就是起部具有对主题呈现的作用；承部，是一种巩固和顺承，通过顺应主题的内容对主题进行重复和加强，有固化主题的作用；转部，是曲式中相对富于变化和跃动的部分，指曲式的发展，是文中相对动态的部分，也是另外三个部分的一个中心点，对它们具有推动作用；合部是结束，也就是收束。不仅是民族音乐，在很多音乐作品里也都有起承转合手法的运用。比如，李叔同填的《送别》的歌词就有起承转合的变化："长亭外，古道边，芳草碧连天/晚风拂柳笛声残，夕阳山外山/天之涯，地之角，知交半零落/一壶浊酒尽余欢，今宵别梦寒。"在歌词中，我们能感受到主题的推进、发展以及知晓故事的结局。再比如 1785 年，德国诗人席勒的诗歌《欢乐颂》，由贝多芬谱写成曲。《欢乐颂》中主题部分的曲式结构就是起承转合关系组成的带再现的单二部曲式，喜欢音乐的同学可以对照乐谱看一看。

作文在构思时，可以运用起承转合作为框架支点进行谋篇布局。面对任何一个作文题，审题，立意，选材，基本要素确立后，我们初步设想文章的开头与结尾，对于文章的中间部分进行构思。文本的中间部分是一个整体，应选择合适的分割点进行裁剪。先考虑如何开局，即“起部”。记叙文运用“镜头式”切入是一种比较易于掌握的方法。同学们拍摄视频时，会定格聚焦拍摄某个场景或者某个事物。“镜头式”就是一种定格描绘某个场景来开启正文的方法。这种方法有很强烈的画面感，具有形象化特征，让读者有身临其境之感。接着，“承部”，我们需要考虑主题的顺承。这部分要注意语言的自然和精练，不可占据太多的篇幅，只要能确保前后的合理衔接即可。“转”是文章中很重要的一环，这部分的巧妙转换是让文章熠熠生辉的关键。在构思时，作者用更多的精力打磨这个部分，可借助景物的渲染、人物的描摹还有情节的冲突等来实现。至于“结部”，文章结尾的方式不要千篇一律，我们可以综合运用修辞手法、标点和其他一些表现方式来收束文本。这部分内容笔者将在“布局”部分详述。

第三节　语言

语言是文章的外衣，不同的文体、不同的作者、不同的叙事背景，语言的风格是不一样的。清丽简约、质朴无华、凝练生动、含蓄蕴藉、直白准确……都是作文风格。如何根据内容的需要确定文章的语言风格是写作中需要考虑的。

在语言的形式方面，“整散并用法”可以让我们了解整句整饬的风格，并体会这种整齐的语言组织形式表现出来的气势和强调的作用。散句的介入，让句式呈现出层次起伏之感，增加句子的动态。此外，“文末留白法”的运用可以让文章产生余味悠长的艺术效果，激发读者再思考和再创造的阅读冲动，深化艺术形象的意义。在语言的内容方面，“专业术语法”与“名句化用法”有异曲同工之妙，主要是通过引用的手法增强文章的权威性和感染力。同学们在引用时，注意引用插入的形式，更要注意引用内容的甄别。切忌运用一些过于熟悉的名句，读者的审美疲劳会冲淡引用的意义。前面几种方法侧重语言形式和内容的修饰性增量，而“平铺直叙法”则是一种化繁为简的手法，强调的是文字返璞归真，运用简练的语言进行勾勒和陈述，以绘画技法之白描手法为突破口，解析平实性语言的另外一种艺术魅力。

此外，文字风格虽然针对不同的文体略有差异，但一般来说，每一位作者的语言风格是有自己特征的，是作者写作个性的体现。同学们要把握好自己的用词，不可为了修饰而堆砌。浮华的文字是无法打动读者的。

一、平铺直叙法

关于作文的语言，“平铺直叙法”是第一个需要讲解的写作手法。这里我们借助一个绘画术语——白描。白描是中国画的技法之一，指用墨色线条勾勒形象，不用辞藻修饰和渲染烘托的画法。比如北宋画家李公麟的《免胄图》，表现了郭子仪免胄见回纥的故事，仅通过线条的描绘真实再现了历史故事。另外，一些人物画和花鸟画，画家采用白描手法，将物体的形态勾勒得素洁、真切，代表画家吴道子、赵孟頫、顾恺之等都有一些优秀的作品利用了白描手法。

在文学作品中，白描也是一种常见的表现手法，指运用朴素简练的文字描摹形象。马致远的《天净沙·秋思》运用白描手法，开头九组词语写出了一幅萧瑟、寂寥的秋景图，为后文表现游子的羁旅哀思而造景。温庭筠的《商山早行》中“鸡声茅店月，人迹板桥霜”是白描手法中的经典之作。杜甫的《绝句二首》中“泥融飞燕子，沙暖睡鸳鸯”通过对自然景观的直接勾勒表现了春日江山的俏丽生动。

除了诗词，在其他体裁的作品里我们也常见作者对人物的白描。鲁迅的小说，对阿 Q、祥林嫂、孔乙己等人物的描绘，也是非常简练的白描。比如，对孔乙己身世的介绍：“孔乙己原来也读书，但终于没有进学，又不会营生”等，表现了孔乙己好吃懒做的特征。这样的描述会使人物的形象更加鲜明，简练的语言也能给读者留下更深刻的印象。

谈到考场作文，很多时候我们比较强调语言的精美，甚至一定程度的华丽似乎在考场上更具有惊艳之感。实则不然，语言的朴素、精炼、粗线勾勒有时更能带来惊喜。一次，笔者参与中考作文改卷，满目的华丽辞藻之文读得头昏眼花之时，读到一篇印象很深的文章。这篇文章不事雕琢，语言直白质朴。有一段描绘故乡的猪圈的文字，写到猪圈的气味、泥浆和木门，写到那个小院确实是自己最喜欢的地方，那里有真实的自己、野性的自己。全文没有浓墨重彩的刻画，就是运用写实的手法表现了粗野、自然的乡间，表现了喧嚣城市里所稀缺的随性。质朴的文字正像文章里描述的乡间，真淳简约。

备考作文中的白描手法，运用时要注意以下三个要点：第一，在文中穿插运用，注意篇幅。建议可以将白描手法穿插到文中一些重点刻画的段落中，细腻、精巧、旖旎的文字与白描手法融合，会达到相得益彰的效果。第二，人物刻画运用白描手法。对于文中一些具有特殊个性的人物，建议采用简笔勾勒，会给读者留下更加深刻的印象，引发读者的兴趣。第三，白描手法结合简略的句式，增强语言的感染力。运用单字、两个字的词或者四字成语，形成短促、简洁的句式，突出文字的艺术效果，也是很好的尝试。

二、整散并用法

整散并用法是和句式相关的一个概念。整句是整齐匀称、结构相似的句子，比如排比、对偶的修辞格是很常见的整句。散句指的是字数错落有致的句子。整句和散句的交叉运用，文章会形成时而急促、时而舒缓、起伏跌宕的艺术效果。

文学的源头之作《诗经》的基本句式是四言，其中间杂二言至九言的句式。四言的整齐、重章叠句、反复咏叹的结构特征，形成一唱三叹的艺术效果。到了《楚辞》，文章篇幅增长，句式由四言为主变成长短不拘，错落有致，形式更加灵活，末尾多用"兮"字。再到后来的汉赋，讲究文采，极尽铺陈排比之能事，曾一度被视为赋体正宗。虽然后世也多有指摘，但就其结构音韵美而言，却也是登峰造极。我们可以批判性地看待这种手法的利弊，客观而全面地评价并适当学习和运用。整句节奏鲜明、音调和谐、语气强烈，读来朗朗上口；散句形式灵活，错落流畅。于整句中间杂散句，或者反之，能形成两种句式的对比凸显和交融，在作文中我们可以有针对性地使用，增强文章的感染力。

下面是笔者发言稿中的一些拙笔，拿出来供同学们思考总结整散结合的手法。

因为这一程，他们走得快乐而充实。从晨跑意志力的磨炼到学生领袖论坛的滔滔不绝、语惊四座，从花海中的欢快放逐到故居宅院里的静观历史，从撒娇流涕的离愁别绪到江南山村的一路歌声，孩子们成长了。他们懂得了礼仪之贵，学习了"勤耕好学、刚正勇为、诚信包容"的义乌精神。他们背着行囊，穿上自己最喜欢的运动鞋，牵着自己的小伙伴，采撷路边最生动的风景，追逐喜欢的五彩颜色，翻唱自己最爱的歌曲。行走不一定要苦大仇深，不一定要满面风尘，自在随意，任情所适，有所悟有所得，就是收获。

选自《行走在江南》

看到今天的演讲主题"绽放多彩六一"，在我眼前浮现的，是艺术节舞台上的你们，说不尽的俊逸帅气和绰约风华。你们的舞蹈荡漾着动态幻彩的艺术张力，你们的歌声抒写着浪漫初夏的青春故事，你们的戏剧诠释着蕴藉稳健的传统精神品格，这些舞台艺术生动地表达了你们深沉的内心世界、独特的思想和鲜明的个性。在多元的艺术手法里，你们款款走来，你们那样自信、从容，令人羡慕。相比六一节统一穿着白色的确良衬衣、蓝裤子，还会用白粉笔涂抹白球鞋年代的"70后"的我们，创新、俏丽、自由是专属于你们的表达方式。老师真心希望，这样的美好，不只是季节性的"物候现象"，而是一种长期的生长状态。

选自《绽放多彩六一》

春花秋月，夏风冬雪，"窗外日光弹指过，席间花影坐前移"，四年的光阴像一条河，逝者如斯夫。在复旦如茵草坪上高歌郭沫若先生作词的《中国少年先锋队队歌》情形如在眼前，而你们已然静静地长大。或许是距离父亲肩膀的高度，或许是校服变化的尺码，或许是傻笑呆萌表情随风飘散的怅惘，或许是14岁集体生日舞会上的紧张与羞怯……别了，我们都要和昨天说再见。学号会变，留在心里最重要的几个数字不会变；校服的颜色、款式会变，微笑的容颜不会变；上学的路线会变，向着家的方向不会变。我们在这里等你，记住那个带有祝福的门牌号——恒学路100号——你永远的家。

选自《2020届毕业寄语》

三、专业术语法

作文素材经常会涉及艺术和文化领域。同学们在写作时可以通过增加专业术语来增强文章的生动性。下面展示一些同学按照这个要求修改过的范文。

老师教我使用刻刀，练习刀法。刀法是刻章的基础，也是一种技巧的表现，其内容则是表现字体的笔意。在学习过程中，我不断领悟笔意——刀法运用的结果。我反复练习冲刀与切刀，感受着刀刃与坚石的冲撞与摩擦，领悟着由刀与石所刻凿而出的一种特有意趣。面对一块白玉，看那温润油亮的白玉，优雅地横卧在掌心之中，不由得抬起刻刀，隐隐勾勒两下，直冲入玉。击玉，碎石，刻刀在抚掌之间顿时鲜活起来，冲刀，切刀，石屑在银色刀锋口飞溅而起，极富"金石味"。书画大师吴昌硕曾说"篆刻要好，写字顶要紧，篆不好，印怎能好呢?"故此，为了使用刀不是无源之水、无本之木，在学篆刻的同时，我也没有放弃书法，精心磨研，使其熔于一炉。

（复旦大学第二附属学校2017届　季节）

第一次,外公先跟我讲太极拳论。"打太极拳时要立身中正""太极拳讲究先化后打,而且在打击前还要造成'我顺人背'的形式,然后趁势追击,拳论所谓'四两拨千斤'就是这种打法的最高效果"。讲了一些之后,我们便到外面去学拳。

我先学了几式。外公告诉我"掤、捋、挤、按"是太极拳的基本打法,大多招式都是由此演变而来的。

(复旦大学第二附属学校 2017 届　金嘉阳)

笔墨纸砚准备好了,拿起笔,蘸一笔墨,清水里撇一下,便开始了。斜运侧锋,一点、一扬、一顿、一提,竹竿就好了。这一扬有讲究,心先得静,不然竹子歪歪扭扭。扬上去时用力要均匀,不能太过或是太浮。一提亦有奥妙——得拖出厚重浓郁,向上运中锋利落地一提,要笔直而尖细,万不可提太长,微露锋芒即宜。

(复旦大学第二附属学校 2017 届　王天凯)

他的针灸手艺与医学院教的不同,他用针做全身的调理,没有过多的理论,而是坚信实践出真知。李医生扎针时,表情神圣,肃穆,手上的针稳如泰山。搭脉、找穴位、提针、找角度、扎针,如此多的动作,在他手中只需半秒。短短的时间无比专注。"针拿到了手上,病人的生命就在手上,就算天塌下来也不能分神。"李医生手指十分有力。他把针扎进皮肉时,只让你感到轻微的疼痛,换来的却是无比宝贵的健康。李医生特别的针灸方法,针灸时的专注,特别高超的技艺,都令我钦佩不已。

(复旦大学第二附属学校 2020 届　姜宛琳)

从以上三个片段,我们可以看出,写作文章时,如果能加入一些专业术语,会让文章增色不少。比如,我们运用诗词类的文章时,可以查阅相关诗词的文论,理解并尝试引用。写书画类文章,可以考虑查阅这类素材的研究理论。以此类推,生动的描写,会让文章文采斐然。当然,对于这个方法,这里需要强调的是,同学们一定要多查阅资料。同学们可以到中国知网、万方数据等平台查询相关资料。如果有不理解的,可以找专业人士请教,千万不可牵强附会,随意引用自己不理解的内容。而且,对专业术语充分理解后,建议结合理论进行二次实践和体悟,然后再运用形象而适切的文字表达出来。

四、名句化用法

读过的文章,随着时间的推移,在我们头脑里所留存最深印象的往往是文中一些经典的句子；读过的诗词，能随时脱口而出的也是诗词中的名句，包括很多名家的观点，我们也是对他们的名言警句有深刻的印象。因为这些句子是知识与智慧的凝结，能体现一篇文章、一首诗词或一位作家重要的思想。在议论说理或者描写抒情时，适当引用名句，会更好地服务于文章的中心思想。

该如何引用名言名句呢？

第一，明确引用的方法。引用分为明引和暗引两种。一种是明引，明引主要指直接引用。这类引用需要注意引用的准确性，需要用引号标注，引号中的内容和原句的通行版本保持一致，不要有人为的改动删减。另一种是暗引，暗引可以用自己的话对原句进行概括和复述。这类引用本身带有作者本人的意志，可以选取名句中的重点词句进行强调，以便更好地为自己的观点服务。

第二，注意名句的挑选。很多同学也懂得在文中引用名句，但由于积累的缺乏和自身对名句缺少甄别，引用到文中的名句过于常见，缺少陌生化的效果。引用相对陌生的句子，能因为语词结合的特殊性，给读者带来不一样的阅读体验和不一样的心理感知。这里笔者并不否定一些耳熟能详的名言警句本身包含的深刻哲理，而是从阅读心理的角度来看待这个问题。比如我们当然可以用“光阴似箭，日月如梭”来表现时间的短暂，但是，如果我们引用德国诗人席勒的“时间的步伐有三种，未来姗姗来迟，现在像箭一般飞逝，过去永远静立不动”，或者用莎士比亚的“时间会刺破青春表面的彩饰，会在美人的额上掘深沟浅槽”，或者用柏拉图的“时间带走一切，会把你的名字、外貌、性格、命运都改变”，同学们比较一下，产生的效果是不是有区别呢？

名句的引用在于日常的积累。我们如何积累呢？答案就是分类积累。关于分类积累，比较常规的方法是纸质积累。大家可以在笔记本上用彩色的便签贴标明类别，也可以用手机的记事本功能，分栏目积累。比较喜欢电子记录形式的同学可以用“印象笔记”分类记录。分类的方法可以按照自己的个性需要分类，也可以按照一些常见的主题进行分类，比如人生理想、幸福生活、心灵情感、文学艺术、治学修炼、创新探索等主题。另外，我们积累的名句需要不断背诵和使用，并结合不同的文章，形成自己新的理解。活用句子，不是机械地套用，更不能照搬照抄，而是让名句成为文中精美的点缀。

五、文末留白法

留白是艺术创作中的一种手法，指在画面中留下一些空白，给读者以想象空间。这种手法经常运用在诗词、戏剧等领域。留白的技法可以使画面更加协调，延伸了作品的空间，让作品的主题更加含蓄内敛，渲染出美的意境。留白在作品中是构图中的虚景，虚与实的交融形成作品独特的艺术魅力。留白和省略的概念不完全相同。留白所省去的部分没有唯一性，读者可以根据情景进行想象和填补，内涵更加丰富、耐人寻味，值得细品。省略一般属于相似内容的省略，是对已知内容的复制，与留白的效果不一样。

文学作品，也讲究留白技法。唐代司空图在《诗品·含蓄》中说"不著一字，尽得风流"，宋代严羽在《沧浪诗话·诗辨》中说"羚羊挂角，无迹可求"，都强调了作品中留白的意义，突出了作者的想象和再创造对文学理解的作用。一部作品，只有搭设作者与阅读者心灵共情的桥梁，才能最大限度地体现作品的内涵价值。

在前一章节，我们讲构思方法时，说到文章起承转合的构思方法，说到结尾属于文章的"结部"，是文章的收束部分，巧妙的设计是文章成败的又一关键点。结尾多半具有交代故事结局、总结全文和深化主题的基本作用。如果我们避开直接陈述，而是采用相对含蓄蕴藉的留白方式来对全文作结，会产生不一样的表达效果。回顾一下读过的作品，有不少运用了留白手法。比如，19世纪法国优秀批判现实主义作家、"世界短篇小说之王"莫泊桑的短篇小说《项链》结尾对情节进行留白："唉，可怜的玛蒂尔德，不过我那一串本是假的，顶多值五百金法郎！"看似没有结局的留白手法，将玛蒂尔德十年愁苦不堪的日子瞬间变为一个无法名状的笑料，可怜可叹的还有主人公付诸流水的青春容颜。

另外，留白手法也大量运用在影视作品中。比如根据严歌苓小说《陆犯焉识》改编，张艺谋导演的《归来》的留白手法将饱学之士身陷囹圄，柔弱而坚韧的命运化为那个时代最好的注脚。电影大师费穆的代表作《小城之春》采用留白的空间，通过衰败的家和破损的城墙叠加镜头，给观众以想象。朱塞佩·托纳托雷执导的《海上钢琴师》对音乐天才最后的结局没有做过多的交代，而是定格在轮船爆破的火光中。留白的手法让观众为这位孤独、执拗、纯真的艺术家叹惋的同时又无限崇敬。

同学们在作文末尾运用留白手法有几种方式。其一，运用情节留白。不要去强调某种艺术效果或者追求结局，可以运用过程状态的延续来表达，也可以通过逻辑闭环来形成结局，但不要直接标明。其二，采用景物留白。结尾运用含有丰富意蕴或者具有象征意义的景物收尾，不再叙述故事，而是通过景物表达人物情感来结束故事。其三，运用赠语留白。在文章结尾，不要用大量的抒情议论句，而是笔锋一转，用简洁的赠语道出写作的真正目的，如“谨以此文献给十四岁的青春”，给读者留下想象的空间。

第四节　手法

写作手法，无论是对阅读作品还是写作活动来说，都是一个值得探讨的话题。巧妙运用写作手法，能最大程度挖掘素材、凸显主题和表达作者的情感。写作手法种类繁多，在此不再一一阐述。本章节仅对同学们日常阅读和写作中常见却又没能娴熟运用的技法进行解析。

作为本章节之首的是修辞手法中的比喻手法。比喻在修辞中可以说是独占鳌头的一种写作手法，从开始学习写作，在句子和段落中运用比喻的修辞增加文本的语言魅力就成为我们的共识。如何准确理解比喻的几个常见种类，准确运用明喻、暗喻和借喻等手法，让文字变得灵动，是本节的重点内容。夹叙夹议法和细节描写法都是和表达方式相关的写作手法。两种手法均侧重于表达方式在使用时的详略布局问题。夹叙夹议是兼容了记叙和议论，双线并行的表达方式，二者互为补充，避免了单一的叙述模式。细节描写是描写手法中的一种，通过对细微部分的强化，更易于表达情感和突出主题。环境描写和人物刻画是每一篇文章写作的着力点。通过自然环境、社会环境以及人物的语言、动作、心理以及肖像的刻画，勾勒出在特定环境下人物的形象，表达作者写作的意图。尤其是人物的塑造，如何在鲜明的个性里彰显人物的个体性、多面性、社会性，将人物的精神特征描摹出来，是值得我们用心去研究的。

一、巧设譬喻法

文章的表现手法，就修辞而言，是有很多种类的，比如比喻、拟人、反问、设问、夸张、排比、借代等，共有六十三大类，七十八小类。中考常用的修辞主要有六种，为何在众多的修辞手法中，笔者选择比喻作为本节的第一部分，且也是作为修辞手法的唯一代表呢？那是因为比喻这种修辞外在形式和表现效果上的特殊性。精彩的比喻能让文字富有灵性，是文章活的源泉。

比喻作为一种修辞手法，是根据事物的相似点，把一种事物比作另外一种事物，或者把抽象的事物比作具体的事物。“比喻”这个名称最早见于《诗经》，诸子百家也对比喻进行过研究。刘勰的《文心雕龙》中也有对比喻的专题讨论。比喻也称为“譬喻”，古代称为“比”或者“譬（辟）”。比喻是一种突出事物特征的修辞格，能让事物的形象更加生动可感，也能让文章更具有感染力。

我们通过一些经典作品来理解比喻的修辞。现代著名作家钱锺书先生的长篇小说《围城》是现代文学史上风格独特的讽刺小说，被誉为“新《儒林外史》”，表现了抗战初期知识分子的生活与精神状态。一部《围城》有 700 多处比喻，被誉为“比喻之城”。根据学者的研究，围城中的比喻主要有三类：第一类，景物和事件刻画运用的比喻，语言流畅生动，具有画面感，让人身临其境；第二类，将抽象的形象具体化地比喻，或者具体形象的抽象化，新颖独到，让人禁不住拍手称叹；第三类是借用了本体和喻体在价值层面的反差进行比喻，诙谐、辛辣，发人深省。每读一遍《围城》，都会情不自禁地因语言的艺术性和思想的深刻而感慨不已。

在外国文学史的长廊里，运用比喻手法的作品比如《伊利昂纪》，明喻大概有 200 多处，在《奥德修纪》中有 40 多处。荷马擅长运用比喻。比如“阿波罗三拳两脚，扫荡希腊兵士修筑的围墙，像一个男孩蹬一小座沙堆的城堡；帕特罗克洛斯哭求阿基琉斯出兵，像一个抓住母亲裙角求抱的小姑娘；心事重重的奥德修斯辗转反侧，苦思难眠，像一条翻烤的大香肠；赫拉从伊达赶往俄林波斯，速度之快犹如一个走南北的旅行者回想去过的地方；雅典娜替墨奈劳斯挡开潘达罗斯的飞箭，宛如一位母亲替熟睡的孩子撩赶苍蝇，战斗的双方势均力敌，恰似一位贫苦的寡妇计量绞好的羊毛，为了供养她的孩儿。”①

在写作时，巧妙运用比喻手法，突出事物的主要特征，能让描写的形象更加生动。同学们运用比喻手法，要力求推陈出新，不要用一些过于陈旧的比喻，比如：“我焦急得像热锅上的蚂蚁”“远远望去，大海像一块蓝色的宝石”“天上的星星像一颗颗钻石”“沉甸甸的稻穗像一个害羞的姑娘”……我们可以将需要描述的对象进行剪裁，突出某一个方面的特征进行描述，或者将比喻和夸张、排比的手法融合在一起使用，重新排列组合，形成新的形象，给读者不一样的阅读感受，这样的比喻才是有意义的。

① 郑克鲁，《外国文学史（上）（修订版）》，高等教育出版社，2006 年，第 33 页。

二、夹叙夹议法

文章常用表达方法有五种：记叙、议论、抒情、描写、说明。对于同学们经常需要面对的应试作文，我们采用最多的手法当属记叙，其次是描写和议论。记叙是作者对人物的经历和事件发展变化过程的叙述，其中包含事件发生时间和空间的转换以及相关的场景的陈述。议论是表达陈述者观点的一种表达方式，常常是围绕一个中心的观点进行论证。描写在前面章节有过叙述，后面也会有单独的解析。

记叙的基本要素有时间、地点、人物、事件起因、经过和结果。对于这六个要素，在表达中有一些注意事项：首先，六要素呈现的详略把握。时间起笔时切记不要用“记得那是一个周三的上午”的陈词滥调，可以用该时间的天气、时令特征。比如，“一霎好风生翠幕，几回疏雨滴圆荷”“那个季节，时光绵长”“明月、清风、管弦丝竹，那个夜晚很宁静”，用体现时间特征的语句切入时间，避免语句的平淡化。其次，事件的起因需要巧妙交代，却不能喧宾夺主，占据太大的篇幅，导致文章头重脚轻、比例失衡，只需要运用一些简单的伏笔交代原因或者为后文的情节作铺垫即可。再次，记叙事件的经过是文章的重头戏，是整篇文章的核心部分，需要运用大量的记叙和描写着力渲染。最后一个要素是结果。结果的呈现方式避免平面化，即不要片面告知读者结果是什么，而应该是对结果进行解析和评论。

议论作为一种表现手法，通过表达作者的观点，让文章的主题更加鲜明和深刻。在我们的作文中，一般需要借助事件，缘事而发。所以，在一定程度上，记叙是议论的基础，而议论又成为记叙的辅助表达方式。在议论时，切忌说大话说空话，空发议论，尤其在结尾，避免口号式呐喊。议论时，注意措辞的合情合理，语言不夸饰，把握好度是很重要的。

另外，笔者这里想讨论的是写作中同学们常会出现的一种情况——记叙或者议论在文中的单一使用。有些同学写作时，通篇记叙，只在文章结尾以一两句议论作结，没有说服力；还有一种情况是，全文空发议论，文章结构零散，缺少事实论据，也缺少完整而生动的记叙和描写作为支撑。在写作时要尽量避免这种情况，可以将记叙和议论有机结合，运用夹叙夹议的方法进行文章的写作。所谓夹叙夹议，即“三明治”法穿插，在记叙同时运用议论的表达方式，在记叙和描写的同时，表达作者对事件的观点。

最后，请同学欣赏以下这段叙议结合的文字。

屋子里的家具都很陈旧了，走过的时候仿佛能看到上面吹起一层细细的尘埃。还有鲁迅的人像——很严肃的模样，面孔的线条十分刚硬。我几乎能想象鲁迅在这里埋头写作、彻夜不眠的情景，寒冷的风通过没有关紧的窗户灌进来，卷起一股稀薄的气流。大多数游人都是匆匆掠过屋子里的陈设就进了下一个房间，屋外还能听到有人大声嬉笑的声音。而这个屋子，仿佛是被彻底的静谧笼罩着而失去了它的生命力；它似乎只是为了证明这里曾经存在而被保留下来，肩负着某个被遗忘的使命，冷清得让人忍不住唏嘘。这里像一个花园因为上了锁而陷入可怕的魔咒。我想那魔咒大概不仅仅是它自身的灰败，而是鲁迅痛恨的、无谓的静默。

——（复旦大学第二附属学校2017届　张琳程）

三、细节描写法

描写作为五种表现手法之一，在写作中具有重要意义。同学们经常运用的主要有景物描写和人物描写两大类。那么细节描写、正侧面描写属于哪一类呢？这两类描写在描写中的作用是什么呢？这里我们对描写的分类做一个梳理。从描写对象的角度分为人物、环境和场面描写；从描写的角度分为正面描写和侧面描写；从描写的特征角度分为整体描写、局部描写、细节描写、白描等。分类有很多角度，我们可以按照约定俗成的方法进行初步分类。弄清细节描写的分属后，我们进一步分析细节描写的特征。细节描写，顾名思义，是针对细节的描写，即在描写中针对描写对象细微而典型的特征，运用生动的刻画进行描绘。细节描写的对象可以是人物、景物、事件，是针对这些写作对象富有特征性的要点进行精细化描写，从而使人物的个性更加形象，事件更具有感染力，主题更加深刻。

对于精细化的理解，不可偏颇。首先，精细化意味着细节化、细腻化。我们要善于多角度观察写作对象，运用充分的描写来表达。对写作对象特征聚焦定格、放大放慢，充分地描绘是很重要的。很多同学写作时，用记叙代替描写，没有细节而定格的刻画，缺少修辞、想象及对写作对象的描摹。其次，要避免产生精细化就是冗长的描写这种错误观念。在精细化的基础上，通过文字突出典型性是细节描写的核心要点。细节描写从属于人物塑造和文章主题需要。

如何运用细节描写呢？下面笔者对景物、人物和场面三大类举例阐述。

(1) 景物描写

① 雨停了，云雾缭绕，天空很美丽。

② 雨潇潇，轻似薄纱，渐渐地雨停了，雾沉沉，青黛色，天空碧蓝静美。

③ 梧桐秋雨潇潇然，静如烟，轻似纱，细如愁，雨渐渐消歇，伴着枯荷不能成眠；雾霭沉沉，青黛空蒙，清冷的月色，浪漫的星空，在灿烂的静美里如诗如画。

（2）人物描写

① 他看着远山开心地笑了。

② 古铜色的面庞，浑浊的双眸，慢慢地，他抬起头，看着绵延起伏的群山笑了。

③ 古铜色的面庞，像希腊盟军的盾牌，浑浊的双眸，青黑色的血丝，诉说着老汉含辛茹苦的坚持。此时，远处空山隐隐约约传来沉闷的雷声，他抬起头，倏然间，笑了，额上的皱纹如千年的沟壑，层层叠叠。

（3）场面描写

① 窗外，鞋匠坐在小摊前摆弄着修鞋工具，旁边卖花的老太在精心打理栀子花和白兰花。

② 窗外，鞋匠坐在小摊前摆弄着修鞋工具，他一边修鞋，一边歌唱，声音浑厚有力。远处，一个老妇人在精心侍弄着一篮栀子花和白兰花，花的颜色很清丽。

③ 窗外，暮色西沉，街角开始热闹起来。那个六十岁的鞋匠戴着老花镜，正在修鞋。他苍老而宽大的手掌呈乌青色，手背上青筋凸起，他弯下佝偻的脊背，眼睛盯着鞋面，用力将钉子敲进鞋帮，发出铛铛铛的响声。鞋匠一边敲打，嘴里还哼着小调，哦，是秦腔。只听得老汉咽喉里一声呐喊，在鞋铺上空，回旋着一阵响彻山谷的呼喊，那声音像利剑，直击云霄，像野火，势可燎原，又像山洪，瞬间决堤。不远处，卖花的老太静静地坐着，"手如柔荑"，纤纤玉手轻轻地摆弄着篮中的花儿，花色各异，鹅黄、纯白、淡粉，袅袅婷婷。花香、疏影、霞光都凝结在这初夏的夜色里。

同学们，上面的几段文字是笔者根据细节描写要求做的示范。请大家看看，每一类的②对于①项而言，在细节上增加了刻画，而③项则更进一步运用修辞、想象、联想等手法，突出细微特征，让描写更加生动可感。

四、环境点染法

环境描写是一种具有灵性的表现手法。一篇语言平实的文字，加入生动的环境描写，就像有了底色。背景的颜色和主体相呼应，让文章的主题更加鲜明。

一些文学作品中的环境描写给我们留下了深刻的印象。西汉枚乘的《七发》里的景物描写辞采华美，令人叹为观止。南朝庾信的《哀江南赋序》、北魏郦道元《水经注》里大量描写各地风景名胜的段落将山河之美勾勒于眼前，气势雄浑。鲁迅的《故乡》里的景物描写，同学们很熟悉，月夜下闰土叉猹的神异画面，还有那个冷风呼啸，天色苍黄的萧瑟山村，在鲁迅的笔下娓娓道来。外国的文学作品，这里首先谈到的是《呼啸山庄》，艾米莉·勃朗特仅仅依靠这一部作品，就被誉为天才作家。这部小说通过环境的刻画与人物之间的爱恨情仇的描写，将人性的各个侧面展现在读者面前，是一部高超的艺术作品。孤独、凄冷、贫瘠的荒丘与树木葱茏的峡谷，山上山下的对立与抗争，摧毁与重建、狂暴与死寂，静静地讲述着两个庄园的悲剧，自然景物让这部作品浓烈的神秘主义色彩得以彰显。作者本人与大自然之间和谐相融的关系成就了她的作品中的景物意象，通过景物与情节的描写将主人公超越生命和死亡的爱恋与遗憾抒发到极致。另外一位被托尔斯泰赞不绝口的作家——屠格涅夫，也是一位景物描写天才作家。比如他的《猎人笔记》中关于春天黎明的描写，三言两语，将大自然的芬芳展现在眼前，也表现了作者亲近自然，沉醉于自然的情感。

前面介绍的作品，同学们可以去读读背背，结合作品的主题进行理解。下面来谈谈如何在作文中运用景物描写。

第一，运用多重感官描写景物。描写景物时，要全方位调动我们的感官，视觉、听觉、嗅觉、味觉，可以想象自己沉浸在景物之中，多层面、多维度地进行描写。

第二，运用情感和景物色彩相对立的手法。作品中经常会用乐景衬托乐情，以哀景写哀情。比如范仲淹《岳阳楼记》中的“心旷神怡，宠辱偕忘，把酒临风，其喜洋洋者矣”和“去国怀乡，忧谗畏讥，满目萧然，感极而悲者矣”。李易安在《永遇乐·落日熔金》这首词中用热闹、繁华之景衬托作者孤独、悲苦的心境。那句“不如向帘儿底下，听人笑语”具有不凡的艺术魅力。这种突破常规的矛盾冲突，会给读者以不一样的审美体验。

第三，景物刻画时运用诗词扩写法。有些同学不擅长写景物，那么可以先观察景物的特征，然后寻找类似的景物诗词，借助诗词中的意象进行扩写。这里分享一首笔者非常喜欢的景物诗歌——唐代李华的《春行即兴》“宜阳城下草萋萋，涧水东流复向西。芳树无人花自落，春山一路鸟空啼。”这首诗歌里的城下萋萋春草、潺潺溪水、零落芳树和幽静的春山组成了一幅寂寞的春行图。大家可以给每一幅图都增加颜色、形态、声音或者芳香的描绘，这样的景物片段就可以成为文章极好的底纹了。

五、人物塑造法

人物、情节和环境是小说的三要素。人物是其中最核心的要素，相当于小说的中轴线，是作品的枢纽，对小说的主旨表达具有关键作用。但对于同学们备考一篇600字左右的记叙文而言，人物的塑造是不是具有同样的作用呢？回答当然是肯定的，因为同学们的作文多以表现个人成长为主。那么，主人公“我”就是一个非常重要的人物，如何生动地塑造文章中“我”的形象，让读者理解、认可，是写作中需要重点关注的。此外，同学们的作文里完全以“我”来唱“独角戏”的也不多，经常会在文中增加其他人物，其他人物和主体“我”之间互为烘托的关系也是写作中需要留意的。所以，运用人物塑造的方法，丰满人物形象，在写作中很重要。

下面我们先来看看文学作品中的一些经典人物形象。关于人物的刻画，中国文学史上的两部巨著《史记》和《红楼梦》中的人物从个体到群像，非常具有代表性。《史记》中谦恭下士的信陵君、足智多谋的韩信、气干云霄惜于以悲剧收场的项羽、精明狡诈长于审时度势的刘邦都刻画得非常生动。其他还有张良、李斯、荆轲、孙武等，从铁骨铮铮的英雄到侠肝义胆的小人物，作者以史学家和文学家的双重视角对人物进行多侧面的描摹，有的坚毅勇猛却刚愎自用，有的踌躇满志却浮躁自负，人物鲜活生动。这不禁让我们想起古希腊神话的人物塑造艺术。比如阿基琉斯勇敢善战却暴躁鲁莽，阿伽门农勇敢无畏但自私暴虐。荷马通过对英雄的描写，表现了古希腊个体本位文化的价值观，体现了西方古典文化中重视个体生命价值的观念。《红楼梦》的艺术成就之一就是人物的塑造。我们谈论《红楼梦》时，脑海中经常浮现的是一幅幅人物画像。小说中有准确姓名的大约有500人，而其中将近100位人物成为小说中的经典形象。十二钗女子的才情、美丽和悲剧命运都在作品中淋漓尽致地凸显。

关于人物形象塑造，方法林林总总。笔者这里想强调三个方面。

第一，注重人物的个体性，需要关注人物的成长史。写作时，对人物的刻画不应是静态的，而应该是从背景、情节的角度思考人物的精神成长。文中表现的“我”或者其他人物本真的个性是什么？这种个性是基于怎样的背景因素？是怎样的事件触发文中人物个性的转变？可以通过不同时期的人物个性变化串联文章，形成线索。

第二，注重人物的多面性，不要用单一的价值观限定人物。人物塑造时避免平面化、单一化和脸谱化，在文中描写的人物一定是具有多维度的个性色彩的。这样，人物会更加立体可感。我们的作品中需要塑造“圆形人物”，突出人物的真实感。

第三，注重人物的社会性，将人物置于社会文化背景中进行描摹。文章中的人物在个性的基础上应该有社会属性和文化属性，应该放在更广阔的历史时空中，来体现人物的内涵和价值。

第五节　布局

“布局”这个词语经常用于一些棋类竞赛的开始阶段，是棋手对一场赛事的结构和格局的全面规划和事先安排。布局的优劣关系到赛事的成败。写作同样如此，巧妙的设计和布局能决定文章的气韵和脉络，也关乎作品成败。《论崇高》的作者，古希腊作家朗吉努斯认为布局非常重要，“文章要靠布局才能达到高度的雄伟，正如人体要靠四肢五官的配合才能显得美。整体中任何一部分如果割裂开来孤立地看，是没有什么引人注意的，但是把所有各部分综合在一起，就形成一个完美的整体”①。

本章节笔者从悬念、段落、点题、情节和结局几个方面与同学们探讨文章布局的方法。悬念设置法、结局反转法以及矛盾冲突法侧重于从读者的心理预期的角度进行布局。通过一些经典的文学作品，我们共同学习悬念设置的方法，同时，如何在文章里找到适切的悬念设置位置，也是我们需要在写作过程中不断总结的。在结局反转法中，我们再次回顾欧·亨利“含泪的微笑”，感悟作家夸张、幽默甚至荒诞的表现手法中对人物的同情，对人情世态的褒贬。此外，不同于小说的结局反转，记叙文的结局反转主要是情绪的反转和事件发展趋势的反转。文章是表情达意的媒介。文章篇末的逆转会形成文脉的起伏跌宕，会不同程度地引起读者的心理变化，能更生动地展现作者寄寓在文章里的情感和哲思。版块拼图法和“花式点题”法是从全局的角度对文章布局，关注布局手法的生动性。版块的拼接以及花样的点题方式，在突出个体丰富性的基础上，又强调了个体于整体的不可或缺性。

① 朱光潜，西方美学史（上册），商务印书馆，2011年，第120页。

一、设置悬念法

设置悬念是记叙文的一种表现手法，在文章谋篇布局时，这是一种可以采用的方法。这种方法是在文章的某一部分设置疑问，或者对情节发展顺序进行改变，从而使读者产生疑惑和期待的方法。悬念的设置，会让文章在文脉上形成跌宕起伏的效果，自然会增强文章的感染力。就读者而言，具有悬念的作品是比较受欢迎的。我们每每谈及阿瑟·柯南·道尔、阿加莎·克里斯蒂这些侦探小说大家的作品，总会意犹未尽，因此，我们不难理解侦探小说为何有那么广阔的阅读市场和读者群。阅读本身就是由作家、作品和读者三者构成的。在有悬疑、悬念的作品中，读者在阅读过程中思维的跃动、情感的起伏，一定程度上延伸了作品本身的空间，读者对文本的参与感会更加强。

我们曾经读过不少具有悬念的作品。《红楼梦》中写黛玉去世的片段，“刚擦着，猛听黛玉直声叫道：‘宝玉，宝玉，你好……’说到‘好’字，便浑身冷汗，不作声了……”这个片段中，黛玉到底想对宝玉说什么呢？这是永远的谜，留给读者的只有对这位如弱柳扶风的才情女子深深的叹惋，“香魂一缕随风飘散，愁绪三更入梦遥”！再比如，鲁迅的《祝福》中关于祥林嫂的结局，也是运用悬念作结。《项链》中当玛蒂尔德知道了项链是假的，她会如何呢？这为读者留下了想象的空间。同学们喜欢的《盗梦空间》，真实和梦境杂糅在一起，让读者在似梦非梦的镜像里感受作品。还有《三国演义》中悬念的设置更是比比皆是，让读者为文中人物的智慧拍案叫绝。

我们如何在文中设置悬念呢？常用的有三种方法。

第一，运用开头设问的方式。在文章的开头设置问句，可以触发读者的思考，引出文章将要阐述的话题。比如，同学们在文章开头运用景物刻画，表现秋风萧瑟，写到自己孤独地伫立在窗前，然后运用心理描写：“我一遍遍地在记忆中搜寻，明天，明天会是新的一天吗？”写到这里，戛然而止。读者会禁不住好奇，作者经历了什么？文章将会讲述一个怎样的故事呢？

第二，运用倒叙手法。记叙文的记叙顺序有顺叙、插叙、倒叙和补叙等。从全文布局而言，运用倒叙的记叙手法是一种易于操作的悬念设置方法。我们可以将故事的结局放置在开头，运用回忆的方式进行叙述。比如笔者曾经让同学们写一篇题目为《昨天的歌》的作文。有名同学以自己在舞台上歌唱为素材，表现对张狂不羁的年少青春的怀念。这名同学从自己接受舞台任务开始写，详细地表现了排练准备过程，又写到舞台表演以及多年后再次返回母校的情景。后来，这名同学依据老师的建议进行了修改，运用倒叙手法交代故事。返回母校，看到菁菁校园，来到底楼的小剧场，在关着灯的黑魆魆的舞台上，开始回想当年的情景。时光荏苒，挥之不去的是昨日的笑颜……一个小小的调整，使得文章情节的生动性大大增强了。而且，这样的文字像镜子，可能会让读者映照出自己的青春记忆。每一个人都可能会在似水流年里追寻昨天的自己，我们的文章就成了过往永恒的音律。

第三，结尾悬念设置让文章高潮迭起。悬念的设置像剥洋葱，中间不停地伏笔，将事件的真相一层层包裹起来，牵动读者的情思，最后真相浮出水面，让读者恍然大悟。另外，故事进入尾声，文章处于收束状态时，再宕开一笔，运用省略号将故事继续延伸，也是可以采用的方法。

每一位作者都是作文的构图者。如何切换场景和情节，让读者的心绪随之跌宕起伏，是我们在写作中可以思考和灵活运用的。

二、版块拼图法

同学们都玩过拼图吧？拼图这种智力游戏强调的就是整体和局部的内在统一。拼图是汇聚局部，形成整体的过程，局部之间具有千丝万缕的联系。写作似拼图，也是将文章中一个个片段元素拼接在一起。不同点在于，拼图是被预先设定好的，而作文是动态变化的。作者可以在构思和行文过程中进行重新设计和调整，具有较强的主动性。我们在对全文布局时，可以在主题背景下先构筑一些片段，然后在充分考虑它们之间的关系后将片段的内容完善，进行组装拼接。

我们可以如何操作呢？

明确主题，找到串联文章的主线是第一步。记叙文一般都应该有一条串联文章的线索，可以是时间、地点、情感、具体事物、中心事件等，有些文章还有双线并行的情况。我们需要明确并准备好串联各部分的“黏合剂”。

打磨片段，拼接融合是文章布局的第二步。我们先切除首尾部分，对文章的本体进行分析，就片段的关系而言，涉及以下三种情况。

第一，总分式。文章的中间部分可以拆解成5～6个段落，第一段和后面的段落形成总分的关系。将文章第二段设置为段落的总领。比如作文题“相伴”，在第二段概述物或者人的整体特征，后面的段落分述这些特征，第二段和后面的段落构成总分的关系。对于写作风格相对灵活的同学，可以运用总分的拼图关系衔接总起段和后面的段落。

第二，层进式。拼接的段落之间呈并列关系是一种可以尝试的布局方法，但如果我们写作只是平面的叠加，文章比较难吸引人。片段之间呈现层进、深化的关系，更能引起读者的阅读兴趣。比如写一个同学，我们设置的层进深入的关系是认真踏实—勤劳聪慧—淡泊真实。通过一些日常琐事表现写作对象的显性特征，最后写到这个同学与众不同的个性气质，表现在熙熙攘攘的人群中，他宁静淡泊，傲然独立，不从俗，不卑不亢的个性特征。这样的人物塑造就更具有艺术性。

第三，对照式。对照，俗称对比和照应。简而言之，即版块之间形成一种对比。这是一种辩证的思维方法，通过对比，能让文章的人物形象更加鲜明和突出。比如对于人物，前后可以从正反两方面来表现人物个性，前面表现热烈、奋进、昂扬的一面，后面再挖掘他孤冷、倔强的一面，全面客观地展示作者对这个人物的理解。运用冷暖不同的色调来表现人物，会让人物形象更加立体丰满。

上述片段关系一般在议论文中经常见到，但我们可以借用到记叙文中，形成拼图版块之间的联结关系，让文章的段落之间形成不同的联结效应，从而让文章的形式变化新巧。同学们可以去尝试一下，根据主题的需要有选择地使用，也可以将以上的几种方法穿插使用。期待大家精彩的“拼图”作品。

三、“花式点题”法

同学们，老师对你的作文评语是不是经常有“点题不足”“要多点题”的字眼呢？或者考试作文分数不高也是因为文章主题不清晰造成的呢？或者，也点题了，但形式不够灵活，显得很僵硬。本章节笔者就和大家谈谈如何运用富有变化和趣味的点题方法，增强文章的感染力。

第一，明确点题的位置。首先，开头和结尾的点题是必需的。开宗明义，为全文定基调，总起全文，让读者明确文章的主题，这是至关重要的。其次，结尾点题，卒章显志，点睛之笔不可少，深化文章的中心。那么，中间需要点题几次？在哪些地方点题呢？一般说来，根据文体需要，文章的中间部分需要再点题 2～3 次，让读者清楚了解文章的主题。同时，还要看行文风格，如果有些同学的行文偏向散文化，文意相对含蓄蕴藉的，建议点题增加至 4～5 次，凸显中心主旨。

第二，变换点题的方式。应试作文里的反复点题，经常给阅卷者机械重复和僵化固守的感觉。我们平时读文章，也许更倾向于中心主题更加朦胧、含蓄和深隐的，但考场的应试作文，快速运用点题抓住读者是非常重要的。为了避免点题的单一枯燥，采用“花式点题”法，即变换点题的句子，形成陌生化的效果。具体有哪些方法呢？其一，题记点题。题记的一般格式是题目下方一句话，运用破折号，并标注“题记”。题记文字凝练、蕴含深意。同学们可以在题记中进行点题，将中心主旨融汇其中。写题记要注意，文字千万不可直白，不可开门见山，需要将含蓄手法运用到极致，让读者有反复品读的冲动，并要在题记中设置疑问，让读者带着思考阅读你的文章。其二，诗词点题。诗词点题是指在文中运用诗词串联点题。选择的诗词代表此时的情绪，或者能勾勒景物的特征，注意，这些点题句都是和主题有关的。其三，名言点题。点题不用将文章的标题句重复一遍，可以选用和标题相关的名言，哲学家的一些观点作为点题句。注意，名言如果比较长，可以截取最能代表这句名言观点的部分。其四，议论点题。这个方法是从表达方式的角度进行阐述的。运用议论的表达方式对文章的主题进行不同维度的阐述，逐层深入地点题。其五，场景点题。文章结尾有一段抒情议论的点题文字，是常见的作文模式。我们可以优化这种方式。在结尾已经完整的议论抒情点题后，再为文章增加一段文字。这段文字是和文章主题相关的场景描写，让读者再次回到文章的情景中，这里的场景描写不可过于复杂和全面，这个场景只是文章具体场景的掠影。这样可以避免重复，同时又起到了强调和点题的作用。

以上方法，同学们在备考作文时，若尝试变换使用，并总结改进，你会找到更好的点题方法。

四、矛盾冲突法

清代袁枚在《随园诗话》中说：“文似看山不喜平，画如交友须求淡。”这句话的意思是说写文章如观赏山峰，喜欢奇势迭出。这是从读者心理的角度对文章进行反观，也是对文本的期待。同学们读故事，也一定喜欢读迂回曲折和情节冲突的作品。比如戏剧冲突中人与人之间的矛盾、分歧和人内心的挣扎总是能让读者欲罢不能。

很多作品，因为矛盾冲突而跌宕起伏。“生存还是毁灭，这是个问题”，这句话同学们很熟悉吧？这是哈姆雷特痛苦、徘徊、疑惑的苦吟，是对命运无奈的叹息。他内心的矛盾也是一种强烈的冲突，当然这种痛苦本身也源自哈姆雷特个性的延宕。《哈姆雷特》中围绕“复仇”设置了大量的戏剧冲突，主要表现为主人公哈姆雷特与周围环境以及自我认同的矛盾，他在想突破“监狱”一般的外在环境，却又无法逃离和自我救赎。歌剧中，也经常运用冲突表现人物。德国作曲家瓦格纳在《罗恩格林》这部三幕浪漫歌剧里，具有神格的圣杯骑士罗恩格林拯救埃尔萨，走向婚姻，最终因为疑虑和妒忌而幻灭了所有的美好和憧憬。中间人物面对多次灾难时的抉择以及他们内心的矛盾冲突将神人之间的不信任，英雄的无奈与孤独烘托得淋漓尽致，在悲剧色彩中深化了“救济”主题，直击人性的贪婪，灵魂的疲累。霍达在《穆斯林的葬礼》中，通过矛盾冲突，将人物面对爱情与责任、信念与世俗、现代与传统的那种疏离、痛苦、决绝的情感充分地展现出来。优秀的作品总是能牵动读者的内心，让读者体悟到更加深沉而丰富的主旨和内涵。

树立文章叙事中设置矛盾冲突的意识，是需要经常训练的。就章节构思所言，可以构思环节，即撰写纸质提纲或者腹稿提纲时，优先考虑矛盾冲突的设置方式和位置，再细化语言组织。同学们写作，尤其是现场考试作文，经常会因为前期布局的仓促而忘却了一些要素的设计，匆匆起笔，潦草收场，实在遗憾。所以，对文章进行整体规划时，思考是否有设置冲突的必要性是我们应该考虑的。

另外，我们要关注设置的方式和位置。一般情况，在故事的高潮部分，或者在高潮之前，可以表现情节的逆转或者人物的内心矛盾，这种矛盾会形成作品的张力，在故事的叙述中蕴蓄势能，成为高潮的序章。也可以反其道而行之，矛盾冲突可以前置，放在事件的起因阶段。文章开篇的矛盾冲突会给人一种先声夺人之感，营造一种紧张的气氛，同时顺着情节的发展，进入舒缓的结局，又让读者感到一种宁静。

总之，更广义地理解矛盾冲突，就是文章不要全篇只处于一种节奏中，舒缓、激越、宁静、昂扬……文章也是有情绪的，不同的段落要呈现不同的节奏，这样的文章，我们才会更愿意去品读。

五、结局反转法

同学们，我们先来回顾几个画面。《麦琪的礼物》中剪掉长发的德拉和卖掉白金表链的吉姆看着爱人给自己买的礼物，满心的感动和爱意的情景。《警察与赞美诗》中，苏比在老教堂的螺旋形铁栏杆上，在明月光辉中静穆，风琴师奏出的赞美诗让他的心灵得到洗礼，骤然对自己的堕落感到憎恨和悔悟，在醍醐灌顶的意识里觉醒，并打算趁着年轻做改变。突然，警察的手按在他的胳膊上，完成了他最初想通过犯罪到监狱里解决一日三餐的愿望。《最后一片叶子》中，琼西看到最后一片叶子在凛冽的寒风中摇曳，因此获得力量，顽强地活下来，而真相是，饱经风霜的老画家在风雨交加的夜晚为了画最后一片藤叶，染上肺炎离世。《二十年后》中鲍勃和吉米相约 20 年后在纽约大乔勃拉地饭馆相见，最终的结局是闯荡了 20 年正在被通缉的鲍勃如约前来，却被巡警吉米以出人意料的方式逮捕。以上故事情节均来自美国作家欧·亨利的短篇小说，都以出人意料的结局被称为欧·亨利式结尾，都是以意料之外又在情理之中的文章结尾来收束故事，形成文章独特的艺术魅力。

作为读者，在阅读过程中对文本是有心理预期的。这是读者在人生经验和审美经验的基础上产生的作品预期。这种预期会制约阅读鉴赏，但作品的跳跃性和出其不意的反转会拓宽和修正这种预期，让作品呈现更加丰富的个性。我们这里要谈到的是一篇 600 字左右的记叙文，文章结尾采用逆向手法，构成反转，突破读者的期待，给读者留下不寻常的印象。

我们如何运用结局反转法？

其一，情绪的反转。文章中人物情绪的变化经常是文章的线索，贯穿全文。比如全文整体基调以乐景、乐情、乐事为主，文末突然笔锋一转，以愁收尾。李清照的《永遇乐·落日熔金》中就是这样的手法。上阙极力描绘落日熔金、染柳烟浓的暮春风光，下阙回忆汴京繁盛岁月，人们帽子上镶嵌着翡翠宝珠、身上戴着金捻成的雪柳，节日里女子装饰的美丽。回忆这样热闹的情形时，情绪突然逆转，表现主人公的憔悴和孤苦无依。同样地，如果我们的文章全文写春节时各种热闹的情景，写贴春联、包饺子、置办年货的欢乐等，就可以在最后放烟花时突然情绪扭转，表现烟花灿然绽放后的冷寂，平静地接受一年里的欢聚和别愁。或者全文言愁，文末情绪升腾，高昂起来，都是可以采用的。

其二，趋势的反转。这种情况主要存在于学习琴艺一类素材，很多同学喜欢表现自己从学琴之苦到掌握之乐，一次次考级后，最终考级成功。是否可以写自己考级失败的经历，并停留在这里作为文章结局呢？这样就可以突破最后皆大欢喜的结局，而是将艺术学习放在一个更长远的时空跨度。另外，有同学写参观古镇，多半喜欢表现古镇文化的没落，表现深深的忧虑。为何不可以反其道而行之，去欣赏新兴旅游景点刺激消费、拉动内需的意义，或者点评古镇文化的暂时“内卷”后将会有新的生长点的萌芽等。

结局反转是改变文章情节走势，出其不意地冲击读者心理预期的手法，偶尔选择性地使用，会让我们的文章增色不少。

第六节　主旨

写作的目的何在？无外乎“抒发志意”。主旨是一篇文章呈现给读者最核心的内容，是文章其他元素围绕的焦点。着力于主旨内涵的提升和深掘，是非常重要的写作任务。

本章节从个人、家庭、社会、文化和象征的角度阐释文章主旨的设定问题。前面四个方面主要是从文章主体背景的角度，最后一个象征手法侧重于从审题内涵出发，探讨文章的主旨。成长反思法处于本章节之首，解析个人成长素材的主题形式。家庭叙事法，是将家庭作为个人成长的背景，从个人与家庭成员、个人与客人两个方面阐述家庭一类素材的主题表达。这类主题中，关注个体与其他人物之间的关系，表现不同情节下人物细微的心理变化，不同事件中人物展现出来的精神品质。社会省察法和文化融入法相对于前面两种方法，视域更加宽广。它们关注了不同时期、不同地域、不同层级里人物的情感、精神和思想。社会省察法是从社会现象、社会生活中捕捉时代脉象，并且通过记叙和议论表达对社会的理解，提出见解和主张。文化一类的写作是目前备考作文中比较流行的一种素材，正因如此，避开一些过于常见的文化类素材，别立新宗，独树一帜显得尤为迫切。素材关乎主旨的表达，如果在素材选择上遭遇困窘，就从题目的象征意义入手，将会开辟一条深化主旨的新路径。

一、成长反思法

成长反思法放在本章节的开头，这是基于初中作文的要求而言的。初中作文以个人成长过程中的所思所悟为主题，包含对个体生命价值的认知和对社会现象的体察。文章借助生活中的具体事件表现不同时期、不同事件中，个体在人生经验上的收获。以下将从时间阶段、载体类型和表现形式三个方面加以阐述。

第一，关于成长的几个时期。成长主题类作文的素材，过去是主体。童年故事的写作常常是同学们的首选。如果说童年是有颜色的，那么应该是金色的。在我们的人生经历中，太多美好的剪影留存在记忆中。童年时期的幼稚、懵懂、憧憬都是我们的写作对象，可以选择一些具有典型特征的事件进行叙述。当下的自己也是很好的写作素材，家庭、校园之中的自己，成功、失败的自己，喜悦、孤独的自己，截取生活中的片段，定格刻画，描绘那个最真实的自我。还有一类作文主题是写未来的。比如“写给未来的自己”“我的愿望”“二十年后”等，需要站在现在对未来进行想象，寄寓对自我成长的期许。这类作文写作时要充分发挥想象，不仅仅是对自己，还要将社会发展的趋势融入个人成长之中，这样展现的个体才是具有社会意义的。

第二，关于成长事件的载体。我们写作个人的成长，一定是借助一些载体来表现。载体主要有三类。其一，故乡。故乡是什么，故乡是我们祖宗漂泊的最后一个驿站，那里有我们的祖辈父辈永远说不尽的峥嵘岁月，有我们五彩斑斓的童年记忆。写故乡，我们可以将大量的环境刻画作为文章的背景。环境刻画不要选择太平常的景物泛泛而谈，而是可以定格到一些具有陌生化却又有典型特征的景物。比如故乡的老井、院落的无花果树、弄堂墙壁的涂鸦等，表现“我”与这些景物之间千丝万缕的情愫。其二，人物。每一篇文章中，为了表现文章主体“我”，经常要设置附加人物，人物和“我”的关系有多种，陪伴教导类型素材相对多一些。比如教“我”书法的爷爷、教我唱童谣的外婆、教“我”舞蹈的老师，或者儿时的伙伴。其三，物品。借助家里的一座古钟、爷爷的一套军旅行囊、“我”的一条公主纱裙、一张泛黄的照片、母亲的一把牛角梳等，把这些物品作为文章的线索，展开叙述。

第三，关于表现形式。我们写作时可以运用独白的方式。独白是什么？同学们可以去读读《哈姆雷特》，在这部作品中，大量的内心独白是这部戏剧的一大亮点。从这些独白中，我们看到了这个忧郁的丹麦王子的精神成长过程，看到了人文理想和现实冲突的挣扎，也看到具有北欧忧郁气质的他那种强烈的反省和自审意识。这部作品是早期人文主义悲剧的典型代表，它的写作手法常常是我们可以模仿和学习的对象。独白可以作为心理描写，也可以生发议论，运用夹叙夹议的方式表现文章的主旨。

个体的成长，是作文的主要表现形式。同学们的作文经常缺少“我”的主体性，这是需要在写作中强化的。同学们在撰写腹稿提纲时一定要明确文中“我”主体性的多重表现方式，这样才能更好地表现主题。

二、家庭叙事法

本章节是关于家庭叙事法的写作方法。它是指在家庭背景下通过具体事件表现主人公的成长的一种主题形式，既是主旨类型，同时也是一种选材方式。这种方式根植于家庭这个背景，家中的成员成为文章的基本要素，人物的行为方式、性格特征、心理气质等决定了文章的主要基调。按照前文的说法，家庭成为这篇文章的一个载体，是文中“我”的形象塑造的支架。

家庭叙事法有几类组合。以下主要从两大方面进行分述。

第一，“我”与家庭成员。这里的家庭成员包含祖辈、父母亲、兄弟姐妹。写祖辈一类题材的，常规的素材主要是写童年的陪伴与教导，表达对祖辈的感恩、怀念，表现祖辈在自己幼年时期给予的教育和温暖。另外还有一些独特的选材和主题，比如表现祖辈在“我”成长的现实空间里逐渐退却的伤感；书写祖辈漂泊和奋斗的历程，从而表现一个家庭的精神内涵和风骨；借助外物表现祖辈对传统文化的传承，比如“我”和奶奶的京剧、爷爷与“我”的国画。相比于祖辈，写父母亲这一素材和主题的，难度要大一些。父母亲是每天陪伴我们最多的人，要选择新颖的素材表现不同的主题，需要同学们善于观察，从不同视角来表现人物。建议在考虑文章主旨时，弱化父母本身的角色特征，可以从父母的职业、个性以及独特的教育方式等角度进行人物的刻画和主题的设计，这样既会降低难度，又能寻求到一些相对新颖的素材来表现主题。随着二孩政策的开放，我们的写作素材可以从过去独生子女的“单行线”中跳出，描摹二孩家庭的欢乐与争斗，表现成长中的少年的委屈与苦闷、烦忧与豁达，表现血浓于水的手足情。我们的成长过程里的一点一滴，羞辱、挫折、荣耀和幸福，父亲的严厉的呵斥，母亲柔美的笑，有一段初始的生命，是兄弟姐妹陪你共同度过的。笔者的学生中曾经有几对孪生兄弟姐妹。他们在表现这一类主题时，通过姐妹在油菜花田的追逐与欢笑、姐妹共同编排民族舞蹈时的冲突与合作、兄弟在亲子马拉松比赛中的较量与等待等素材，表现手足情。还有一个学生，前文描摹弟弟出生后自己存在感消逝的落寞，也写到对弟弟爱抢表现的反感。文章的中心事件是哥哥被迫陪弟弟坐海盗船时，弟弟因为恐惧紧紧地抱住哥哥，春日暖阳里，澄碧天幕下，伴随着海盗船攀升到最高点，兄弟之间骤然升起的信任和亲近感瞬间将长久以来的隔膜洗刷而尽。那回荡在清风里的“哥哥是个大英雄!”的稚嫩、夸张又可爱的“溜须拍马”真实地唤醒了哥哥沉寂的温情。

第二，“我”与客人之间。秦文君的《表哥驾到》中作者通过与表哥的比较，表现了少年儿童复杂的心理世界，也表现了现代家庭子女教育问题的通病和对孩子无形的伤害。我们也可以写类似的主题，但因为有名篇在前，建议避开这类素材。另一个群体，也是值得我们关注的。笔者一个学生曾经写过一篇自己与保姆之间的关系的文章。该同学不是泛泛而谈，表现保姆对自己的关心，而是重点刻画保姆的歌声，表现了一个背景凄苦却热爱生活，用全身心的热情去拥抱生活和教会我爱的保姆形象。那一次在班级里阅读这篇文章时，许多同学都泪流满面。文字有一种力量，像一面有魔法的镜子，会让我们照见自己的欢乐、孤独与无人知晓的悲戚。

家庭叙事法，让我们置身于家庭背景，观照这个时空里的自己，表现文章的主题。我们平时需要多观察，多思考，深层次理解在这个背景下的自我成长。

三、社会省察法

在《义务教育课程标准》中，对七至九年级学生的要求是“力求表达自己对自然、社会、人生的感受和体验”。其中对社会的省察和反思成为我们的一个关注点。学生关注社会的渠道是多元的，从日常的知识性学习到课外的社会实践，用丰富的视角去洞察这个社会，表现对社会发展的认知，形成一类相对宏大的文章主题。

对社会的省察，主要有以下几类情况。

第一，不同的历史发展阶段。恩格斯说，人类的历史就是一部创造史。历史的发展总是在许多单个的意志冲突中产生。文章要表现不同的历史发展时期，需要采集新旧时期的标志物，结合自己的理解，表达时代的变迁。可以有哪些选择项呢？其一，交通工具。从绿皮火车到动车，从助动车的使用到家用小轿车的普及，都是可以着手的素材。其二，日常生活。网络通信的快速发展，改变了人们的生活方式、消费方式及娱乐方式，处于其中的我们该以怎样的角色自处，这里可以延伸出很多主题。

第二，不同的社会分工。如果说对社会的历史发展时期的省察相对抽象，难以把握，同学们可以从社会分工的角度来观察，是比较直观的。比如可以表现一些普通劳动者的喜乐和从容，表现他们对生活那种知足常乐的豁达。也可表现在一些群体里默默无闻的人，比如马戏团里的小丑，舞蹈团里的伴舞，演唱会角落里的琴师等，通过观察和思考，理解他们宁静、淡泊的心境。

第三，不同的地域。地域差异性也是一个很好的观察视角。不同地域的文化教育、生活习俗、休闲方式的不同是社会观察的又一路径，在这种差异中有冲突与牵制、倾斜与均衡。通过一次旅行、一次游学、一次交流活动，我们可以感知不同地域的文化差异与融合。

此外，一些即时的特殊事件也可以生成我们的写作主题。2020年席卷全球的新冠肺炎疫情是可以关注的主题。身处和平年代的我们，经历了这场特殊的“战争”，会有怎样的印记？我们每一个个体又该扮演怎样的角色？这些是值得我们思考的。在和平时期，同学们可能被天才、精英和明星的光环吸引，但是，在危难之际，我们的信仰和力量来自于那些最美的逆行者——那些在抗疫过程中，用不同的方式、共同的态度努力克服艰难的人们。我们向他们致以最真挚的敬意！对于他们而言，生命的意义高于一切。这是生存法则和人性伦理的根本，更是人类文明的尊严，我们每一个人都应该去守护。对于他们的摹写方式，我们可以考虑关于期望、等待的主题，也可以写得很深沉。

四、文化融入法

关于文化融入法，首先要了解文化的概念。文化是人类社会相对于经济、政治而言的精神活动及产物，主要有物质文化和非物质文化。广义而言，文化是一种社会心理的集体意识形态，是历史长期发展过程积淀而形成的固有思维方式、价值观。文化是精神活动，是人们在传承和发展过程中的产物，具有典型性，又具有审美意义，涵盖了一个民族的发展史和创新史，是民族集体智慧的结晶。

这里暂且先不讨论写作中的文化融入法。我们先从影视文化中的一些作品谈起。

第一，关于电影。中国的影视界，张艺谋作为一个标志性的符号参与并见证了20世纪和21世纪的电影发展。在他的作品里，或浓墨重彩，或简笔勾勒，中国文化的灿烂与隐晦都淋漓尽致地再现，他将自己的中国情结融汇在人物和故事里。无论是剧本色调，还是故事情节，抑或是电影的主题，都在某种程度上彰显了他的文化观和民族精神。比如早期的《红高粱》中传统婚俗场面的刻画，《十面埋伏》里青山秀水里如画一般的中国功夫，《英雄》里家国天下的儒家理想等，包括《三枪拍案惊奇》，从影名到影片的色调构图等，无一不体现中国元素。张艺谋的作品为何在这个时代留下了那样深的印记，除了高妙的叙事手法、拍摄技巧和独特主题，笔者认为，传统文化的厚植是一个重要的因素。看他的作品，觉得穿行于中国的历史与现代的时空，照见我们几代人在这片华夏土地上繁衍生息与爱恨情仇，可以感受到自由狂放的生命意识在奔腾，可以看到祖辈血脉里那源远流长的精神气象。

第二，关于春晚。2021年的河南电视台，《唐宫夜宴》火“出圈”，因为5G + AR

技术？信息技术只是手段，节目的文化内涵才是关键。这个节目以夜宴的乐师为主角，展示了唐朝少女整理妆容等待夜宴的过程，将仕女娇羞、婀娜的美表现得余味悠长。节目中还穿插了一些国宝文物的展示，真是唐代文化与现代科技融合的佳作。

第三，关于古风歌曲。《清明雨上》《倾尽天下》《凉凉》《西窗》《离人愁》《青花瓷》……这些古风歌曲大家应该都很熟悉。如果要对同学们做一个关于你最爱的古风歌曲的访谈，众说纷纭的情景，笔者可以想象。我们喜欢古风，喜欢的是歌曲的文化意境，喜欢其中的遣词造句的典雅、端庄与雍容。

看完上面的例子同学们对如何在写作中融入文化意趣应该得到不少启发。目前的中考作文里有不少文化类作文，很多同学也在尝试着将文化融入作文中。这里笔者想做两方面的提醒。其一，注意选择的文化类对象的创新性。建议避开一些已经出现过的常见素材，比如书法、绘画、戏剧、传统节日等，可以选择建筑、民间手艺等相对“陌生化”的素材。在选定了内容后，我们可以到这类素材的现场进行观摩和体验后再着笔，切忌闭门造车和凭空捏造，那样会缺乏真情实感。其二，参与性。写这类素材容易出现的问题是将自己作为彻底的旁观者，缺少参与的过程，文章整体就成了知识性信息的堆砌，缺乏自己在文化素材中的体验、参与和反思。所以，设置合理的情节，增加“我”的主体性，是这类作文需要重点考虑的。

五、象征深化法

象征手法是文艺创作中的常见手法，指通过某一具体特定的形象表现与之相似或者相近的概念、思想和感情。这个概念里，包含实与虚、显与隐、明与暗的对立，是具体和抽象的对立。当然，在象征中，也可以用部分代表整体，部分应该包含整体的显性特征，这样才具有代表性。

了解了象征的概念，有同学会问，象征和比喻是不是类似的表现手法啊？象征手法和比喻手法有区别，比喻是借助喻体来表现本体，是一种临时的比方关系，比喻关注的是两种事物的相似性，通过喻体将本体形象化。象征突出象征体和本体的神韵相似，比喻强调本体和喻体具有形似。象征在表达上更具有含蓄蕴藉的特征，和暗喻更相似。另外，象征涉及的文字范围具有区域性，是一种潜在的表现手法，比喻则比较针对个别词语和句子，具有即时性。

很多作品都采用了象征手法。比如塞林格的著作《麦田里的守望者》运用象征手法，展现了霍尔顿的真诚与善良，再现了20世纪50年代美国青少年的迷惘和彷徨，表现了第二次世界大战过后，民众对美国社会流行文化的痛斥，对虚伪不道德世界的厌弃。麦田作为童年的象征，纯洁而真诚，与成人世界的虚伪和狡诈形成对比。法国作家圣·埃克苏佩里为成人写作的童话《小王子》也是一部典型的象征手法作品。这部作品中的象征具有多层次的景深。一种是直白明晰的象征，比如醉心于权势的孤独国王是政治权力的象征，追求金钱的市侩是金融权力的象征，还有学究气浓厚的地理学家是精神权力的象征；此外，作品中还有其他一些诸如蛇、狐狸、花、回声、水与井等物象，在文中同样具有耐人寻味的象征意义，而作品中的主人公小王子更是一个象征——代表着作者的理想。同学们反复阅读这部作品，能在一定程度上促进我们对象征深化手法的理解。

作文立意中，我们同样可以运用象征手法。如何去挖掘题目中的象征意义呢？

第一，借助约定俗成。2008年上海市中考作文题《我眼中的色彩》就需要借助色彩的象征意义对文章主题立意。在写作时，结合真切动人的故事表达自己对成长生活的理解，是有一定难度的。巧妙深化色彩的象征意义是本命题的一个突破口。

第二，借助古诗词。比如写作一篇《最是________时》的作文，这个题目是来自苏轼《赠刘景文》中的句子“最是橙黄橘绿时”。同学在进行构思时，可以借助古诗词进行发散联想，比如“最是杨柳依依时”“最是梧桐夜雨时”“最是皓月千里时”。古诗词中杨柳、梧桐、明月都是具有典型象征意义的词语，主旨立意时可以将其象征意义融汇在文章中。

第三，借助同类文学作品。具有象征意义的文学作品有一定数量，在日常阅读时，注重积累和理解，能帮助我们提高阅读能力，更好地理解作品，指导写作中的主旨立意。

第七节　修改

吕本中在《童蒙训》中指出“文字频改，功夫自出”，唐彪认为“改窜旧文，重作旧题，始能深造”，贾岛“两句三年得，一吟双泪流”，《红楼梦》“批阅十载，增删五次”，古人重视文章修改的例子有太多太多。写作本身是主观意识借助载体和表现形式的艺术性外化，作者在不同的心境、不同的环境、不同的思维深度下，写出来的内容具有不稳定性。那么，针对写作内容反复地加工打磨，优化修饰是很重要的一种提升文章品质的手段。而且通过长期的修改训练，我们看待问题的视角、认识问题的深度以及思维的缜密性都会得到加强，选材的视域会拓宽，对主旨的理解也会向更深处漫溯。

好文不厌千回改，文章的修改是无止境的。字词、句段、篇章、结构、主旨、标点等都值得我们去琢磨。在众多文章修改的方法中，笔者选择文章开头结尾、文章结构、文章支架以及中心主旨这五个最显性、最易操作的切入口进行文章修改的指导。这几种方法可以综合使用，但有两种情况很难运用以上方法。一种是明知修改之处却不知如何下手修改。在龙头凤尾法中，你会读到一些经典的文学作品的开头与结尾，学习在开头结尾时，可以采用的技法。在主旨深化法中，层层探索事件的内核，深挖文章的主旨，并概括出最佳主旨是值得我们反复实践的。另一种明知文章读来有些缺憾，却找不到文章修改的地方。在合并规整法、设置阶梯法和载体切入法中，你会找到豁然开朗的感觉。来吧，同学们，拿出你的习作，我们一起为文章加“滤镜”特效。

一、龙头凤尾法

“龙头凤尾”，这大概是同学们接触作文写作后，关于文章技法提及最多的一种策略了。从小学到初中，以及高中、大学，包括将来工作，只要和写作有关，必定要涉及开头和结尾这两个重要的文章要件。在修改作文时，这也是可以首先考虑的修改位置。对“龙头凤尾”的研究，相关的策略不胜枚举，修辞的运用是很好的手法。同学们可以将大量比喻、拟人、排比、夸张、设问、反问、对偶等修辞手法运用在开头和结尾处。此外，总结一些经典的开头结尾，进行专题写作训练，对于我们娴熟地掌握写作方法也是非常有用的。本章节中，笔者将自己喜欢的一些开头和结尾形式与同学们共同探讨。

笔者很喜欢看电影，如果哪一部电影错过了开头，一定会觉得遗憾不已。开头对于影视作品或者文学作品，也包括我们写作的文章，都有关乎全局的意义。一个优秀的开头是文章成功的第一步。下面为同学们推荐四种独特形式的开头。第一，旁征博引式。对于很多同学来说，文章开篇很难，经常面对文题无从下笔，那种茫然和焦虑感在考场上随处可见。那么如何走出这种困境呢？笔者认为，运用引用的方法是思维打开的绝佳方式。可以根据文章的主题或者标题相关的意思找寻一些名言警句、诗词歌赋等，再结合主题对引用的内容进行扩展，就能比较轻松地进入文章的写作状态了。第二，场面描绘式。请同学们欣赏帕斯捷尔纳克的《日瓦戈医生》的开头："他们走着，不停地走，一面唱着《永志不忘》，歌声休止的时候，人们的脚步、马蹄和微风仿佛接替着唱起这支哀悼的歌。"截取你写作内容的一个片段进行刻画，运用场面描写开篇，是相对容易入手的一种方法，也能增加文章的画面感，将读者带入你的意境之中。第三，设置悬疑式。这是一种很炫酷的开头方式，请欣赏卡夫卡的《变形记》的开头："一天早晨，格里高尔·萨姆沙从不安的睡梦中醒来，发现自己躺在床上变成了一只巨大的甲虫。"试问，这样的开头，读者还愿意停下阅读文章的步伐吗？第四，对立哲学式。《安娜·卡列尼娜》的开头：幸福的家庭都是相似的，不幸的家庭各有各的不幸。《三国演义》的开头：话说天下大势，分久必合，合久必分。《双城记》的开头：这是一个最好的时代，这是一个最坏的时代；这是一个智慧的年代，这是一个愚蠢的年代；这是一个光明的季节，这是一个黑暗的季节；这是希望之春，这是失望之冬；人们面前应有尽有，人们面前一无所有；人们正踏上天堂之路，人们正走向地狱之门。复活在我，生命也在我。那些信我的人，虽然死了，也必复活；那些活着而信我的人，必定永远不死。这种对立与哲学思辨的开头，具有摄人心魄的艺术魅力，让读者欲罢不能地想要投入作品的文字中。

文章的结尾，和开头一样，具有举足轻重的意义。同学们继续欣赏一些经典的结尾。第一，议论抒情式。端木蕻良的《土地的誓言》："为了她，我愿付出一切。我必须看见一个更美丽的故乡出现在我的面前……而我将用我的泪水，洗去她一切的污秽和耻辱。"议论抒情式也是同学们常用的结尾方式。同学们在写作时，要注意词语的修饰，语言的典雅，造句的生动。切忌空发议论，喊口号，缺乏真情实感的苍白议论与抒情只会成为狗尾续貂的败笔。第二，诗词收束式。罗贯中的《三国演义》："纷纷世事无穷尽，天数茫茫不可逃。鼎足三分已成梦，后人凭吊空牢骚。"金庸的《射雕英雄传》："兵火有余烬，贫村才数家。无人争晓渡，残月下寒沙！"金庸的《神雕侠侣》："秋风清，秋风明；落叶聚还散，寒鸦栖复惊。相思相见知何日，此时此夜难为情。"该句出自李白的《秋风词》上阙。诗词结尾的方式借助了诗词本身的意蕴与情感，是很好的写作杠杆，这对同学们的积累有比较高的要求，如果引用的诗词太普通和常见，那宁可放弃这种结尾方式。第三，反复咏叹式。请同学们欣赏卡勒德·胡赛尼《追风筝的人》的结尾：" 我追。一个成年人在一群尖叫的孩子中奔跑。但我不在乎。我追,风拂过我的脸庞,我唇上挂着一个像潘杰希尔峡谷那样大大的微笑。我追。"通过主题词的反复咏叹,将人性的善良的回归表现得淋漓尽致。第四,哲理升华式。大仲马《基督山伯爵》:"人类的一切智慧是包含在这四个字里面的:'等待'和'希望'!"文章的结尾,表现作者的写作意图,并有哲理性的升华,是文章的点睛之笔。同学们一定要经常训练自己提炼升华主旨的能力,这是文章最核心的艺术魅力之一。

二、合并规整法

合并规整是作文修改时经常可以运用的一种方法。笔者这里谈到的规整对象,主要有两类,第一类是就单篇文章内部的规整和重构,第二类是多篇文章的规整分类和重组。下面选用例文进行分述。

例文

雏菊花开

① 四月走了,五月悄悄便跟上了。这是最不鲜明的更替,被鲜艳明丽的花儿淹没了。

② 春风夸饰着无限荣光的一切:阳光穿透树叶间,摇曳着碎金子般的投影;空气中浮动着的魅惑芬芳;每一处花木扶疏,芳草萋萋;行人好像也边走边快乐地哼着歌儿。

③ 可是,对于我,这种自然的华美和繁忙都市的结合,好像有些荒唐。

④ 我心中始终掠过一幅郊外的风景,那里是娇小而密集的遍地野花,倔强地绽放,张开翅膀般自由盛开。天空低垂,再也没有高楼的突兀。

⑤ 那一天因某个奇奇怪怪的理由,我和爸爸下楼在小区里散步,来到那沉睡多年的小花园。这里比年幼的记忆要荒凉许多,至少是缺了飞舞过的白色羽毛球和傻气的笑话——上一次来已经是四五年前了。童年的天堂正在变为一个破旧的院子。别的人也都走了,因为就像我一样,伙伴们都已经长大。一步步深入花园,浓重的绿色充斥眼球。我以为花园即将以如此的单调乏味一直走到尽头,然而,小木屋旁边呈现一抹明亮的剪影。

⑥ 那是一花圃的雏菊,金灿灿向着阳光微笑。

⑦ 他们兄弟姐妹般紧紧贴着,风吹来时只是轻轻摇晃,有了大家庭的依靠,没

有哪株会中途倒下。它们高昂着头，仰望倾斜的天空。

⑧ 这花圃一点也不大，正方形的，边长比我身高还短。但不知为何，这些小小的花影重重地冲撞着我的内心。一瞬间我会认为自己抵达一隅无尽花海，不禁莫名地感动起来。这些矮矮的小雏菊有着纯真明亮的希望的色彩，散发着温柔清新的乐观的芳泽，无论扎根、发芽还是开花，都是那般安之若素。它们应该不懂纷纷扰扰、人情世故，只是为了在五月抬起头来，奋斗短暂一生。

⑨ 人要是像花一样生活该有多好啊，一生等一次灿烂辉煌。

⑩ 我着迷这些金色的小花，静静凝望它们。我蹲下来——如果是真的田埂的话，我是会躺下的，而躺在这里的目及之处，只有被夺走的天空——只见花儿上方升腾着一阵橙黄色的、虚幻又阑珊的烟雾。

⑪ 离开的时候我错觉自己是不是已经变成橘黄色的了。反正我是如此澄澈、明亮。

⑫ 我也曾告诉自己每一天都要去看看那片雏菊，但许诺之前，我便明了这是不可能的了。

⑬ 之后零星去过几次，越到后来心境越平静。同学到家里来的那次，我执意要带她们看看那花圃，不过到了楼下面对花儿，我除了“好”“很喜欢”，连一句矫情的诗词也想不出来了。

⑭ 六月临近，某一天，我突然意识到，那些花儿怎么样了？它们的光辉瞬间不再了吧？

⑮ 应该是这样。

⑯ 就在我们没看见的时候，橘色的细长花瓣陨落了，无憾地零落成泥，雏菊花海只剩下最卑微的根默默等待崭新的五月。即使无人问津，也要骄傲地抬头。

⑰ 我理解这漫长的颓丧是为了什么，但我不打算看了。

⑱ 五月末到现在，那个小花园我从来没踏进去过一次。我不曾看见它们凋零的样子。

⑲ 下一个暮春，风又将是斑斓的了。花的姿态又将明晰。我不喜欢因第一次没得到些什么，而第二次期待未来。这像是某种妥协。我宁愿是同一次花开，即使是不同的生命体。

⑳ 诗人说过：这个五月好像永远不会过去。

同学们，读过这篇文章，你心中的感受是怎样的呢？这是笔者非常喜欢的一篇学生习作，每一次阅读我都会有不同的感受。这篇文章有一种涤荡心灵的力量。全文通篇运用对比手法。四月的明艳斑斓和五月暮春的凋敝寂寞是文章显性的对照。明媚的生命姿态静静地陨落，妥协，幻化成雾，颓丧成灾，让人哀伤与叹息，却又发自内心地敬慕，因为它有不可磨灭的过往。所以，安之若素、纯真明亮地自我守望，是多么让人向往的状态。

其实，这是一篇优美而有哲理的散文。这篇文章就像文中描绘的雏菊，宁静光艳，只可远远地望，不适合用来规整合并变成考场的记叙文，就像山坳断崖边的一茎百合，不适合移植到雕栏画栋的屋子里盆栽，因为那种来自山间的自然孤傲将会被揉碎。但是，换一个角度来考虑这个问题，这样静雅的散文如果能成为一篇考场上的文章，那将是多么动人的清流啊！所以，笔者还是将此文拿出来和同学们共享，一起探讨散文合并规整的问题。

这篇文章总共有20个段落，这在考试作文中，段落是比较多的。一般的考场作文最好是8段左右，这样文字会相对集中，段落的主题也会更加明晰。这篇文章美在散文化的笔调，但作为考场作文，这也是一个需要调整的方面。开头(1)(2)段可以合并，主要表现暮春时节的摇曳春风与扶疏花木。(3)段单独成段有强调作用，突出对这种荒唐的调侃，也可与(4)段合并，表现文章主人公对自然华美的理解，点明标题“雏菊花开”，从而引出下文遇到雏菊的经历。同学们，(6)段单独成段好还是和后面的(7)(8)段合并好呢？笔者认为，(6)段单独成段很好，“金灿灿”“阳光”“微笑”三组词语构成了一幅画面，将雏菊绽放的姿态描摹得非常生动，这与(9)段“一生等待一次灿烂辉煌”、(19)段的“我宁愿是同一次花开”形成呼应。文章的(7)(8)段，(10)(11)和(12)段，(16)(17)和(18)段也可以分别合并成三个段落，这样文章的每一个段落的内容更加清晰。

单篇段落合并的原则是，可以按照记叙文开端、发展、高潮和结局进行段落的分割，文章中记叙的部分需要再加强和突出。上文叙事的篇幅也可适当增加，抒情议论部分适当缩减。

关于多篇合并。初中高年级的同学通常会合并十多篇文章，但对于这些文章，缺少整合。建议可以将文章按照主题或者类型分类。主题前面章节谈及过，运用梦想、热爱、自强、担当、发现、感恩、尊重和包容几个主题进行整理，也可以按绘景、状物、写人、叙事几个种类进行分类整理。另外，种类之间素材的交叉重组也是可以采用的方法。

三、设置阶梯法

面对一篇作文，在我们阅读后，觉得文章结构完整而合理，记叙全面而周到，语言也不粗鄙，但是，总觉得淡然无味，缺少了一点什么。此时，我们可以考虑是不是文章缺少层次。这里笔者还是想运用绘画手法进行类比。有过绘画经历的同学知道，绘画的层次感是相当重要的。我们可以通过绘画对象的构图层次、左右光源的层次、颜色深浅的层次、物体空间虚实的层次以及物体主次的层次调整画面，突出绘画的主体和主题。同理，我们进行文章修改时，也可以在文章中增设层次，为文章设置阶梯，突出文章的主题。

对于设置阶梯法，需要明确阶梯的顶格是什么，这关系到文章的定位，也是文章中心的旨归。所以，设置阶梯法，首先需要进行审题的深度思考。只有对题目深刻挖掘，才可能有设置螺旋阶梯的可能性。阶梯顶格的定位可结合时代背景、人生经历与个人的精神成长等多方面的因素，要深沉、浑厚，并且和阶梯的底端相比，要有明显的跨越感，才是有价值的。其次，明确设置阶梯的基本步骤。根据阶梯的最终目标，可以将阶梯设置为 3～4 层，一般情况，三个层次跨度比较好操作，文章的层次也不会太多太杂，篇幅限制和时间限制的矛盾也可以解决。另外，确定基本步骤重点要表现第一阶梯和最后阶梯的对比，需要在文章中呈现明显的“坡度”，中间相邻区间只要有区分度即可，同学们不必过于纠结。

下面针对几种常见素材类型谈谈阶梯设置的方式。

第一，景物类。笔者一名同学曾写过故乡的老屋。老屋在秦岭脚下，作者分别介绍老屋前的河流、屋后的终南山、屋内的陈设、三层楼的格局，另外还描绘了屋里的狗和大雪中的屋外景色。全篇文字斐然，镜头式带领读者将老屋逛了一遍，但叙述缺少层次，未凸显重点。这样的作文在修改时就适合进行裁剪和设置阶梯。第一层写老屋的景，秦岭脚下、终南山背景是一个独特之处，雾气的描写是一个亮点。“白云回望合，青霭入看无”，突出老屋那种宁静、不同凡俗的静穆。第二层重点写这里的世俗风情，淡雅温馨，是源自大山的纯净。第三层写游子思归，表现老屋是精神栖息之所。这样的三层，就比原来的构架更具有立体感。

第二，叙事类。笔者的学生写自己读武侠小说的经历，设置了三层阶梯。第一层阶梯是沉醉于武侠情节。作者用了这样的语言描述自己的痴迷：“读到武打情节，亦会模仿书中人物的一招一式，常是一手捧着书册，一手在空中出拳比划，读到妙处，更是旁若无人地高声叫好，可谓是走火入魔也。每至空闲，便手捧小说，沉湎其中，睡前如厕亦手不释卷。”第二层是不仅仅是读情节，也是品味每个角色的性格、每句台词的精妙、每个故事背后的悲喜。第三层写受武侠小说的影响，渐渐迷上了传统文化，艺术课程的选修报名了“汉服与传统文化”课程。结尾，作者非常巧妙地将文章的阶梯再现：读武侠、品武侠、演武侠、梦武侠……乐在其中，乐在“心似欲随风雨去，茫茫大海任浮沉”，乐在“千里不流行……深藏功与名”。总是刀剑交错的武侠世界似乎已经跟不上如火如荼的时代，但每个侠士的情怀总能用笔饱蘸墨汁描出一幅酣畅淋漓的写意画。

第三，状物类。比如琴棋书画一类素材，写作可以设置阶梯，从形到神，从神到魂地逐层解读，我们可以表现不同学习时期对写作对象的不同理解。从形态的描绘，到对象内在气韵的剖析，再到写作对象对于我们精神成长的价值，就是很好的阶梯。

修改作文时，适当为文章设置阶梯，定能让文章的层次感更强，内容有起伏之感，同学们可以试一试。

四、载体切入法

在写作中，有一类素材我们喜欢选择，但在写作时很难把握。比如写我们喜欢的某种文学体式、某个喜欢的作家、某部喜欢的作品，文章里，只能用一种独白评点方式进行写作，文章缺少一个支架，来表现“我”的精神成长。此时，我们可以运用载体切入法进行修改。以下是我针对同学独白写作做的一个对比实验。选定一篇以独白方式呈现的作文，然后再请三个同学分别对这篇文章搭设支架，为文章增加一位互动人物。其中一个同学根据自己与同桌一同参加书法课学习的经历，改写了一篇《同桌的你》，以下是原文和改文：

原文

“死去元知万事空，但悲不见九州同。王师北定中原日，家祭无忘告乃翁。”壮志未酬身先死的爱国情怀；“先天下之忧而忧，后天下之乐而乐”“居庙堂之高则忧其民，处江湖之远则忧其君”的古仁人之心；“横眉冷对千夫指，俯首甘为孺子牛”的立场坚定、爱憎分明的正气凛然——这就是方块字奏出的爱国宣言，这就是中国文字传承的民族精神。

因为有你，我们看到了《史记》中的谆谆教导；因为有你，我们读到了《资治通鉴》中历代帝王的英明决策和治国平天下的锦囊妙计；因为有你，我们听到了《呐喊》中那声撕心裂肺的呐喊。

汉字，这个曾经照亮世界人们的眼睛，这个让所有华夏子孙无比骄傲的汉字，如今已渐渐在人们的脑海中渐行渐远。也许吧！也许在中华人民日以继夜地在这一片片英文字母中徘徊时，早已将中国的汉字抛在脑后。

满心苦楚的我要问：倾斜着、孤立着的一个个英文字母怎能具有汉字一身的阳刚正直？疑惑不解的我要问：世界上还有哪种语言可以如此清楚又含蓄地表达出“林花谢了春红，太匆匆”的哀伤，“古来圣贤皆寂寞，惟有饮者留其名”的孤傲，“别来几向梦中看，梦觉尚心寒”的失落。忧心忡忡的我还要问：冷落了汉字的中国人啊！你们是否真正了解汉字的内涵。从黄河那遥远的源头开始流淌着汉字的血液，堂堂正正的方块字，你的每一撇一捺都传承着黄河的每一滴血，每一个灵魂。黄河——这条中国的母亲河也正在用自己的方式捍卫着汉字的尊严。然而我们的华夏子孙今天忘却的不只是汉字，而是中国的历史。试问，作为一个中国人，我们怎能把中华五千年的历史忘却？真正需要去捍卫汉字的精神与尊严这个神圣使命的，不正是我们这些中华儿女吗？你们应当知道，威胁国家最大的不是武力和战争侵入，而是文化的侵入。民族语言是一个民族的凝聚力，是一个民族独立的标志，是一个民族兴旺发达的证明。学好民族语言，不正是对表达这个民族的热爱的最好的方式吗？

改文

午后阳光在你的身上洒下，一个个灵动的汉字从你笔下诞生。我陶醉在你笔下之美中，你飘逸的撇捺之间，把对美的追求表露无遗。横平竖直，撇捺点钩，繁多的偏旁部首，及独特的形态，真如画卷一般的美丽。你娴熟地挥动着钢笔，笔尖如同一位舞蹈家在白纸上翩翩起舞，低沉的浊辅音，轻盈的摩擦音，参差的长短句，工整的写法，你笔下这一切的阴平阳平上声去声间，无不渗透着撩人的魅力。仓颉结合自然万物造就了富有无限阳光的神秘与魅力的汉字，而它们又都在你的笔下整齐排列着。你写下的每个汉字似乎都有一个秘密，都是一个故事，都是一首吟唱不绝的歌。

在闲来无事的空闲时间，你我铺开一大张白纸，提笔共同书写着，彼此切磋着。你首先写下“死去元知万事空，但悲不见九州同”之句。我微微一笑，写下“王师北定中原日，家祭无忘告乃翁”“先天下之忧而忧，后天下之乐而乐”“居庙堂之高则忧其民，处江湖之远则忧其君”。你我的笔尖在纸上沙沙飞扬着，两人不相上下。“横眉冷对千夫指，俯首甘为孺子牛。”……雪白的纸一点点染上墨蓝色的墨迹，淡淡墨香四溢。你我在方块字中奏出爱国宣言，品爱憎分明的正气凛然，体会中国文字传承的民族精神。

在同一张木桌上，你我观《史记》中谆谆教导；读《资治通鉴》历代帝王的英明决策和治国平天下的锦囊妙计；聆听《呐喊》中那声撕心裂肺的呐喊……

你我一同探讨着这个曾经照亮世界人们的眼睛，这个让所有华夏子孙无比骄傲的汉字，为它如今在人们的脑海中渐行渐远悲伤。你满心苦楚地问我："一个个英文字母怎能具有汉字一身的阳刚正直?"而我，也一样疑惑不解：有哪种语言可以如此清楚含蓄地表达出“林花谢了春红，太匆匆”的哀伤，“古来圣贤皆寂寞，惟有饮者留其名”的孤傲；“别来几向梦中看，梦觉尚心寒”的失落。你我为冷落了汉字的中国人感到悲哀：他们是否真正了解汉字的内涵？我们知道，从黄河那遥远的源头开始流淌着汉字的血液，堂堂正正的方块字，它的一撇一捺都传承着黄河的每一滴血。是啊，华夏子孙今天忘却的不只是汉字，而是中国的历史。你我感慨着一个中国人我们怎能把中华五千年的历史忘却？真正需要去捍卫汉字的精神与尊严这个神圣使命的，不正是我们这些中华儿女吗?

对比原文和改文，我们可以看到载体加入文章后，主客体的互动方式让文章中“我”的形象更加鲜活，文中“我”与同桌在汉字笔画里感受仓颉造字的智慧，在平上去入的音律间吟唱不绝的歌，淡墨色泽里掩映着汉字无声的美，文史名著中镌刻着历代先贤的哲思。“我”不再是一个孤独的点评者，而是在与同伴的切磋中获得新的体悟。

五、主旨深化法

文章的主旨是全文的核心。文章的中心包含着作者的写作意图，也是作者对外在世界客观规律的认知。

中心主旨应该有以下几个层面特征。

第一层面，中心主旨正确、鲜明是最基本的要求。一篇文章需要明确地向读者表达中心，中心主旨含混不清是写作的大忌。尤其在考场作文中，同学们要通过反复的点题强化文章的中心，为文章建立核心构架。

第二层面，中心主旨集中。这是文章立意的基本要求。但笔者认为，集中是相对的，而且不能狭隘地理解集中就是唯一。笔者比较赞成多重主题的表达形式。后文会具体陈述多重主题的表达方式。

第三层面，深刻、新颖。这是对文章中心的最高要求，也是写作中的难点。如何从素材中提炼升华出文章不一样的中心主题，是对事件认知水平的高下和思维深度的考量。我们可以运用前文讲述的一些思维训练方式进行有针对性的训练。广博的阅读和积累是我们提升思维能力的重要方法。

以上三个层面，在作文修改时可以略有侧重。第一、第二层面是基本要求，是主旨新颖、深刻的基础。同学们在进行修改时先核查中心是否正确、鲜明和集中，然后考虑在现有中心主旨的基础上如何往纵深方向拓展。

例：请你以《等待》为题，写一篇记叙文。

(1) 材料：我和同学约好一起去看电影，他迟到了，我等了很久。(立意：等待时需要有耐心)

(2) 材料：每天下午我回家，妈妈都在路口等我。(立意：表现妈妈对“我”的关心)

(3) 材料：每年有很多儿童被拐卖，父母等待他们回家。(立意：感知亲人离散的伤痛，从而懂得亲情可贵)

(4) 材料：在圆明园的断壁残垣下，我在参观，发现很多人嘻嘻哈哈，走马观花。(立意：我等待着国人民族意识的觉醒)

(5) 材料：我热爱大提琴，但学艺不精，母亲耐心地等待我的进步。(立意：表现母亲对“我”成长的守望)

点评：(1)立意不太准，审题不清，作者没有领会题目的真正含义。(2)立意准，但是选材、立意太普通，缺乏新意，多数人会这样写。(3)立意较深刻，有一定的社会意义。(4) 立意较新颖，一般人不会想到。(5) 立意虽平常，但写得好，容易写出真情，打动人心。

再带同学们看一个例子。

例：一名学生写自己养水仙花，最后终于开花了。

请同学对这个事件进行立意。

可能有不少同学会有这样的常规立意：是啊，没有耕耘，哪有收获！没有汗水，哪有水仙花的馨香啊！

让我们对这个事件进行挖掘。常规立意的出发点关注的是事件的开端和结果，下文则是从其他侧面对这个事件进行主题的提炼概括：

(1) 静候美的绽放需要一种坦然，执着地追寻。(事件的过程)

(2) 泼泼洒洒的自我表达需要长期的蕴蓄，花亦如此，人亦如此。(厚积薄发的力量)

(3) 繁忙的生活，偷得浮生半日闲，甚是喜乐。(种花者的生活态度)

(4) 做一个水仙花一样的女子，静美平和，给寒冷的冬日带来一抹灵动风韵。(以花喻人)

通过以上两个例子，可以看出，文章中心主旨的深化在于剥离事件的多个内核，从事件的不同意义对主旨进行挖掘或者提升，能让文章的主旨更深刻。

第八节　积累

前面的章节，我们学习了文章写作和修改的一些技法，本章节我们将进入积累的篇章。从小学起始阶段开始训练写作起，无论是课堂还是课后，我们都有大量的写作训练经历，但很明显的是，同学之间写作的差异明显地存在。当然，写作的差异本身源自认识的差异，源自我们对外在的客观世界认知和把握的深度的不同。通过阅读、写作和思考形成的语言表达系统的差异是文章优劣的直接影响因素。如何优化自己的语言系统，提升自己的写作能力？笔者认为，积累是一条有效的途径。

关于积累，本节从摘抄背诵、周记积累、剪报评论、资源归类和专辑整理五个方面介绍积累的方法。这些积累方法不是平面的记录，是结合摘录、记诵、点评和辑录为一体的综合性积累手段。积累不仅是资源的留存和留下普通的记忆，也是资源的重组以及内容与主体意识的融通。同学们用作积累的册子一定要做得精美一些，增添一些个性化的设计。毛姆说："阅读，是一座随身携带的避难所。"他讲述的就是文字具有慰藉心灵的力量。同样，在我们的包里，放一本用于摘录和点评的册子，春夏秋冬，风雨如晦，云起雪飞，我们一定不会孤单。

一、摘抄背诵法

画家黄永玉想查询"凤凰涅槃"的意思，他查了《辞源》《辞海》《中华大辞典》《佛学大辞典》……他也到《人民日报》资料室，北京的民族学院、佛教协会找人请教、求解答，还是没有满意的答案，后来问到钱锺书先生。钱先生指出这个词是郭沫若想象和编撰出来的，并指导黄永玉在《简明不列颠百科全书》第三本里找到。钱锺书可以背出《牡丹亭》，此外连一些宋元时期非主流的作家的诗作也能一字不落地背出。杨绛先生揭秘过钱锺书过目不忘的秘密：他勤做笔记，勤读笔记，勤更新笔记。本章节，笔者想和同学们聊聊摘抄背诵的方法。笔者认为，摘抄背诵法是作文写作的极佳辅助方法，对优化我们的积累有出人意料的效果。

摘抄的对象有哪些呢？第一，依据所学单元主题选择。比如所学单元主题为家乡风俗，就可以摘抄一些关于不同地域风俗的文章。第二，作家作品迁移。学习了朱自清的《匆匆》，可以摘抄朱自清的《荷塘月色》《春》《桨声灯影里的秦淮河》以及俞平伯的《桨声灯影里的秦淮河》等。这里包括同一作家的不同作品，也包括不同作家的相似主题的作品。第三，同类型作品扩展。比如学习了《迢迢牵牛星》，摘抄《古诗十九首》的其他篇目以及作品赏析。

摘抄形式如何选择？我不反对同学们用电子产品进行摘抄记录，但我认为对于初中同学来说，纸质摘抄本更加方便，外出可以随身携带，随时可以复习强化记忆。另外，对摘抄的内容进行分类很重要。可以依据自己的喜好设置一些分类，比如人物描写、景物刻画、场面描写等。也可以设置一些个性化的摘抄专题，比如"金庸小说人物描写专辑""金陵十二钗图谱""华兹华斯浪漫曲""漱玉集"等，还可以针对作家、作品等多种类型进行整理。这样的摘抄，易于后期的背诵和巩固。

摘抄背诵怎么做到有效呢？艾宾浩斯遗忘曲线提醒我们，掌握遗忘规律，选择合适的记忆方法，对于抵抗遗忘是科学而有效的。笔者根据同学们的学习时间和习惯，建议三个摘抄背诵时间段，也就是一天中的三次黄金复习时间，分别是早上起床后的半小时、晚餐后半小时和晚上睡前半小时。在这三个时间段进行日复习，每个礼拜 1 小时进行周复习，每月末 2～3 小时进行月复习再次进行巩固，通过不断地对前期内容进行回顾和消化，增强对摘抄内容的深入理解。

对于摘抄的内容，最好的记忆方法莫过于运用。单向的记诵并不是记忆的最佳方法，唯有深入理解摘抄的内容，在写作中模仿写作手法、借用词语、揣摩意境，并运用到作文中，才会对写作有很好的辅助作用。

二、周记积累法

写作是通过语言符号记述事件，反映事物，表达思想感情的脑力活动过程，包含采集、构思和表述三个阶段。对于中学生而言，在写作初期，养成良好的积累习惯，建立丰富素材库，是后续写作的基础。同时，积累和巩固的方式一定程度上也会影响我们思维方式的变化，所以，需要重视积累。运用周记对本周写作内容进行分类整理，是比较可行的方法。

日常写作是周记整理的基础。日常写作有以下三种形式。

第一，日记。日记作为一种文体，属于记叙性质的应用文。这是日记的基本属性，我们可以在此基础上扩展内容和变换形式。特殊的事件、别样的风景、印象深刻的人物是日记基本的素材，读后感、观后感和听后感也都可以成为写作形式。此外，有时也可以用摘抄原文作为替代。

第二，教材相关的片段写作。在语文课堂教学中，经常会有与课程相关联的一些片段写作。这种片段写作主要有两种：一种是对原文文字的模仿，主要关注写作手法，属于鉴赏类写作；另一种是对文章某些观点的评价，属于感悟类抒发。

第三，随笔写作。随笔作为一种日常的写作方式，相对大作文，有比较大的自由度。无论是文章的形式，还是写作的内容，随笔都可以采用相对比较灵活的方式。

周末对日常写作进行整理时，可以通过打字或者利用传图识字工具，将一些优质的纸质稿转化为电子稿并进行分类，创建个人图书馆。图书馆需要细化一些栏目，如社会、文化、人生、生活、风景等。周日的日常写作整理包括以下内容。

第一，片段分类整理。按照写作类型对片段分类，鉴赏类和感悟类分开整理。建议对感悟类进行二次修改后再收录。

第二，日记文章重写。日记是没有标题的，可以用命题作文的方式，从一周的五篇文章中选择一篇进行改写。写作前可以采用腹稿提纲方式，为全文构思和布局。

第三，周记设置目录。日常写作的内容按照目录种类进行收录，整本周记应该有一个相对完备的体系。

同学们每周进行系统化的整理，对日常写作的内容进一步优化，可以使写作的熟练度增强，思维也能得到一定程度的训练。经过半年左右的时间，同学们可以对周记内容再进行删减，挑选相对更加优质的文章入选自己的作文库。同学们可以多去尝试，选择自己喜欢的方式，收录自己的美文，实乃一件乐事。

三、剪报评论法

剪报评论是笔者语文教学中曾经采用过的一种写作训练方法。该训练放在周末完成，和随笔写作单双周交替进行。学生剪报的主要来源是报纸、杂志以及一些公众号上的时文。为何要做剪报？和常规的书籍不同，报纸、杂志和时文因为自身的文体特征，更新速度更快，能传播最新的知识和理念，具有时效性，且内在价值功能会更加显性，符合学生阅读的心理认知规律。学生在制作过程中会有更多的选择性、参与性，更易于发挥他们的主观能动性。剪报评论是学生相对比较喜欢的一种写作活动。

首先，向同学们推荐一些剪报的资源。关于报刊，《格言》《意林》《青年文摘》《环球》等都是不错的期刊，这些期刊素材很新，选材较广，励志故事、散文、世界动向等都是我们可以关注的。此外，向同学们推荐几个笔者喜爱的公众号。第一个是“灼见”。这个公众号里有很多具有穿透力的思想评论，从文学领域到艺术生活，从科学实践到哲学认知，从个体精神到社会意识，包含的内容范围很广。第二个是“新周刊”。这个公众号的宣传语是“一本杂志和一个时代的体温”，这是一个对社会生活有深度观察和思考的公众号，里面的观点透辟而独到。第三个是“新京报”。这个公众号的文章关注世界的本体，逻辑和艺术地传达最真实的社会概貌。另外，“文汇笔会”“南风窗”“洞见”“静嘉读书”“环球网”“学术星球”等都是不错的公众号。

其次，介绍制作剪报的方法。剪报制作主要包括阅读、收集、分类和汇编几个步骤。我们每天阅读的文章种类繁多，对阅读素材进行及时的分类整理对做剪报的效率有很大提高。为了不破坏报刊的完整性，建议用手机中的扫描软件“扫描宝”或者“扫描全能王”等，对需要剪贴的内容进行扫描，然后上传到电脑中用文件夹进行分类，统一打印后再裁剪和粘贴。粘贴的本子建议用16K大小的笔记本，因为粘贴后还要留足评论的空间。每本剪报本留一个目录页面，可以在草稿纸上设计目录的初稿，再绘制在剪报本上。建议目录的设计生动而富有个性。

最后，关于剪报的点评。阅读如果仅仅是单一的视觉感受，那是单薄的，评论才是剪报的灵魂。建议在剪报空白处做批注，我们可以化用眉批、旁批和尾批的概念。眉批是在正文上端的批注，主要是对文章的局部性见解，可以肯定和突出文章的优点，摘录有启发性的语言或者整体对文章进行点评。旁批是更自由、常见和简单的一种批注方法，同学们需要在剪贴的文章旁边留足空间。批注方式主要有提纲式、仿写式、评论式和设疑式四种，其中评论式可以包含鉴赏和感悟两类。

剪报制作可以半个月到一个月为周期，将近期阅读的文章收录、编辑，再进行评论。经过长期训练，同学们的写作思维和表达能力将会有一定的提升。

四、资源归类法

课外阅读是积累的重要来源，我们需要整理和合理地运用。但笔者想提醒的是，很多同学忽视了课内的一些资源，这些资源的再生和运用会为我们开拓新的写作空间。有哪些好处呢？一方面，夯实对课内知识的理解；另一方面，提高资源整理的效率。尤其对一些时间管理有障碍，没有太多精力进行大量课外阅读的同学来说，这是一个可以关注的领域。

第一，关于古诗词。课外古诗词的再生主要借助课堂古诗词的延伸与拓展。拓展延伸的方向主要有作家、诗词素材、诗词种类。比如学习李贺的《马诗二十三首（其五）》后，积累李贺的另外二十二首《马诗》，学习杜甫《望岳》（东岳泰山），积累《望岳》（西岳华山）、《望岳》（南岳衡山），感受杜甫“裘马轻狂”的漫游生活，体悟诗人从青年意气风发到中年仕途不顺的苦闷与无奈，但无论在何时期，诗人卓然独立，兼济天下的豪情是一以贯之的。另外，同类型诗词，比如边塞诗、咏物诗、叙事诗等，都可以从课内向课外延伸并积累。

第二，关于文言文。文言文课外素材的归类整理和积累，以本校的文言文教学为例。我们日常训练主要是用上海远东出版社出版，杨振中先生编的《走进文言文》一书。这套书共有三册，辑录了很多文言小故事。比如第一册，六、七年级读本中，第一单元讲述了黄琬、杨修、诸葛恪、谢道韫和曹冲五个人物的故事，我们就可以积累通过人物的语言、动作描写表现人物的智慧的专题，后期课外再遇到相关篇目，再归类到这个种类中来。第七单元讲述了范仲淹有志于天下、食粥心安、鉴真东渡、少年志存高远、陈蕃有大志，我们可以积累人物的语言、动作描写表现人物的志向的专题。先分项积累，后期把人物的聪慧、志向、孝顺、仁厚、机敏等再积累成人物专题。我们在日常阅读时，对这些内容进行综合和分析，一定会对写作有所启发。

第三，关于现代文。现代文的阅读，是同学们在学校阅读训练的主要形式。

大家有没有思考过现代文的整理呢？篇幅短小的一些小文，里面有很多可以积累的片段。比如：尤今《童话的滋味》中的片段，表现女儿烹饪水平时写到女儿天马行空的自如和峰回路转的变化多端，还有先声夺人的霸气等，把女儿烹饪中的言外之意表现得淋漓尽致；王族《异质的小镇》里描写大阪城土屋里的风、墙上的裂缝、光束透过裂缝在屋中央投射的圆圈及坐在光圈中古稀老者，多么静谧祥和的景象。

对课堂阅读资源进行整理，可以依据什么分类呢？笔者认为按照人物、事件、景物、文化分类易于操作。同学们也可以按照自己喜好的分类方法进行整理。相信通过长期日积月累，同学们都会有一定收获。

五、专辑整理法

同学们的电脑里有自己的作文集吗？我想，可能有些同学没有吧！从开始识字、阅读和学习写作开始，我们的语言能力在逐渐发展，从理解、认知到思辨，我们的思维也在不断拓展。运用文字对思想的历程进行记录，这是一件很有意义的事。在记录过程中，作为主体的我们不断地回顾、提炼，对于表达能力是一种很好的提升。所以，如果前期没有做过个人的写作资料辑录的同学，不妨尝试从现在开始吧！

哪些文章可以收录入册，怎样收录呢？第一类，依据中考评分标准的一类卷作文。中心突出、选材适当、有新意，感情充沛、语言具有表现力、思路清晰的作文，评分为53～60分的。按照日常测试评分制，建议在32分以上的作文可以收录。第二类，当然是独立于评分标准之外的作品。这类习作形式相对自由，语言也更加灵活，表现方式多元，能抒发真性情。这样的文字是日常写作中应该多加训练的，一定时期的训练和积累后，当我们反观时，定会有惊喜。

为个人专辑取名，是专辑整理中不可缺少的一个环节。作品名称要和收录的大部分文章主题相关，可以和自己喜爱的某篇佳作有关，也可以直接将某一篇文章的标题作为一部专辑的标题。集子作者名用真名或者笔名，如果可能，还可以为作品作序。自序一般对专辑的主题、重点内容和特点进行一些介绍。专辑的封面根据主题选择适当的图片作装饰，彩色打印出来。一本集子做成以后，会很有成就感。另外，要定期对集子更新，对其中的文章做多次反复修改，提升专辑的质量。

当专辑积累到一定数量，文章的质量也趋于上乘时，我们可以对外交流自己的作品。借用班级的读书会、阅读课，推介自己的专辑，选择一些佳文和同学们分享，邀请同学和老师对专辑提一些修改的建议，进一步优化作品。这个改进的过程，会促发我们新的思考，萌发灵感。

同学们，到本章节，关于备考作文的指南就告一段落了。上篇，是笔者基于自身写作的教学实践，总结出来的一些实用的写作策略，同学们可以根据自己的实际情况和写作偏好，选择性地使用，也希望大家能有一些新的思考。

中篇　应用文写作指南

应用文写作属于写作训练的一个分支。就写作目的而言，应用文具有特殊性。传递信息、处理事务和交流情感是应用文写作的意图所在，实用性是应用文的显著特征，也就是说我们写作应用文，是为了处理沟通交流的基本问题，这正是人的社会属性的内在需要。但就目前而言，应用文的写作情况不佳，尤其是中学生群体，会在应用文的写作格式和内容上含混不清。所以，笔者在本书中加入了应用文的写作指导。

应用文写作指南版块包含两章。笔者从应用文的写作与教学状况入手，首先分析目前应用文写作边缘化现状，接着明晰应用文的概念，结合应用文教学实践探讨应用文的教学方法，最后是典型的应用文写作指导案例。这一章，笔者为了避免纯概念讲解的单调性，主要采用故事和案例解说的方式进行应用文写作方法的指导。希望同学们能一边阅读，一边模仿写作和操练。相信通过长期的训练，同学们能比较准确地掌握应用文的写作技法。

第三章　应用文写作现状与教学方法探究

应用文是一种具有典型工具作用的文体形式。随着科技发展，社会交往模式发生着日新月异的变化。交流更加快捷和方便，时效性是第一个要求；社交的信息反馈来源更加丰富，全面性是第二个要求；交流媒介的迭代频次剧增，统一性是第三个要求。第三个要求需要通行规范的交流载体作为支撑。尤其是目前的人工智能、大数据的飞速发展，科技与人脑的结合，一定程度上削减了一些非必要的体力劳动，转为更科学、更高能的数字化呈现。所以，设置相对统一的标准，构建相对大众化的规范格式，有助于社会沟通交流的畅通。

那么，在学校教育中，关乎学生与社会接轨的话语规范需求应该得到重视。但是，目前，我们看到的现象不尽如人意，学生的应用文写作训练缺失，写作能力相对薄弱。而且，这一现象不局限于学生。成人应用文写作的问题也比比皆是。所以如何开发应用文写作教材，探寻科学有效的写作指导策略，也是在写作教学中值得思考的问题。

第一节　应用文写作现状

在语文教学中，应用文写作和其他类型文体的写作方法不一样。这种独特性源于应用文写作的目的——传达信息和交流。所以其写作的情感性特征、写作主体志意表达的主观色彩在一定程度上趋于隐性，但格式规范以及内容准确的要求大大提升。这些要求和标准需要通过合理的教学指导、写作操练和考核检测的方式得到强化。本章节，我们将从应用文写作现状溯源，查找原因，推演应用文写作正确的打开方式。

一、常见应用文写作错误

同学们，在应用文写作中，有时可能会出现如下错误，或者概念不清，或者模棱两可。下面让我们来做一个盘点。

1. 格式错误

格式问题主要出现在应用文的标题、称呼、署名等地方。应用文的标题遗漏，位置没有居中，称呼没有顶格写是常见的问题。另外，“此致”“敬礼”是否需要在文中出现以及这两个词在文中的位置也困扰着大家。署名遗漏现象偶有发生。署名和日期的位置颠倒也很常见。署名简称使用不规范，落款日期用汉字还是阿拉伯数字也都是同学们感到困惑的问题。

2. 内容错误

应用文内容的问题更是五花八门。其一，日期错误：第一种是通知的活动日期早于应用文写作日期；第二种情况是日期中月周期弄错，出现小月有 31 号的现象；第三种是日期不具体；第四种是时间表达中的 12 小时制和 24 小时制混淆，错误地使用英文表达的 am 和 pm。其二，概念错误导致的错别字现象。比如公告与公示、决议与决定、启示与启事等。其三，标点符号使用错误。书名号和引号使用是同学们容易弄错的。应用文中，书名号中再用书名号的情况下，经常会出现内层书名号依旧用双层书名号的错误。如果是三层书名号，则由外到内应该是“《〈《》〉》”这样的表达。标点符号的错误经常还表现为中英文标点符号的混用。其四，文本重要信息遗漏。应用文中没有指明具体的联系方式，资料上交方式等。其五，语言使用不当。因为应用文内容格式具有相对稳定性，所以措辞需要更加严谨。但在我们看到的一些应用文中，病句，语言歧义，不符合应用文的主题或者风格，表述不恰当，逻辑混乱，前后语序颠倒，因果关系错误，语言不得体等问题经常出现。

二、学生应用文写作的难点

上文列举了应用文写作的常见错误，但很多常识性错误在日常写作中并没有被纠正，反而成为约定俗成的表达方式。

从学生的角度而言，出现常见错误主要有以下几方面的原因：第一，应用文的知识缺乏。同学们因为没有系统地学习应用文的写作方法，所以，对应用文的概念、分类、特征等不清楚。第二，应用文写作方法的学习不够。日常的写作训练中，同学们接触应用文写作比较少，对应用文的写作手法、技巧和一些常识性内容缺乏了解。第三，过多依赖于网络资源。很多同学写作应用文，常常直接借用网络上的范文，独立思考的过程缺失，应用文写作能力不强。第四，思想认识不足导致写作的兴趣不高，写作的主动性不强。写作重要性被同学们认同，但这里的写作没有包含应用文。很多同学没有意识到应用文的写作于我们社会交往的重要意义。

教育的目的是培养全面的社会性人才，规范的在校课程学习是我们进入社会前的预备阶段，发挥主观能动性，充分地锻炼写作和表达能力，对于同学们尽快地适应未来的社会角色是很重要的。

第二节　应用文教学现状

应用文写作概念模糊、缺乏训练、学生写作兴趣不高、写作质量低下的情况，除了学生认识层面的问题，还在于目前应用文写作教学边缘化这个诱因。所谓边缘化，是一种存在又疏离的状态。教材中关于应用文和应用文写作，有一定的学科要求，但限于篇幅，容易浅尝辄止。教材安排的略化效应导致课程定位的虚拟化，以至于应用文写作教学设计和评估检测都在一定程度上被弱化，只有一些固定形式的少量训练，缺乏生动性，难以激发学生的写作兴趣，更罔论提升学生的应用文写作能力了。所以，认识教材编排的特征，适当根据学生日常写作需要做一定范围的补充，在教学方式上采用更加灵活的、具有情景性设置的课堂教学机制，激发学生的写作兴趣，是应用文写作能力提升的一条路径。

一、教材安排模糊化

新版九年义务教育初中语文教材，根据学生应用文写作的需求，有专门的应用文写作训练的内容，其内容主要分为两类：一类是应用写作，包括书信、调查报告和总结；另一类是“应用文”，包括计划、电报等。这样的分类，两个概念有交错，分类的标准不是单一的，以至于学生对应用写作的概念有多重标准。

二、课程定位虚拟化

在目前中学的写作教学中，对于应用文写作的探讨和教学实施相对缺失。在高校课程中，应用文写作是一门基础课程，每周有固定的课时，有专门的师资队伍进行应用文的写作指导。这说明在高校课程设置中，应用文写作的地位是显性的。

虽然可能高校的应用文写作也存在形式化的弊端，但至少其还在课程框架系统中占有一席之地。

初中阶段，学生在日常生活中有应用文写作的需求，但没有固定而系统的应用文写作课程和足量的应用文写作训练，教材中的应用文材料很多只是成为学生自行阅读的课外资料。备课组活动，也较少涉及应用文教学方法的讨论，一些班级可能对教材中的应用文要求直接略过。应用文在写作教学中没有受到重视，导致应用文教学课程虚拟无实效。

三、教学方式封闭化

当然，应用文教学情况的不均衡也是目前的一大特点。一些省份或者区域，在学科测评中有针对应用文的检测，所以，在日常教学中，部分地区在不同程度地开展应用文教学指导。但是，基于重要性认识的缺失，对这部分的教学方式缺少研究，很多地方的应用文教学主要有两种模式。第一，仅以教材要求为指导。教师按照教材中的应用文材料，完成教材中相关的应用文种类的教学，教学方式多为灌输式，将应用文的概念、要求告知学生，就让学生进行写作，或在班级做一些简单的交流。第二，仅以试卷考核为蓝本。教师将应用文的教学等同于试卷同步练习。教师将试卷上涉及的应用文题型归类，按照题型进行有针对性的应用文写作训练。教学的目的不是提升学生应用文写作能力，而是习得应试技能。

四、评价检测形式单一化

应用文写作是学生学习生活中必备的一种写作训练，是不能被忽视的。既然作为一种写作训练，就应该有相应的检测方法对学生的写作情况作评估。但目前检测的方式相对单一，主要是采用试题检测的方式。长期固化的检测和训练方式，会减弱学生的应用文写作兴趣，不利于学生对应用文文体特点、写作方法和实践运用方法的掌握。

任何一种知识或者技能的检测，都不应该以认知兴趣的代偿为代价。相反，生动的检测方式是教学课程的有益补充，无论对教师的教学效能，还是对学生认知层面的检验，都是有价值的。检测中反映出来的知识传授和能力内化的过程性记录，是后期教学或者学习的指南。

第三节　应用文的相关概念

前两节从应用文写作现状以及教学现状寻求原因，我们找到了共性的问题，有两个方面。一方面，应用文概念的含混。学生未能通过课堂学习真正弄清应用文的概念和种类，概念的含糊导致相关概念的杂糅，缺少系统的梳理和提炼，应用文写作成为一种负担。另一方面，对于应用文规范的遵循。应用文写作的目的具有明确性，是为了达成学习或者工作中的某一既定目标而写作的文本。所以明确写作对象的特征和要求，是应用文写作的前提。对于应用文的概念和分属，也不是完全定性的。不论是国家机关、企事业单位，还是个人工作学习或者日常生活的社会性活动，处理信息，达成交流的文体，统称为应用文。相对于小说、散文、诗歌等其他文学体裁，应用文更彰显了语文学科的工具性。

应用文教学在目前的写作教学中占据的比例相对比较小。这和语文学科的课程设置有关系。九年义务教育阶段以基础型课程为主，在基础型课程中，鼓励研究性和探究性学习。这样的课程设置具有科学性和系统性，符合九年一贯制建设和学生的认知规律，各个学校也在认真执行相对应的课程标准和要求。但是，课程容量与课时数无法完全契合的问题，时时困扰着一线教师。从一年级到九年级，学生从识记到鉴赏是一个漫长的过程，其间学生的语言感知能力、交际能力、写作表达能力、实践沟通能力和思辨分析能力等都在发展，但每一个群体里学生发展的不均衡也是不可避免的。教师需要兼顾，需要关注每一个学习群体中的"隐性人"，需要课时的融合与调整。当然，这不足以作为应用文教学课时"打折"的理由，但是，遵循教学进度，适当裁剪详略的做法也在情理之中。所以写作教学中，更多的课时用于基础写作训练的指导是必要的。本章节，笔者继续讨论应用文教学需要强化的问题，探讨应用文教学的必要性，也分享一些教学方法。

一、应用文教学的必要性

应用文是社会交往的工具，是社会性活动的文字载体。它的功用主要是传递信息和处理事务。公务性应用文的使用主体为国家机关、社会团体等一些企事业单位。本书谈及的应用文是一般应用文，使用对象主要为学生群体，写作内容也是和学生相关的一些常用的应用文，是学生与外界交流的媒介。

目前学生的应用文写作训练相对缺乏的原因归根结底还是观念问题，认为学生还没到这方面训练的年龄。这种观点失之偏颇。

学校教育的意义之一在于在学生成长过程中，学校为学生提供将来成为可持续发展的全面的人的学习场所，允许学生在不断试错中体验各种社会角色，初步为学生构建适应社会需求的能力体系。这是一个螺旋上升的过程，学生需要从体力、智力等多个方面训练和磨砺自己，培养自己多方面的素养，努力形成乐于沟通，巧于沟通的个人形象，让自己在社会动态的竞争中处于不败之境。所以，社会交往工具的娴熟运用显得很重要。在学校学习阶段，如若尽早地进行专门而科学的训练，让学生能尽早掌握应用文写作的方法，锻炼沟通能力，对社会资源的整合也有一定的作用。学生在将来从业过程中，社会资源再生和优化的途径会更广，社会资源的利用也会更加充分，这在一定程度上会提高生产力。

二、应用文的写作原则

应用文因为独特的写作形式和使用目的，在写作过程中，必须遵守一些基本原则。以下针对写作前期、写作过程以及成文以后几个时期提出一些写作原则。

第一，明确流程。每一类应用文写作都有相对固定的写作要求，无论是格式还是内容，申请部门和审批程序都对其有严格规定。所以要求作者弄清应用文的使用范畴、格式特征和审核流程，切不可主观随意更改和变动。

第二，主题清晰。任何一种应用文，都应该是要表达某一种观点、主张或者需要达到某一个意图，所以，在行文过程中，明确写作的要求是很重要的。有些同学写申请时，铺垫过于繁杂，主题表达不清晰，前后表述矛盾等。

第三，语言简明。应用文的语言要遵循语言简明的要求。公务性应用文语言相对庄重、精炼，一般不使用口头语，要注重书面表达的规范性，而且事件陈述前后的逻辑性的要求也较高。文风朴实无华，讲究分寸。一般应用文根据写作需要，也可以有文学色彩。这要依据应用文使用场合而定。

第四，注意敬称。应用文有一些固定的敬辞谦称，在使用时要遵循约定俗成的表达，千万不可想当然地生造，否则会破坏写作的规范性。

应用文作为交流的文字，文本的规范性是其首要特征，写作前，明确流程、主题语言等方面的要求，写作后，针对各项要求进行检查核对，确保细节无疏漏。对于模棱两可的一些要求，可以查询一些国家级正式刊物上的范本，力求准确。相信同学们做到以上几点，在应用文写作中就能避免出现一些常识性错误。

第四节 应用文写作的教学方法探究

应用文写作方法的探究，是目前议论文写作中需要关注的一个问题。合理的教学方法引导会让学生的写作思路更加清晰，写作更加规范。

应用文写作从属于学生写作训练，是其中一个分支。教师可以借助其他写作方法的牵引教授应用文的写作要领。同时，厘清应用文各种文体自身的写作特征和语言规范，有针对性地训练，能让学生在写作时更加明确。建议采用以下写作教学方法。

第一，创设情境法。情境教学是日常教学的一种方式，也是学生喜闻乐见和易于接受的。创设情境法源自应用文这种文体本身的特点——应用文是解决交流交往中的具体问题的文体。操作方法是，教师根据要写作的应用文种类，模拟此类应用文使用的场景，变换写作者的身份，切换写作时空，运用故事讲述等方式进行情境设置，鼓励学生参与。创设情境法的特征是实时性、生动性。在实施过程中，教师积极鼓励学生、评价写作内容，激发学生的写作兴趣。

第二，案例解析法。此方法是教师借用一些现成的应用文写作案例进行写作指导。引用一些好的案例，让学生对案例进行分析，总结写作规律和写作方法；教师也可以将学生容易出现失误的知识盲区，改编为现成案例，设置思考坡度，让学生在辨析过程中理解应用文的写作要求。这样的方法有对比性，会强化写作要求，增加学生知识积累的强度，但随着时间推移和训练的减少，可能会造成错误的记忆留存。所以在课堂教学之后，需要及时复习，后期也要复习巩固，加深印象，避免知识点混淆。

第三，讲练并用法。应用文的写作教学中，理论知识点的讲述和具体内容的操练是可以同时进行的。这样的课堂教学，建议回归学生主体，让学生成为理论的讲述者和写作的示范者。这种教学方法建议采用小组合作方式，因为有一部分同学写作能力相对较弱，需要通过小组探讨完成这个任务。教师可以先根据学生写作能力进行分级与分组，确定每一个小组成员的构成。接着，介绍小组成员的分工，明确他们的任务。小组写作后，对写作中的难点问题归类，讨论，派代表对问题分析讲述，教师对各小组的共性问题进行点拨。各组写作完成后，小组内部先交流，再推选出优秀作品，全班交流。每一次写作活动后，教师给学生布置两类作业：一类是对写作过程的审视和反思，总结规律，指导下一次写作；一类是对相应写作类型拓展。教师布置和当堂课写作相似的应用文类型，让学生自行写作，以此来检测学生对课堂内容的掌握和迁移能力。

应用文写作对学生来说很重要，是学生社会性角色必备能力之一，教师应该对此增加一些探讨和实践，选择最适合的教学方式，激发学生的写作兴趣和热情。

第四章　开启应用文体写作之旅

同学们，欢迎大家来到应用文写作单元。本章，我们选择一些典型的应用文进行写作方法的探讨，包含宣介类应用文、传播类应用文、礼仪类应用文、申请类应用文、书信类应用文、报告类应用文、启事类应用文。上述应用文和我们的日常写作与交流息息相关。每一节的讲述方式，以案例或故事的分享结合理论知识的讲解为主，尽力避免枯燥的纯理论介绍。此外，本章的最后一节，笔者邀请同学们共同欣赏古代的一些应用文写作的名篇，通过古今应用文文本的对比，理解不同时空背景下，应用文写作的相同点和不同点，更深入地学习应用文的写作。

第一节　宣介类应用文

应用文的种类繁多，涵盖了处理事务和社会交往的方方面面。由哪一类应用文开启我们的应用文写作之旅呢？笔者选择“宣介类应用文”作为我们出发的第一站，原因有二。其一，宣介类应用文在日常交流中占据较大的比例。无论是自我表达的演讲，还是解说词、开场白、倡议书，都是经常用到的应用文。其二，宣介类应用文和其他写作类型具有相关性，更易于切入。宣介类应用文因为宣传的需要，有一定文学色彩，在写作方法上和其他写作训练有交集。希望通过宣介类应用文写作技法的指导，激发同学们写作应用文的兴趣，使同学们能主动地研究更多类型的应用文写作。

一、演讲稿

1. 经典的演讲稿

在人类语言发展的过程中，社会性交流方式的多元性是很显著的。人们需要借助语言载体和外界进行信息沟通，输入和输出是其中两种最基础的方式。在输出方式中，演讲是一种作者的写作能力、思维能力和表达能力的综合体现。成功的演讲依托于新颖、深刻、发人深省的演讲稿。本章节，笔者将与同学们共同欣赏中外历史上的一些经典的演讲稿。

陈寅恪先生的《独立之精神，自由之思想》的演讲中强调个体需要冲破文化传统、时代氛围和家庭背景所带来的客观限制，通过读书治学，“脱心志于俗谛之桎梏”，客观看待学说问题，不迷信权威，不盲从，自由的精神“与天壤而同久，共三光而永光”。蔡元培先生的《救人》从教育的宗旨谈起，为青年学生提出了应该遵循的几个原则，告知青年抱定学习的志向、砥砺德行、敬爱师友。胡适的《研究国故》提出研究国故的重要性及四种方法。胡适讲到疑古的态度时，提及后世学者对《诗经·关雎》穿凿附会的现象，重申这首表达爱情相思的作品的纯粹性。

1940 年 6 月 4 日，丘吉尔在下议院通报敦刻尔克撤退成功，发表了第二次世界大战中鼓舞人心的演讲。在演讲中，丘吉尔明确提出战役失利不等于失败，指出绝不投降，绝不屈服，他们将战斗到底。演讲者以客观、诚实的态度开篇，进而解析胜利。对于空军的胜利，作者赞扬了数千飞行员用实力和忠诚保护了文明的事业。作者提出“我们绝不屈服，我们将在海洋、空中、海滩、敌人登陆地点、田野和街头、山区战斗，我们将充满信心和热情地去战斗，即使面临孤岛困境、饥饿的窘迫和死亡的威胁，我们都会众志成城，联合抗争”。这篇演讲稿对第二次世界大战中饱经风霜和灾难的各国人民，是一道闪耀在黎明黑夜里的曙光，拯救心灵于满是沼泽的深渊，也成为全世界反抗侵略，热爱和平和自由的宣言。亚伯拉罕·林肯的《葛底斯堡演说》是林肯总统最著名的演讲之一，这篇演讲是以南北战争为背景的，时间距北方军击败南方叛军的葛底斯堡战役仅四个半月。葛底斯堡联邦军损失 23 000 人，林肯总统从华盛顿前来参加烈士公墓的揭幕礼，发表了这场演讲。演讲开篇从先辈建立国家的历史谈起，指出应该奉行人生平等的信条。林肯说：“这个世界不大会注意也不会长久记得我们今天说的话，但永远不会忘记勇士们在这里所做的事。”此外，马丁·路德的《我有一个梦想》运用诗性的语言，波澜起伏、气势如虹的句式表达了视死如归的勇气和决心，其中比喻、排比、反复等手法的运用，是对黑人生存状况的呐喊，表现了正义、磊落、决绝的斗争态度和非暴力的主张，是永远被铭记的经典。

同学们还可以去看看《我是演说家》中的一些经典的演讲稿，里面有关于历史文化、社会人生、科技环境等方面的经典之作，多阅读和反思总结，定会有收获。

2. 演讲稿的写作方法

演讲稿是一种在公开场合表达自我观点和主张的文学样本。演讲稿借用多种表达方式、语言的修饰和篇章结构的布局传达演讲者的思想和观点。演讲稿的文本一般不会太长，有篇幅限制，是一个有机的统一体，其文字、观点和情感的融合具有整体性和典型性。演讲稿也有很多风格，语言唯美、简约质朴、诙谐调侃、深沉蕴藉等。演讲稿不仅反映写作能力，也是沟通交往能力的体现。

成功的演讲稿需要关注哪几个要素呢？关于演讲稿写作技巧的讨论，不一而足，但在众多方法中，笔者认为最重要的是三个维度。

第一，挖掘题目内涵。优秀的演讲稿的主题一定是鲜明的，开篇提出观点很重要，属于开篇立意，为文章定下基调，也让读者了解作者演讲的主旨。所以，演讲稿的写作者对演讲题目的理解是演讲稿写作的第一步。对演讲稿主题中关键词的思考和审辨能力是每一个同学都需要培养的。在审题时，不能局限于题目表面，需要借助自我、家庭和社会的支架，多元地理解演讲稿的命题，打开思维之窗。另外，在题目的多维度解析中，应该再分主次地进行内容的条分缕析，从中剥离出最重要、最深刻的主旨，从而加以陈述。主题的精深和独特是一篇优秀演讲稿的必备条件。此外，主旨的新颖性是演讲稿扣人心弦的法宝，选择别样的故事作为导引，或者相似的素材尽力挖掘与众不同的主旨，是演讲稿写作者的着力之处。

第二，关注演讲对象。任何一篇演讲稿的写作，明确该演讲稿的听众是演讲稿选材和主旨定位的关键。我们需要了解听众的哪些信息呢？听众的文化层次、心理期待是写作的抓手。作者可以将自己对象化为观众，从观众的角度反观这个演讲的主题，思考这个主题可能会有的心理期待。在做了基本的评估和总结后，再对观众的需求做进一步的扩充和深化。这是一个很重要的细节，超出心理预期的内容可以为观众带来惊喜，体现演讲的新颖性。

第三，运用写作手法。在演讲稿的写作中，修辞手法的运用能大大增强文章的感染力。因为演讲是公众场合的演说，所以语言艺术产生的现场效应是显性的。排比、比喻修辞是演讲稿中很常用的手法。排比语言的气势和力度能增强作者论辩说服力，比喻手法会延伸语言的形象性。此外，将对比论证、举例论证等论证手法合理地运用于论述中，也能深化演讲的主旨。

此外，演讲稿写作完成后，作者声情并茂地朗读和认真修改是不可缺少的一项工作。作者在朗读时，从视觉和听觉融合的角度再次检查文本，可避免出现演讲稿用词的不规范现象，从而让演讲稿表达更加准确。

二、解说词

解说词，顾名思义，是一种口头解释说明的文体。解说词是充分发挥听觉的作用，对观众看到事物做视觉的补充，对事物的描述起渲染和烘托的效果。解说词具有较强的现场感，对现场的氛围有极大的影响。解说词不苛求文本结构严谨，更注重语言的连贯性和形象性，体现语言的艺术效果。解说词涉及的范围很广，有影视解说词、风景名胜解说词、专题展览解说词、体育赛事解说词等，下面我们一起来学习。

大型文化纪录片《航拍中国》以独特的视角俯瞰中国，全景式地展现了中华大地山川风物、人文历史和社会万象，表现了中国的富饶和壮美。除了精湛的拍摄技艺和精妙的制作手法，这部纪录片的解说词是一大看点。灵活多变的整散句子、形象多彩的修辞手法为整部纪录片增添了无限的感染力，真可谓画龙点睛之笔。2018 年由卫铁执导，中央电视台和中国电影股份有限公司联合出品的纪录电影《厉害了，我的国》从“大国”切入，以“小家”为落脚点，丰富的素材借助生动的解说词勾勒了中国这条东方的巨龙腾飞的每一个精彩瞬间，诠释了人民的信仰、国家的力量、民族的希望和百姓的幸福。

说到解说词，怎么少得了《舌尖上的中国》。“极致的美食，只留给最勤劳的人们”“每个晚上，后厨都是一番刀光剑影”“美味与形色兼顾，正是中国人的饮食哲学”……不一而足。《舌尖上的中国》中的解说词可谓这部纪录片活的灵魂。文字里对食物原材料、制作工艺、形色味道的描绘手法真是炉火纯青，美食修饰生活，生活点染美食，将美食从人的生理需求上升到一种审美愉悦。

驰骋运动场是男孩最美的青春记忆之一。观看一场球赛，听到震人心魄的解说词，一次次唤醒青春的力量与张力。“在足球场上，他不是天才，没有上帝的眷顾，他只是默默地奔跑，静静地等待，美丽的弧线，使他集万千宠爱”……这是《贝影》中表现贝克汉姆的解说词，表现了坚持、忍耐后肆意的宣泄，这个为足球而执着向前的男子之风骨与气度一览无余，令人肃然起敬。中国男子篮球职业联赛(Chinese Basketball Association，CBA)季后赛 2020—2021 赛季，山东队被淘汰，解说词“仗剑而行难免死于刀下，过程远比结果重要”。2020—2021 赛季，青岛队被淘汰，解说词“喧闹任其喧闹，自由我自为之”。2020—2021 赛季，北京队被淘汰，解说词“当暴风雨过去时，我们已不再是当初走进暴风雨的那个人”。2020—2021 赛季，深圳队被淘汰，解说词“当我们为一件事，投入全部的精力和感情之后，这件事儿在我们的主观意识当中可能就变成了一个几乎客观的存在”。鲁迅先生说：“中国一向就少有失败的英雄，少有韧性的反抗，少有敢单身鏖战的武人，少有敢扶哭叛徒的吊客。见胜兆纷纷聚集，见败兆纷纷逃亡。”上文中 CBA 季后赛这些遭遇淘汰的赛队，面对失败，他们的从容豁达令人敬佩。

在写作解说词时，需要认真观察解说对象的特征，可借助修辞对其特征加以描绘，尤其对画面感的刻画要突出镜头感，运用动静结合、点面结合的手法。同时，侧面描写也是很好的一种手法，比如《陌上桑》中侧面描写秦罗敷美貌的文字，“行者见罗敷，下担捋髭须。少年见罗敷，脱帽着帩头。耕者忘其犁，锄者忘其锄”，《伊利亚特》第三卷中通过斯卡亚门上方的城墙上，那些民众尊敬的长者们关于海伦“像不死的女神”的谈论，表现了海伦惊为天人的美。同学们可以去找一些专题片，下载解说词文本，做一些归类，寻求规律，并尝试写作，假以时日，定能掌握。

三、开场白

开场白是演出或者活动开场对主题的道白，是给读者或者观众的第一印象，对氛围的营造有很重要的作用。开场白的语言讲究艺术性，解说主题，并引起观众的注意力是主要目的。同时，作为节目的“起”，开场白的语言风格应该贯穿整个活动的台词文本，不可突兀。开场白是后续活动的铺垫，需要把握好尺度，合理地引入正题。开场白作为开端，对全局有不可缺失的重要性。对于一些常规的节目，开场白的方式有统一要求，这样能更好地确保节目的规范性。同时，主持人或者一些节目举办人的开场白，也具有作者本人的语言风格。

先来谈谈中央电视台春晚的开场白。春晚是央视每年在除夕夜举办的庆祝新年的综合性文艺晚会，起源于 1979 年，从 1983 年正式开办，距今有 39 年的历史了。春晚主题、节目的形式、舞台艺术效果、演员妆容等都展现出这个节目的演变，表现欢乐祥和与国泰民安的主旨是一以贯之的。这场盛宴里包含了现代媒体与传统民俗的结合、国家方针政策与社会文化的结合、艺术生活与时代脉象的结合。春晚的开场白在形式上喜用排比、反复或对仗，讲求句式的均齐和语势的喷薄欲出之态。比如，2019 年开场白中的“飞向春天，春潮澎湃天地新”“飞向春天，春风浩荡山河美”“飞向春天，春光无限祖国好”“飞向春天，春意盎然万家乐”；2020 年开场白中的

“盛世迎春，万象更新”“国泰民安乾坤颂，张灯结彩大拜年”“国正天心顺，丰年盛世情”；2021 年开场白中的“玉树追冬去，金牛送春来”“浮云难蔽日，雾散终有时”。在内容上，春晚的开场白主要是祝福和歌赞，祝福国家、家庭及个人，共同迎接这祥和的时日，歌赞我们拥有的安宁和幸福，也有的开场白涉及当年的重大事件。开场白是一个引子，是我们理解节目的基石和起点。

一些节目也有固定的开场白。比如喜马拉雅 App 中《世界名著大师课》的开场白：“每一部名著都为我们开了一扇别致的窗，可以放进风日，可以看见月光，可以远眺群山，听世界的回响。”《艺术人生》的开场白：“用艺术点亮生命，用情感温暖人心，探讨人生真谛，感悟艺术精神。”节目的开场白语言讲究典雅精练，内容上烘托主题，通过一次次的播放加深听众或者观众的印象，也是节目很好的宣传语。

主持人董卿在《诗词大会》中的开场白是永恒的经典。“诗人如椽巨笔下喷涌而出的情感”“一份温情、一份人情、一份意境”“这不仅是一个人的青春时代，这也是大唐的青春时代”“诗词大会唤醒了我们心底最亲切也是最温暖的文化记忆”……董卿的开场白用富含诗意的语言，表达了她对诗词深韵的理解。她的开场白本身就是一首诗。

开场白写作有几种方式，开门见山、问题引入或者故事引入都是比较常见。同学们可以去看看罗振宇《时间的朋友》的跨年演讲。这个跨年演讲节目在每年 12 月 31 日，用长达四个小时的时间分享过去一年的体会与收获，首创了“知识跨年”新范式，里面很多演讲和开场白，值得大家聆听。

四、倡议书

倡议书属于专用书信的范畴。倡议书是为发起某项活动而写作的具有号召性质的文本。倡议书在生活中应用很广泛，我们经常会听到各类倡议，有时也需要我们自己作为发起方带头进行倡议。明确倡议书写作的要求，规范地写作倡议书，对于达成倡议的目的有较好的推动作用。

部编版《语文》教材六年级第五单元的写作任务即为倡议书的写作。教材中给出的是一篇《节约用水》的倡议书。同学们先不要去阅读这篇倡议书。请你思考一下，如果由你来写这篇倡议书，你会涉及哪几个方面内容。水资源的现状和重要性是必须在倡议文本中呈现的。“水资源紧缺”“爱护水资源是我们每个人的义务”。这两句话非常凝练地将水资源的分析和倡议书写作的缘由呈现出来。这篇倡议书写作的焦点是节约用水，具有科学指导意义和可操作性。倡议书中写了四点，第一点是日常用水的习惯，第二点是日常循环用水方式，第三点是宣传手法，第四点是从反面的角度指出阻止浪费水的行为。如此四条倡议，具有从点到面，从个人到群体，从“律己”到“律他”，从行为到意识的逻辑上升趋势，比较全面地表达了节约用水的做法。而且这篇倡议书关注了倡议的对象——学生，这个人物角色特征和后面倡议内容的匹配性是非常合理的。倡议书结尾段的语气措辞也很合理，委婉而有感染力。

下面我们一起梳理倡议书写作要领。首先，从倡议书的概念来看，倡议书应用目的的确立是倡议书写作的出发点。对于写作的目的，需要对事件的本质进行深度挖掘，不可就事论事，比如上文倡议书从资源稀缺的忧虑和个体的义务与使命的角度开始倡议，就比我们苍白地呼号“水资源太重要”有用。其次，倡议书经常需要通过张贴的形式展出，格式规范很重要。倡议书包括标题、称呼、正文、结尾和落款。标题在正文居中，不宜过于含蓄，应该明确客观，让读者看到标题便知晓倡议的内容。对倡议对象的称呼要合理，符合书面称呼要求。倡议内容全面、科学、富有逻辑性是必须遵守的，因为倡议是列举式的，所以条目之间不重叠交叉，按照一定的顺序写作尤为重要。最后，倡议的语言要有鼓动性，激发倡议对象参与的热情，但又要避免使用居高临下的命令语气。

同学们可以寻找一些题材进行倡议书的写作。大家可以捕捉一些生活中的常见现象，比如光盘行动，离开房间时顺手关灯；一些热点内容，比如新冠肺炎疫情期间的防护措施、公共场合的安静文明等。这些都是我们可以思考改进策略，提出倡议的话题。倡议书撰写前或者发出后，可以结合一些在线问卷调查对倡议推进过程或者对倡议结果进行反馈，这样可以评估倡议书的有效性，并改进其中未能达成的部分。这也许才是写作倡议书的意义所在。

第二节　传播类应用文

随着互联网的高速发展，人类进入了全媒体时代，人的社会性关系的搭建相比过去更依附于新型交流媒介。信息的传播已经从单线的面对面交流模式演变成以流量为载体的传播形式。传播类的应用文也从过去的纸质版本变成借助声音、图像和人工智能技术的电子符号，任何一则新闻都可能产生意想不到的“蝴蝶效应”。在整个社会系统中，人的思想的外在表现形式需要在定数和变数中保持平衡，那么，就要求整个传播方式更加规范化。

本节选择传播类应用文作为主要内容也是基于这样的思考。这里为同学们简介了新闻稿、通讯、人物专访、广播稿和编者按五种常见的传播类应用文。这些应用文在学习生活和学校的宣传工作中，占据一定的比例，同学们在小学的高年级就开始动手写作，不过经常都是由教师或者大队辅导员修改后才得以定稿。笔者选择了一些范文与同学们共享，以期同学们在阅读、思考、实践和总结中能独立地写作并修改，更自如地掌握传播类应用文的写作。

一、永驻历史的新闻稿

新闻稿是公司、机构、政府部门、学校等单位发送予传媒的通信渠道，用来公布有新闻价值的消息。

新闻稿有四个特征。其一，观点明晰清楚。任何一则文稿，读者都能从标题或者开头导语中初步了解该文稿的中心观点。其二，内容真实而具体。虚假的新闻或者图片不能客观反映事物，这样的报道会损害国家媒体公信力，发布者需要承担一定的民事、行政或刑事责任。其三，内容的即时性。必须是对时事及时而准确的报道，发布迅速高效很重要。其四，语言准确客观。新闻稿的语言是报道的载体，语言的适切性是一个基本要求。国内很多都市报采用的格式，是源自美国新闻界的“倒金字塔”式，即在导语中概要新闻中的核心和有新闻价值的部分，以此作为新闻的导引，吸引读者阅读。

庆祝新中国成立 70 周年系列策划中有一组《新中国新闻报道史上的十大难忘记忆》，这组新闻稿记载了中华人民共和国成立 70 年来新闻报道中的重大事件。在建党 100 年之际，笔者选用这些新闻稿作为本节内容的主体，让我们一同铭记共和国的峥嵘岁月。当然，还有这个民族在灾难面前的力量和信仰，都展现了风骨和气韵。

1949 年 10 月 2 日的《人民日报》上有一则关于开国大典的通讯报道，引题为“首都 30 万人齐聚天安门广场隆重举行庆祝典礼”，主题为“中华人民共和国中央人民政府成立，毛泽东主席宣读中央人民政府公告”，副题为“朱德总司令检阅海陆空军，宣读人民解放军总部命令”。引题、主题和副题将开国大典上这一伟大历史时刻记录了下来。

1984 年 10 月 2 日的《人民日报》第 2 版的《欢乐的海洋，光明的海洋——记首都国庆晚会》报道中刊登了“小平您好”的照片，这张照片获得全国摄影最佳奖和全国好新闻特奖。虽然是北大学生的一个小小的举动，却表达了亿万人民的心声，表达了人民对伟大领袖由衷的爱戴，也表达了人民对党中央领导、对党的十一届三中全会以来的路线方针政策的拥护和赞叹。

北京申奥成功，人民日报社连夜出版彩色号外《北京申奥成功，神州沸腾了》，号外上刊登了人民日报社向北京申奥代表团发出的贺电，表达了向奋战在申奥第一线的北京申奥代表团的谢意和敬意。在中共中央机关报的历史上，出版过号外的，有原子弹爆炸成功、氢弹爆炸成功、人造地球卫星发射成功、中美建交等，共八次。国际奥委会主席萨马兰奇先生念出“Beijing China”时，神州大地一片欢腾，连夜的号外记载下了这一伟大的时刻。

领略共和国历史中欢腾的记载的同时，我们也难掩对自然灾害的悲悯。2008 年汶川地震，网络发挥主流媒体作用，记录阿坝州 8.0 级特大地震给人民生命财产带来的重创。众多报道中，一张关于北川 3 岁男孩向武警官兵敬少先队礼的图片和报道成为永恒的经典。报道和照片里饱含着生命、尊严和感恩相融汇的意义。

新闻报道具有及时性，同时又将群体记忆镌刻在历史长河里，让我们在回望昨天时获得力量，感知幸福，守望更美好的未来。

二、通讯

通讯在文稿形式上具有特殊性。在表达方式上，可综合运用记叙、描写和议论等方式，表达方式的多样化增加了通讯的形象性和生动性。通讯的写作者可以在记叙和描写中表达作者的观点。对于通讯的阅读者而言，借助作者的描写和评论可以较为迅速准确地把握通讯的主旨。通讯的议论性文字对通讯的内容具有一定的引导性，主题的明确、正确是一个基本原则，所以，通讯措辞的严谨、规范是需要考虑的。通讯主要有人物通讯、事件通讯、概貌通讯和工作通讯等。人物通讯主要是报道先进人物，表现人物的精神境界以及社会价值。事件通讯是选择典型事件，传播事件的教育意义，在事件通讯中，可以是若干事件的综述，也可以是个别事件的深度解读。

下面是笔者在年级的“家庭教育大家谈”活动中写的一份通讯报道，作为通讯写作的探讨素材。

家校协作，守望成长

——2020届“家庭教育大家谈”活动

2017年3月30日，复旦二附中2020届“家庭教育大家谈”活动如期举行。全体六年级教师与2020届家长共同参与。

2020届“家庭教育大家谈”活动在秉承历届论坛活动育人精神的基础上，结合年级自身特点，进行资源优化和重构，呈现了别开生面的盛况。

精密筹划，细节完备。论坛筹备过程中，在学校领导的高度重视和家长的大力配合下，班主任老师殚精竭虑，协同合作，力求将每一个细节考虑周全，以臻完美。整个过程历经四个月，分为五个阶段三个时期。第一、二阶段是论坛议题的征集和确立期。作为论坛的初期准备，本届对议题的征集、甄别和选择可谓煞费苦心，家委会和老师们反复协商，几易其稿，最终议题才得以确立。所有议题从家庭教育中生发，又兼具学校教育理念之华彩。第三、四阶段重点工作是文稿编撰。论坛酝酿期在文稿撰写、编制和校对中顺利推进。第五阶段是“家庭教育大家谈”的论坛期，是一场家庭教育理念的思辨盛宴。论坛举办前，年级层面、班级分类的筹备会议多次召开，六年级(2)班还组织家委会在论坛前夕进行了实地彩排和预先模拟。

范本引领，科学指导。本次活动由年级组统筹，希望整个过程能做到规范高效和资源共享，所以，在遵循六年级学生家长心理机制和认知规律的基础上，彰显年级特色。年级组分管领导、年级组长和班主任依据本年级学生情况和家庭教育现状，集体备课，共同协商，最终确立了年级组论坛范本。论坛包含四个环节：第一环节，父母我想对你说。孩子用自己的照片和一段写给家长的文字，进行图文并茂的整合，作为暖场的序曲。该环节别立新宗，从孩子角度诠释家庭教育，让孩子自由抒发和独立言说。第二环节，各抒己见。每个班级根据家长征文内容，多角度选取一些问题请家长进行主题发言。第三环节，思维碰撞。八人智囊团成员是本环节主力军。通过家长即兴提问、集体探讨和智囊团答疑的方式，更多的家长参与到讨论中，过程异常热烈。第四环节，释疑解惑。班主任和任课教师从学校教育角度对家庭教育作出解析。在范本引领和统一规划下，论坛具有切实可感的可操作性和实效性，对家庭教育有较强的指导作用。

百花齐放，张扬个性。本次“家庭教育大家谈”活动从一个侧面展现了六年级四个班级的文化建设进程。活动以年级精神和年级德育目标为总纲，尊重和凸显班级个性，鼓励和张扬自成一体的班级文化渗透，旨在以家庭教育作为班级建设之载体，在家庭教育和学校教育的融合中实现班级的文化建构。这次活动，无论是论坛的核心内容，还是细节处理的艺术手法，四个班呈现出各具特色、百花齐放的特点。六年级(1)班在论坛中凸显“倾听”的重要性，将命令说教和倾听进行对比，提倡要站在孩子的角度，改变成人思维。这和班级提倡的“倾听、践行”的班级文化相吻合。六年级(2)班运用精彩的微论坛倡导“秉承复旦精神，高扬文化内涵”，同时，基于学习方法的探讨来优化孩子的习惯培养，致力于将提升孩子的综合能力和适应性作为教育终极目标。六年级(3)班引入温情感人广告《最大的胜利就是超过自己》，通过激发和唤醒，鼓励孩子果敢进取，勇于超越自我，这也是班级体育精神之彰显。六年级(4)班班主任睿智地洞察出家长的心理，无论是分组讨论的会场布置，还是对孩子制作的欢迎黑板报的上图片的解读，深情地讲述了自由的空间和独立的人格于孩子成长的重要性。与本次论坛双线并行的活动是年级温馨教室和班级文化的创建，两个活动有机结合、相得益彰。

集思广益，问题聚焦。本届“家庭教育大家谈”的议题来源于孩子们的生活实践，从人生观到价值观，从习惯到兴趣，从观念到行动，涵盖了孩子们学习生活的方方面面。征文按主题分成四大板块，第一板块是学习方法类，包括学习习惯、学习效率、时间管理、阅读写作和自主自律等；第二板块是个性发展类，包括人格品德、运动健康、兴趣能力等；第三板块是沟通艺术类，包括解读情绪、反思内心、双向沟通等当前影响孩子成长的热点问题；第四板块是教育思辨，从家长和学生两个视角去观照家庭教育，陈述了家庭教育的困惑和探索，同时通过“爸爸妈妈我想对您说”，汇集了各班推荐的40篇孩子写给父母的话，字里行间里流淌着孩子们对理想的家庭教育的期待。

2020届“家庭教育大家谈”活动落下帷幕。通过这场思辨，不论是家长，还是教师，对于学生关于学习方法的研讨、志趣养成的引导、品德人格的铸造、温馨沟通环境的营造等家庭教育的焦点问题，都进行了更深入的探寻。而这不是终点，在孩子成长的道路上，这仅仅是一个小憩的驿站，新的征程将起锚，整装待发，我们同行。

这篇通讯稿是关于“家庭教育大家谈”活动的报道。通讯稿分为导语、正文和结尾几个部分。导语，也就是文章的第一段，交代了“家庭教育大家谈”的时间、地点、人物和事件。在导语中还可以点明邀请的嘉宾或者主要发言人。正文部分是事件的叙述，有几种写作方法，可以按照事件的先后顺序叙述，也可以评论事件的特征。这篇通讯稿从活动的筹备情况、活动内容、活动形式几个方面聚焦本次的“家庭教育大家谈”活动，深入浅出地挖掘这个活动对于学生思维、能力和秉性的引导意义。这则通讯稿从多个维度解析了“家庭教育大家谈”德育传统项目的实施过程，表现了项目通过家校协作共话家庭教育之焦点问题，从家庭、学校双重维度观照孩子成长过程中的心智发育和个性塑造的主题。在通讯稿的最后一节，一般是讲述活动的意义，发出倡议或者表达憧憬。上文中的最后一段多视角地分析了活动对参与人的意义，从孩子成长的全过程来理解这次活动的价值。

三、人物专访

人物专访是新闻稿的一种形式，主要是对典型人物进行采访，再根据采访内容写作，为思想传播起到正向的引导作用。人物专访和报告文学有相似之处，多数篇幅相对短一些。读者通过人物专访可以比较深入和全面地了解被采访者。对于采访者而言，近距离地与被采访者交流，也是一种有意义的社会实践。

人物专访写作的准备工作需要做到细致翔实，分为几方面准备。首先要确定采访的主题。这一步非常关键，涉及对采访者的了解，初步根据主题拟定采访提纲或者采访的问题。设计的问题要注意逻辑性，避免重复和过大或者过于细节化的问题，这会削弱采访的主题。采访提纲初定后可以事先与被采访者沟通。其次是准备好拍摄设备，包括将会选用的剪辑软件，确定好采访的时间地点。人物专访的写作是对人物观点和思想的真实再现，采访者引述观点时，不能随意更改被采访者的想法。所以，专访写好以后，采访者可以将文本交给被采访者，听取被采访者的意见后，再进行修改和完善。

人物专访的写作有统一的格式，分为开篇、简介、专访和结尾。开篇是人物专访的引子，即篇首语，可以运用概括性文字简要引出采访的人物。在简介部分，对采访对象的基本信息作说明，对人物的说明中包含被采访者与本次采访主题相关的荣誉、研究领域等，为后文的专访内容做铺垫。专访部分主要是较为详细地记录采访过程，以图文并茂的方式进行阐述。陈述过程注意详略，强调与本次主题相关的一些细节，略去一些次要的细节。结尾部分是采访者对本次采访的总结，可以有代表采访者的议论性观点，但要注意措辞准确和恰当。

关于专访的内容，这里做一个补充。人物专访一般情况是个案叙述形式的采访，比如采访被采访者的学习工作经历。如“我与大学共成长”的课题研究，同学们的采访对象有一部分就是大学的教授和学长，通过与被采访者共同回顾他们的学习和工作经历，理解青春奋斗的意义。除了这类常规的采访，还有其他一些扩展形式。比如，针对某些社会现象或者焦点问题采访，被采访者一般和采访的主题有关联，或者是被采访者的研究领域，或者是他的观点具有权威性。新闻时政问题的采访也是我们经常看到的一种采访形式，当然主要是被采访者对时政新闻进行一些解读，是一种对公众的舆论导向，可以解答公众的疑惑或者进行政策的说明。

总之，人物专访是在一定主题基础上的社会性交流活动。专访的文本写作是在写实的基础上对采访的延伸，是观点传播的媒介，应注意措辞的艺术性。推荐同学们观看一些采访类的专题节目，比如《艺术人生》《鲁豫有约》《可凡倾听》等，采访者和被采访者在交谈过程中的语言艺术，都可以关注，有益于写作人物专访。

四、广播稿

广播稿是为了广播而写作的文稿。广播稿的种类很多，录音讲话、口头报道、广播评论、集会实况或者文体活动的报道都属于广播稿。和学校生活息息相关的运动会上的通讯报道，升旗仪式上的通知播报，午会、晨会的一些专项播报都属于广播稿。

广播稿的写作要求主要有几方面。语言相对口语化，短句为主，复句、长句不建议过多使用。语言通俗易懂，不要用生僻的语词或者地方特色语言，以免造成听觉障碍。句式不要倒装，采用正常的叙述语气和叙述顺序。但是，口语化不代表语言的单调与枯燥。广播稿同样可以使用修辞手法，尤其是排比、对偶、设问等，排比手法语势强烈，在句式上形成起伏跌宕的效果；对偶手法讲究均齐、对仗，有一种整齐之美，容易形成听觉的愉悦感；设问手法更是广播稿中一种常见手法，通过设疑并自问自答的形式，引起听众的注意，为后文做好铺垫。整体而言，因为广播稿是播报的，基于听觉的特殊性，广播稿在写作时注重写实，在描述时，具象的内容优于抽象的描摹，观众听得清楚明白并能理解是第一要义。

下面是笔者在学校升旗仪式上的一份广播稿，拙笔一份，供同学阅读并思考广播稿的写作手法。

青春里，不可错过的音符

在春暖花开的日子，我们聆听了一段青春的颂歌。青春，是诗词歌赋的文学作品、炫彩斑斓的艺术天地里一个永恒的主题，让我们一遍遍去吟唱。然而，我们不得不承认，青春又是一本太仓促的书。各位同学，也许你并不曾在意，但你们拥有令人羡慕的青春年华，拥有最奢侈的一段人生岁月，那是可以很任性的年龄，骄傲、荣誉、奋斗、张狂都是你们的代名词。如果有可能，我们是不是可以用热情去点燃，用智慧去规划，用坚持去浇灌，让我们的青春更从容和充实呢？那么，在青春的乐章中，什么是最不可错过的音符呢？那就是——梦想！

在青春的序曲里，让我们心怀梦想执着前行。

梦想，无论多么模糊，它一定潜藏在我们的心里，它让我们的内心不得安宁，直到有一天，这颗梦想的种子开花。等待开花的过程，我们时而欣喜，时而醉心，更多的时候，也许是痛苦和迷茫，需要我们用智慧和意志力去挑战，更需要我们拥有一颗强大的心去包容偶尔脆弱和惰性的自我。就在这所校园，某个难忘的如烈火般的夏天，或许是军训入队仪式上，或许是你第一次享有唱复旦大学校歌的权利之时，我相信，一定有某个瞬间，你曾被自己心中的梦想激励，因此，你想重新开启一段更精彩的初中生活。随着时间的推移，对于意志薄弱的同学，旧有的习惯渐渐重新袭来将你完全覆盖，你又恢复了昨日的一切，然而，有一些同学，坚守梦想，毫不停歇，在灿烂的六月，幸福地感怀自己又攀爬了一段梦想的阶梯。也许你不曾知道，就是这些同学，当你还在父母的催促下拖拖沓沓而潦草地在应付一天的作业之时，他们已经微笑着在自己今日完成的课外计划上画上潇洒的记号。也是他们，无数个清冷的夜晚，他们在站台孤独地等候回家的地铁。面对梦想，因为倔强，所以他们无比强大！

战胜挫折，我们轻轻拂去青春里的雾霭。

追梦过程中，我们不可避免的会遭遇各种挫折，而这，正是人生中最大的财富。很喜欢古希腊悲剧大师欧里庇得斯的一个观点："智者因为期望而忍受着人生中的苦难。"我们需要经历一次较大的挫折而不被打败，只要不被打败，就会变得比过去强大许多倍。挫折是天才的进身之阶，信徒的洗礼之水，能人的无价之宝，弱者的无底之渊。我们都不必去细数历史上那些经历挫折却成就功业的例子，请同学们想想看，班里是不是有这样一些同学，在挫折面前，无论是身体上、学习上，抑或意想不到的家庭变故，他们都非常坚强，非常潇洒。当然，他们也会一声叹息，也曾想将梦想撕成粉碎，也想仓皇逃离，但是最终他们在涅槃中重生，因为他们总相信自己可以做到。笑对坎坷，迎着风前行，这种从容是一种令人尊敬的气魄，如果你拥有它，你也将披荆斩棘！

梦想也可改道，生命依旧缤纷多彩。

如果我们足够幸运，我们可以很小就树立梦想并为之奋斗。更多的情形是，由于阅历、环境、兴趣的改变，我们并不是每个人都有机会书写一生矢志不渝的励志故事，大多数的我们，或许并不知道自己真正最想做什么，最适合做什么。很多人都羞于回想幼儿园时曾大声地说出自己的梦想时的幼稚，但是，同学们，人生就是一个不断丢失的过程，我们可能丢失了儿时的梦想，可能丢失了曾经的恋人，丢失了故乡，但每一次丢失又是一次重新选择的过程。鲁迅弃医从文，班超投笔从戎，更有历史上《茶经》的作者陆羽从佛学中走出，书写了茶文化的传奇等。只要我们在很长的时间里，为着一个目标真正去闯过、拼过、哭过、笑过，并且很认真地思考过，只要我们不把困难作为放弃的理由，只要第二天当阳光再次升起时，擦干了眼泪，你依旧有梦，你依旧在积极而坚韧地追寻着更适合自己的梦想，这样的青春，就不算蹉跎。

各位同学，青春是多彩风景，也可能是一道明媚的忧伤。把握现在，从今天做起，持之以恒，怀揣着生命的热情和希望，只要相信自己，我们每个人都有无限的可能！把梦想系在云端，扶摇直上九万里！那么，也许会有这样一个情景：有一天，暮年回首，我们会无限骄傲而欣慰地对着儿孙说，我有一段无悔的青春，因为——我的青春有梦！

五、编者按

研学行走课程是我们学校的特色课程之一。研学行走课程开设于 2007 年，先后与浙江、山东、宁夏、云南等地建立联盟和开展师生交流活动，加强教育交融，谋求共同发展。在新冠肺炎疫情出现之前，“行走课堂”延伸到四地并已形成体系：六年级行走浙江义乌，七年级行走山东临沂，八年级行走青海门源，学生干部行走宁夏西吉。每一次交流过程中，研学交流团会通过每日报道、学生撰写感悟的方式记录研学行走。笔者曾多次带队出行，每次外出之前都会对行走交流编辑部的负责同学进行培训，其中一项内容就是关于编者按的撰写。几乎每一次培训前，同学们都不知道编者按的概念和格式。其实本校有校级杂志《解语》、校报《小复旦人报》，也为同学们订阅了《中学生报》和其他一些杂志，这些刊物上也经常可以见到编者按，但同学们容易忽略。所以,在本节,笔者将和同学们一起探讨编者按的写作要求。

何为编者按,编者按不是一个陌生的概念。“按”的含义为说明或者判断。编者按的本质为编者做出的说明和批注。编者按的写作主体为编者,评论或者说明的对象是新闻或者报刊文章。形式可以是借文中材料表达观点,也可以是对文章要点进行向外延伸。目的主要是通过对文章内容的解读,对读者了解文章内容进行引导、推荐或者说明,编者按一般情况会带有编者的意图。

编者按有统一的格式。编者按的标题经常是“【编者按】”,或者“编者按:”,与正文分开。正文部分一般也分为发文事由、发文事项和结语三部分。统一格式中的部分内容残缺是同学们有时会出现的错误,同学们写作后要注意检查。

首先,编者按的基本特征是精炼。编者按通常字数在 200 字左右,还有的更短,是针对文章内容而作的简短而精炼的评论。一般而言,介绍的文章的观点是相对比较鲜明的,所以,编者按其实是作者对文章主要观点的概述,不能过多地加入编者自身的观点,忠实于原作者是非常重要的。其次,编者按包含文章脉络的梳理。这类编者按常见于一些篇幅较长的文章之前,目的在于对长文进行概括和凝练,以帮助读者阅读。这类编者按属于文章的简介,和论文前的“摘要”相似。最后,综合性编者按。综合性编者按是结合对文章的介绍和评论的一种综合性质的内容。这类编者按也是很常见的形式,介绍与评论的比例依据文本的特点而定。另外,我们会注意到,在刊物的一些专栏中,也会有编者按,这是对多篇文章综合评论的一种形式。这样的编者按中,经常会点明多篇文章的共性,或者单篇的特性,从整体上概述该专栏的写作意图。

弄清编者按的概念和格式要求,找一些范文进行操练,并找一些正式期刊的编者按比照和总结,会很容易掌握编者按的写作方法。

第三节　礼仪类应用文

礼仪,礼节和仪式,出自《诗经·小雅·楚茨》:“为宾为客,献酬交错。礼仪卒度,笑语卒获。”这句话的大意是说作为宾,作为客,在主客敬酒的时候,任何礼仪都要合乎礼仪规范。礼仪在餐桌上的要求延伸到我们生活的方方面面。人的社会属性决定了行为方式需要从属于一定的社会生活准则,这样在交往过程中才不至于在礼仪上失之偏颇。礼仪的表达方式主要有行为和言语两种。言语的正式形式，很多时候就需要用到礼仪应用文。本章节内容从礼仪的内涵出发，挖掘礼仪在社会规范、政治制度和日常生活中的意义，解析礼仪于社会交往和文明传承的作用。

一、关于礼仪

理解礼仪对于我们的意义是礼仪类应用文写作的前提。如果要进行一种条件反射式的联想，谈及“礼仪”这个词语，同学们会立即想到哪一个词？“文明”应该是很多同学的联想。的确，礼仪是社会交往中人们共同遵守的道德规范，也是一个经由历史积淀被传统固定下来的行为规则系统。于社会而言，礼仪是社会文明发展的重要评价标准；就个体而言，礼仪又是估量个人文化素养和道德层次的基本守则。礼仪在一定程度上就是每个人的精神名片。在日常的社会交往中，我们的任何言行都要受到礼仪规则的约束，学会谦逊、尊重的交往方式是非常重要的。个体的发展本质上有赖于人的社会属性的完整和健全，培养具有适应性的全面发展的社会性人才是教育的根本目的。所以，重申礼仪的新时代意义，知晓一些基本的礼仪制度，结合时代新的要求，使其得到传承和发扬很有必要。礼仪类应用文是文字载体，礼仪行为是思想动作，两者相得益彰。

中国是传统的礼仪之邦，一直重视礼仪文化教育。中国的礼仪文化主要涉及政治和生活两大类。古代的政治类的礼仪是和封建文化传统相匹配的一些礼仪形式，象征着天子的权威和等级制度的森严，当然也表现了古代君王对知识、先贤的敬重。生活类的礼仪包含的种类很多，有个体在不同成长阶段的礼仪仪式，比如生、冠、婚、丧的人生礼，也有人们日常社会交往的礼仪，比如会客之礼、饮食之礼、馈赠之礼等。

鉴于礼仪在日常生活中的重要性，礼仪类应用文的写作也是我们经常需要用到的。礼仪类应用文相对应的分支繁多，涉及社会生活的诸多方面。比如，信函类礼仪应用文有正式的公务或者事务类信函，也有朋友交流，亲戚交往类的非正式信件。演说词类的礼仪应用文主要包括颁奖词、欢迎词或者欢送词等，经常在一些正式场合使用。了解这些文本的写作要求，并在生活中训练写作，是我们与外界交流的前提，对于我们参与一些社会性活动也有一定辅助作用。

二、邀请函

邀请函分属礼仪类应用文的请约性文书，是邀请个人或者团体参与某项活动的正式文本。尤其是一些大型活动，邀请函的写作和发放是一件很重要的前期工作。邀请函包括标题、称呼、正文、落款和日期几个部分。对于一些纪念性盛会，如毕业典礼、成人仪式及其他一些文化类活动的邀请函，还可以适当增加一些和活动主题相关的形式设计，比如活动的主题词、活动 LOGO、相关的背景图片等，用以美化邀请函。

目前的学校生活中经常会有一些大型的活动，比如儿童节文艺汇演、艺术节闭幕式、毕业典礼等文艺性集会，以及演讲、辩论、朗诵和探究性课题评审等比赛，活动的组织同学应使用正式的邀请函邀请嘉宾或者评委。同学们写作时要注意基本的格式规范。首先，标题的基本格式是在第一行注明“邀请函”，也可以将活动的名称标注，或者增加一些富有创意、表达期望的词语，以增添邀请函标题的特色。其次，邀请函的称呼应为正式称呼，不可用昵称，可以在称呼前加上“尊敬的”一类敬辞表示尊重。邀请函的正文包含的内容主要是活动的目的、主要内容或者流程、时间地点以及对被邀请者的诚挚邀请等。邀请函的结尾运用常用的敬辞，要注意语言得体和礼貌。最后，同学们需要注意，署名要用所属团体的全称，日期写在最后一行。另外，邀请函可以附回执，这涉及会务安排，是需要考虑的一个细节。

下面是一则论坛活动邀请函。

“守望，在谷雨时节”家庭教育论坛邀请函

__________同学家长：

为了加强家校协作与沟通，共同研讨家庭教育的有效性，以期为青春期的孩子营造“温馨、和谐、幸福”的成长环境，年级组决定于 5 月 20 日(周三)18:30 召开年级家庭教育论坛。论坛安排：

1. 家庭教育讲座：《榜样的力量》；

2. 家委会代表论坛，交流发言。

地点：步德楼 B1 楼阶梯教室。

请您安排好工作，拨冗出席，感谢您的参与和支持！

温馨提醒：开车前来的家长请将汽车停在学校对面的停车场。

××中学

××年××月

回　执

是否参加家庭教育论坛(　　　　)　　　签名：________同学家长

会议重要，建议父母亲自参加，如您实在不能参加，请及时与班主任联系，告知原因。谢谢！

了解了邀请函，同学们会发现邀请函和常见的请柬有相似之处，都是请约性质的文本，但有几个小的区别。邀请函主要是团体发出的公务类文本，请柬更多用于礼节性的私人集会。另外，邀请函具有相对详细的活动目的和流程安排，一些邀请函还需要加盖公章，形式更加正式；请柬在内容表达上比较简练一些，用语也相对随和亲切，大多数可以附加一些个性化设计。

三、颁奖词

颁奖词是在颁奖典礼上，对获奖对象进行评价的文稿。颁奖词中包含的要素主要是获奖人的基本事迹及其意义或社会价值。颁奖词因为是就某一主题对人物的礼赞，所以情感性特征是比较突出的，语言或深情，或昂扬，情绪的渲染是很必要的。同时，颁奖词从主旨角度，讲究对人物精神的挖掘，所以，陈述获奖人的事迹不是平面的线性叙述，而是以叙议结合的方式评价获奖者的精神特质。此外，颁奖词都有时长和字数限制，所以对事迹的陈述需要讲究详略，突出重点。运用写意的方式简笔勾勒，强化事迹中最感人的情节，适当点染，而不是长篇累牍复述事迹。颁奖词的写作技巧和其他类文章写作有很多相似之处，比如修辞手法的使用，人物精神品质的凸显手法等。

下面我们就 2020 年《感动中国》节目中部分颁奖词做赏析。

其一，修辞手法的使用。排比和比喻手法的混合使用是颁奖词写作的一种常见表现手法，排比语势强烈，有助于调动听众的情绪和抒发情感；比喻手法富有形象性，生动可感。消防救援英雄陈陆的颁奖词是“欠身体一台手术、欠妻子一场告别、欠父母一次团圆”，这句颁奖词讴歌了这位浪尖上的逆行者为了人民的生命财产，放弃小家，令人崇敬的奉献精神。此外，颁奖词因为篇幅的原因，不用完整的排比句，采用两句相对均齐的句子也是一种常见手法。比如张定宇的“这一站”与“那一晚”。陈陆的两个“你是”分别把他比作“浪尖上的逆行者”和“天空灿烂的霞”。张桂梅老师颁奖词中“报之以歌唱”和“馈人间以芬芳”、“崖畔的桂”和“雪中的梅”，讴歌了张老师这名教育工作者带着孩子们跨越贫瘠、追逐梦想、拥抱幸福的壮举。

万佐夫妇用“微弱的灯”和“火红的灶”为患者带来的不仅仅是解决身体的需求，而且还有精神上的慰藉。在肿瘤医院旁边，这对夫妇给人们传达的是生活的姿态，无论疾病、无论清贫，人总是可以自由地生活。叶嘉莹先生的颁奖词中的“诗词的女儿”“风雅的先生”也将叶老融贯中西的学者形象勾勒出来。

其二，对比手法的融入。颁奖词的文字不多，词语、句意之间的对比形成句子的张力，增加表达的艺术性。比如国测一大队的颁奖词中“向着幸福奔跑”和“偏向艰苦挑战”表现了国测一大队挑战生命的极限换来人民幸福的逆行形象。汪勇颁奖词中“百毒不侵”“生来勇者”与“热血”“责任”形成内在的蕴蓄势能，这就是英雄的定义。万佐夫妇用爱将“焦虑和苦涩”化为“温暖与芬芳”，两种原本抽象的形态借助对比手法，变得可感，强调了小人物在这个喧嚣的世界中不可估量的价值存在。前面在修辞手法中曾经提到张桂梅老师颁奖词中的“风雪”“危崖”与“歌唱”“芬芳”，这也是运用对比手法，表现了一位执着的教育者在困苦中吟唱着骄傲。这是一种可以召唤心灵，可以启蒙心智的力量。

四、开幕词

开幕词是大型活动或者会议开幕时主持人或者领导人所作的讲话。讲话内容包含会议或者活动的宗旨、意义，也有对会议的展望。开幕词在形式和内容上与欢迎词有一些相似之处。开幕词的特征是庄重、热情，简洁。欢迎词的主要特征是欢愉，热情和简练。欢迎词主要使用场合是大型庆典活动或一些重要会议，是用以欢迎、祝福或者总结的文字。欢迎词用于活动之初，表达热情友好的欢迎之礼。

开幕词的正文与欢迎词的写法有共同之处：先简介仪式的主题，表达对来宾的欢迎或者介绍会议筹备和出席人员；接着可以回顾主办方和与会方前期合作情况、某方面的突出贡献；结尾表达祝愿和对活动的期望，富有鼓舞性。这两种形式的应用文在生活中比较常见，下面是学校主办的运动会的部分开幕词。

各位来宾、运动员、裁判员、同学们、老师们：

大家下午好！在这天朗气清的秋日，我们在学校新校区的操场上，隆重举行“第38届运动会暨第4届集团成员学校运动会”。我谨代表学校感谢×××大学体教部，×××家委会和学校相关部门的鼎力支持！

×××二附校以整体教育综合改革为引领，目标是将二附校建设成为上海市一流的优质义务教育学校，有义务和责任秉承×××大学“博学而笃志，切问而近思”的校训，做好人才共育、队伍共造、教学共研、课程共建、文化共享，为整体提升基础教育的综合实力做出贡献。

……

2020年的新冠肺炎疫情，唤醒了我们对健康的渴望、对生命意义的反思，更是触发了我们身为中国人的强烈自豪感。“少年强则国强”，明天，国家的荣耀需要你们来延续和创造，而健康的体魄和坚韧的毅力是一切的基础。热映的《夺冠》电影字幕中有一句话同学们记得吧，“女排精神，中国精神”。本次运动会是×××二附校在九年一贯制建设背景下，首次在属于我们自己的操场上举行的盛会。第一次九个年级的同学一起参加，中小学的运动员在崭新的赛场上竞技，挥斥方遒的少年气象是我们学校建设的活力之源。期待在今天的赛场上，同学们拿出“谁与争锋”的气魄。奔跑吧，同学们！最后预祝“×××学校第38届运动会暨第4届集团成员学校运动会”取得圆满成功！谢谢大家。

上面这段开幕词包含标题、称谓和正文几个部分。标题和称谓的格式与欢迎词一样。正文部分重点介绍了来宾，会议参与对象合作的情况回顾，结尾是对会议的期望和祝愿。

五、感谢信

说起感谢信，首先要谈到感恩的文化。在历史的长河中，感恩的传统源远流长。淮阴侯千金馈赠漂母的一饭之恩，还有衔环结草、乌鸦反哺等。铭记在生命中给予过我们帮助的人，也学会将爱传递给他人。感恩是人最值得称赞的美德之一。

感恩他人，言语表达谢意的一种比较正式的方式就是感谢信。感谢信属于书信类应用文的范畴，也是礼仪类应用文的一种。感谢信表达感谢和赞扬，一般是通过组织单位进行传播，可以单位内部传阅，也可在公共场所张贴或者借助于广播、网络平台进行传播。感谢信是一种极具正面感召力的社会舆论形式。

感谢信的格式和一般的书信格式相似。第一行居中书写“感谢信”。第二行顶格写被感谢人姓名或者所属单位负责人姓名。在正文之后另起一行空两格写“此致”，下一行顶格写“敬礼”，这是庄重地表达感谢的方式，不要忽略。最后是署名和时间。

写感谢信有几方面的注意事项。其一，感谢信要情感真挚，语言热情，运用夹叙夹议的表述方式。其二，描述事件要充分，交代事件的起因、经过和结果，但不要面面俱到，流水账式地叙述，可以适当重点刻画事件中的动人环节，加上作者的点评。其三，表达谢意，语言既要炽烈，又要注意分寸，不可空喊口号，言辞失当。

上面是普通感谢信的共性，此外，根据感谢的对象，感谢信有不同的特点。第一类，感谢对象为某个组织或者集体。这一类感谢信措辞相对比较正式，不用太多的描写，阐明感谢的缘由，交代事件的始末，语言简练，突出重点部分即可。写给组织的感谢信要从事件整体的角度解析事件的意义，有社会性高度。比如2020年写给抗疫英雄群体的感谢信，要体现在抗疫的背景下，表现在疫情突如其来的肆虐与华夏的一片茫然中，抗疫英雄们毅然决绝地奔赴抗疫前线的伟岸。除了宏大叙事，从个人角度评述也是不可缺少的，表现这些抗疫战士在家庭责任、个人安危的冲撞中的果敢、勇气和坚持。最后从整体的角度对抗疫英雄表达感激、祝福，以及对国家富强和人民安康表达祝愿。第二类，感谢对象为个体。这一类感谢信写作时，过程性细腻的描写比较重要，在感谢信中需要定格刻画事件，引起读者的共鸣。

无论是针对集体还是个人的感谢信，都应该适当挖掘事件和人物的内涵，不能就事论事。文中的评论决定了感谢信的高度，这也正是感谢信的看点。感谢的不是行为本身，而是事件的意义；赞扬的不是单个的人物，而是一类人物令人敬仰的品格。

第四节　申请类应用文

申请，是资格认定的前提。申请书是一种专有的书信，和别的书信所不同的是，表情达意的方式及内容是不一样的。申请书更注重准入资格的提交，落脚点在于申请的事项、申请的理由。申请书写作时，涉及的事件必须有清楚说明，数据也要准确严谨。申请的理由是写作的重点，理由必须合情合理，没有夸张和杜撰。此外，团队或者个人的申请资格应该完整列出。语言的简洁得体也是需要注意的，有的申请书语意冗长，没有重点，表达混淆，个人或者团体的资质又未能明晰，这样的申请是不适宜的。

本章节我们将要接触到入团申请、项目申请、行走交流申请和课程申请四类。首先要了解一般申请书的基本格式，每一则申请书的基本要件不可缺漏。在此基础上，区分各种申请写作的细微差异，确保每一类申请书在写作时能紧扣主题，语意明确。比如，入团申请书，对于学生个体情况、共青团组织的理解在写作时要注意措辞。项目申请和探究性课题申请有一些相似之处，关键需要写出项目的创新点，应从宏观和微观角度双向解读。写作思路的广阔性是项目成功的要领。课程申请是学校课程改革的产物，学生依据自己的专业特长，着眼于自身的个体发展，选择适合自己的课程。学校层面通过学生的个人申请合理地进行资源的调配，无论对于学生个体还是学校的课程实施，都是有意义的。

一、申请书的相关知识

申请书是个人或集体向组织表达愿望，提出申请的书面文字，是比较正式的一种申请方式。在一定意义上，申请书也属于书信类应用文的范畴。申请书在日常学习生活中运用很广泛。课程选修的申请书、入团申请书、专用教室使用的申请书、行走活动交流申请书等，都是我们可能遇到的。把握好申请书的基本格式，写作符合申请书的规范，并能从自身不同的角度，凸显自己申请的理由，是写好申请书的关键。

申请书包含标题、称谓、正文、结尾、署名和日期几个部分。标题和称谓的表述方法和前面的一些应用文相似，不做赘述，这里重点强调一下正文和结尾两个部分。正文部分为申请书的主体部分，关系到申请成功与否，这部分对申请的理由要做充分的叙述。一般的写法是先提出申请的内容，接着对申请的理由做客观的说明。关于理由的陈述，既要表达简洁，又要内容真实。关于结尾，应该适当增加一些敬辞或者表达敬意的短句。

上面是申请书的格式要求。关于申请书，还有一些故事。

一则是辽宁著名军旅作家高玉宝运用绘画的方式写入党申请书的故事。这是一份怎样的申请书呢？这份申请书总共只有八个字——我从心眼里要入党。这幅画是这样的：左边写“我”，“从”字用一只虫子代替，“心”字用桃心形状标注，“眼”字用眼睛表示，“里”画了一个梨，取“梨”的谐音，“要”字写了“咬”字，“入党”两个字借用家乡话“鱼党”，作者运用鱼的图形和一口钟，表示“铛铛铛”，来表示“党”的音。这份质朴的入党申请书的作者高宝玉，从 27 岁才开始识字读书，然后学习写作。在戎马倥偬的军旅生涯中，他写作了 2 000 多万字表现军旅生活的作品。这份申请书，被高宝玉老人珍藏下来，激励了一代代共产党的青年战士们，鼓舞着他们执着地追求人生的信仰。

在2020年新冠肺炎疫情肆虐之时，有一封“火线”入党的申请书感动着我们。2020年2月9日，在武汉抗疫第一线，平凉市第二人民医院重症学科主管苟晓娟向援鄂医疗队临时党支部递交了入党申请书，希望能“火线”入党。苟晓娟和其他一些抗疫战士在疫情面前勇于担当的情怀是我们这个时代的脊梁。

上面两则故事，从另一个角度向我们阐释了申请书的内涵。申请书这种常用的应用文，写作时除了语言的规范以外，理由充分、真实和客观很重要。而更为重要的还远非如此，在一些需要表情达意的申请书中，真挚的情感表达是申请书感染力的源泉。认真地对待每一次的申请，用心去履行职责，用实际行动去回馈申请的那份初心，才是申请的意义所在。

二、入团申请书

同学们，可曾记得第一次戴上红领巾的情形？第一次老师在我们的胸口用鲜艳的绸缎质地的红领巾为我们打结的情形应该不会忘却吧！懵懂的我们进入学校后，少年先锋队是我们加入的第一个群团组织。第二个就是共青团了。共青团全称为中国共产主义青年团，共青团是广大青年在实践中学习中国特色社会主义和共产主义的学校，也是中国共产党的助手和后备军。初中阶段，14岁以后，同学们就具备了加入共青团的年龄条件，当然，同学们还需要满足其他一些政治条件和入团的标准。条件齐备后，同学们需要做的一件事就是，写入团申请书。

入团申请书如何写？这里从基本格式和申请书基本要素两个方面进行阐述。

关于基本的格式。第一行居中写“入团申请书”，第二行顶格写称呼：“尊敬的团支部”或者“尊敬的团组织”，这里是写组织名，而不是某个负责的老师的名字。在称呼的下方一行空两格表明意愿：“我申请加入中国共产主义青年团。”接着是正文部分。正文主要包括对共产主义青年团的认识、自己的个人情况、入团动机和理由、自己的态度和决心。结尾和落款是不可缺少的。结尾一般加上“恳请团组织批准我的申请”，另起行空两格写“此致”，再起一行顶格写“敬礼”。

入团申请书正文各部分具体的写作要求需要再做了解。其一，关于个人情况。运用概述的方式简单介绍，突出自己在能力、思想上的特征，参考共青团员入团标准进行陈述，语言简明扼要，分类叙述自己的情况。个人情况可以涉及家庭成员和社会关系情况，但这部分内容不是必需的，家庭成员和社会关系也可附在申请书之后。其二，关于入团的理由和动机。这是入团申请书中比较重要的一部分内容。

解析自己对团组织的理解，从个人思想的高度分析入团的意义，真正认识到入团对自己思想意识的影响是入团理由的重要阐述点，也是入团的意义所在。假如没有理解这个组织的意义，盲目地加入是不可取的。这里注意一下，对团组织的认识可以结合本人的成长经历，可以阶段性地体现自己在不同时期认识的不同维度。其三，关于态度和决心。入团是为了能更好地历练自己，让自己将来能成为共产主义事业的接班人。提出申请后，态度和决心的言语表达以及实际行动都是很重要的。不建议在入团申请书中空喊口号，应该结合自己的实际情况反思自己的行为方式，发挥自己的优势，弥补自己的欠缺，从自我学习、班级工作、社会实践等方面，为自己提出一些目标或者行为准则，以约束和提升自我，超越自我，成就自我。

三、项目申请书

项目申请书，也称为项目申请报告，是申请人用以向评议人介绍项目，获得准许资格的一种文书。目前，同学们需要写项目申请的机会不多，但随着一些探究性课题的推进，一些项目的申请和实施是必需的。项目申请书的基本要素和写作要点是需要关注的，以下介绍项目申请中的几个主要板块的写作方法。

其一，立论依据。立论依据部分主要是阐明研究的理论价值，在实践操作层面的意义，介绍时可以结合国内外在此领域的研究现状加以分析，也要附参考文献。立论依据在写作时不仅仅是简单的列举，而应该是列举基础之上的概括式分析。分析的方法可以层进式推进，也可以对相关理论进行对比分类，从目前的研究理论挖掘背后的共性与差异，借此作为本人研究的切入点，阐述本人研究的理论基础。立论依据要寻求最新的理论支持，如果能寻找到相关理论的演变历程，则更有说服力。参考文献的表述要规范。可以寻找通用的文献表述的格式，也可以借助一些文献生成工具，比如中国知网、百度学术等，查找到相关的文献篇目，点击“引用”按钮，就能出现标准的文献表述方式。

其二，研究或者实施方案的撰写。这部分是申请书的核心部分，包含研究的目的、内容、方法、过程。研究方案中最关键的不单单是以上环节的逐一简析，拟解决的关键问题和特色创新之处才是一份申请书最重要的部分。那么，如何表现“创新之处”呢？一般可以有三条路径。第一，联系项目的独特文化背景或者社会文化支架；第二，寻找项目核心价值，分解价值的多元意义；第三，反观项目与其他同类项目立足点或者目标的最大差异。

以下是笔者撰写的"'漫游星空'课程的开发与实施"项目创新之处的表述方式：

1. **依托高校开发课程资源的创新举措，有着丰厚的学术积淀。** 专家来源构成具有权威性，院士级别专家有三十余人次。通过课程，学生可以知晓该领域最有价值和最新的研究成果，可以在中学的讲堂与象牙塔里的大师们零距离接触。与大师们在同一个学习时空里共同思辨和自由翱翔，有助于拓宽孩子的知识视域，为学生的终身发展提供高品质的知识储备。

2. **课程体系丰富完善，具有前瞻性。** "漫游星空"课程在基础教育领域贯彻复旦通识教育观，课程构架兼顾了通识教育核心课程的6个模块，文史经典与文化传承、哲学智慧与批判性思维、文明对话与世界视野、科技进步与科学精神、生态环境与生命关怀、艺术创作与审美体验。"漫游星空"课程关注了内容的多样性、生活化，所有讲座力求呈现该领域最有价值的和最新的研究成果，通过知识的传递激发和培养学生的创新意识。

3. **课程资源与信息化平台建构的对接与优化，具有推广价值。** 在区校合作框架下，我校举办五期区级"漫游星空"网络课程教师培训课程资源，精选20场讲座二次开发形成"网络课程模块设计方案"，创建"漫游星空"的信息化学习平台，供师生浏览学习使用。与区里共同编写《与大师零距离对话——初级中学"漫游星空"网络课程开发与实践的研究》，本校出版的《听大师讲课1》和《嗨，咱们和大师聊聊》等书，进一步拓展了课程的外延，并在开发实施过程中，成为具有指导意义的课程范本。

"漫游星空"课程最大化地诠释了我校的核心教育理念。它对拓展学生学习视野的宽度、挖掘学生思辨明理的深度、追求高致博雅的审美品位，从而获得全面发展有着非凡的意义。

四、行走交流申请书

在复旦大学引领下，"行走课堂"教育实践课程应运而生。以"行走课堂"系列活动为载体，教育的目标由小到大，内容由浅入深，视角由近及远，梯度呈现了校园文化、城市文明、国家意识、国际视野在学生成长中的浸润，逐渐唤醒学生社会主体意识，培养学生肩负胸怀家国天下的"小复旦人"的责任，拥有家国天下的视野与足迹。学校践行"给学生更宽广的教育"的育人理念，正是着眼于发挥学生社会实践的养成作用，完善实践教育教学体系。本校目前已经和云南、贵州、浙江、青海、山东等地共建行走课程。通过不同学校、不同区域、不同文化的相互学习和融合，发挥课程系统育人合力，培植“行走课堂”教育实践课程，培养学生胸怀家国天下的责任意识，助力学生走向更宽广的天地。

行走交流课程是按照一定的流程进行的。学生根据宣传资料，根据自己的意愿选择参与的课程，并提交申请书。申请书的写作包含申请意愿、缘由和计划几个方面，下面具体论述。

简明扼要地在首段表明申请意愿后，分述自己参与的缘由。缘由的写作可以从以下几个角度。第一，从对方学校的地域文化和学校课程角度。比如，参加山东临沂实验学校行走交流课程的同学，可以从临沂实验学校“以责立人”的办学理念、“敦品励学、完善自我”的校训入手，简析对学校课程的初步了解。第二，从学生本人的情况角度。学生本人情况主要有哪些方面呢？学生的兴趣爱好、能力情况和学习经历等信息都可以呈现。第三，参与活动与个人成长的关系。行走于我们的意义是什么呢？一方面，通过参观学习，了解其他学校的课程模式、研究方法；另一方面，行走是我们在实践中锻炼独立生活能力，在尝试探索中模拟社会性角色的有效途径。在写申请书时可以强调行走活动对个人能力、性格的塑造作用。此外，更重要的是，处于青春期的学生的心理是发展的同一性，即在个体的独特性与别人的相似性之间寻求平衡点。那么，走出日常的生活空间，延伸到更宽广的领域，可以观风物、思古今，感受自然人文的美意。

整体而言，行走交流的申请或者一些夏令营的申请书的写作，有一些相似之处，都是要以对方的基本情况为切入点，表达对对方的了解与理解，接着，再从对自身个人能力、心理和个性的多方面的影响的角度，体现活动对个人的意义。

五、课程申请书

课程是连接学校、学生和教师的桥梁。课程建设是学校发展的重点内容之一。通过课程的规划和实施，可以有效落实教学计划，提高教师的教学科研水平，培养全面发展的人才。

课程建设主要包括规划阶段和实施过程。在教育教学理念的指导下，学校依据一定的标准建设课程。作为课程建设的主体的教师，提出教师课程的申请属于课程规划的范畴。对于学生而言，参与基础课程之外的其他课程，课程申请也是需要的。下面就从教师及学生的角度分别阐述写课程开设申请和选修申请中的一些细节问题。

第一，教师课程开设申请。教师课程开设申请主要包含课程开设者的基本情况，即课程背景、课程目标、课程的主要框架以及课程评价方式。开设者基本情况简介主要包含开设者研究领域与本课程的联系。课程开发目标是课程开设申请中的一个重要板块，教师在表述时应全方位地解析课程的视域宽度。比如以下三个目标：①通过慕课学习、专家指导，以混合教学方式带领教师熟知单元课程理论。②借助历届市级青年教师教学大赛、区“百花杯”教学评优活动中的优秀教师经验的交流分享，指导教师进行资源整合。③在信息化标杆校创建背景下，开展相应网络辅助教学的培训和实操训练，让教师熟练信息技术，为教学服务。上面三个目标是从课程理论学习、资源的融会贯通以及课程实施的角度做出目标定向。课程框架搭设呈现课程的内容结构（如章—节—目），与内容相应的教学活动形式（如课前调查，现象思考，问题与研讨，理论解读，案例分析，互动推荐资源等）以及评价活动设计（如在线讨论、作业布置等）等。

第二，学生选修课程申请。前面的段落是从教师课程申请的角度向同学们展示课程的内在基本元素，同学们在写选修课程申请时，也可以从相关的角度进行写作。申请书的基本格式这里不再赘述。申请书的正文是选修课程申请的主体内容，主要是阐述申请的理由。参考教师的课程申请，我们可以写课程简介、课程学习的目标。课程学习目标是申请人通过本课程的学习将要达成的目标，这里包含教师设定的课程目标的表述，根据课程简介书写。除此之外，也可以表述自己通过课程学习将会开发的新的学习研究领域，或者本课程与自己过去学习经历的融汇和再生，对自己未来学习的前瞻性评估是课程选修申请的一个亮点。

申请书属于应用文，格式的规范性会形成文本的相似点，似乎写法大同小异，千篇一律，但我们如果切换一个角度，从我们的对象进行反观，让写作的申请有细微的差别或者不经意的亮色，这是让申请与众不同的一条路径。同学们可以多研究和摸索。

第五节　书信类应用文

随着人类文明的发展，书信在历史上成为传递军事要闻的载体。殷墟甲骨文

"边报"、武侠素材中的神秘的飞鸽传书、硝烟四起的黑夜的紧急军报、三国中蒋干所盗之书……这些都是书信留给我们富有情节感的印象，也一定程度展示了书信的功用。除了传递信息，书信还可以抒发抱负，表明心迹，成为先贤圣哲们教谕子孙后代，传承家风的文体。依据书信的概念，我们可以更大限度地发挥书信的功用。

书信运用较多的一种形式就是家书。古典诗词有很多关于家书的作品，将爱人、亲人之间缱绻的情感描摹得动人心扉，让读者感同身受。家书是踽踽独行的远方游子的精神慰藉，也是倚窗守望老人的灿然希望。当然，家书里更有长辈的处世之道、明辨智慧和谆谆教诲。本节中我们将一起鉴赏梁启超、胡适等前辈的家书，感知长辈的哲学人生和殷切希望。毕业季是在榴花欲燃之时，青春的记忆里述说离别，好似有些"为赋新词强说愁"，却那样唯美动人。此刻，换一种心情，热烈地拥抱未来的不可知，在给母校、给校友的书信中自由地展望。走向远方，我们风雨兼程，我们果敢如风，我们执着寻梦，大胆地展现自我，展露才华吧！自荐信既要注意措辞的严谨和技法，充分发掘自己的优势，又要确保客观真实。此外，游学归来的致谢信也是书信类应用文中的一种，做客后的致谢也是不可或缺的社交礼仪。

一、书信的发展历史

同学们知道人类通信方式的演变吗？你可知道早在公元前3000年左右，古埃及人就开始用鸽子传递书信了。在中国，根据考古学家发掘的殷墟甲骨文，郭沫若考证出第五百一十三片甲骨文是殷传到京都的"边报"。也就是说，从那时起就在使用文字形式传递军事要闻，这也许是书信的滥觞。

春秋时期外交风云波谲云诡，书信在其中起到推波助澜的作用，展示了那个时代百家争鸣、唇枪舌战的态势，各家各派都在这个历史的舞台上抒发着一家之言。国都之间、诸侯之间、将相之间，各类书信演绎了那个时代经久不衰的趣事，很多都被记载在《左传》《战国策》等著作中。到了两汉时期，司马迁《报任安书》、杨恽《报孙会宗书》、邹阳《狱中上梁王书》等书信出现。书信已经超越了最初的公函传递信息的意义，不仅是"陈政务"的工具，也成为个人"散郁怿怀"、抒发情志的载体。进入魏晋时期，在这个社会动乱、个人思想意识达到巅峰的时代，书信频频出现在人们的生活空间里。这个时期的书信讲究文采，注意语言的典雅，书信的文学性和艺术性在这个时代得到彰显，书信也是和那个时代的气韵相匹配的文学形式。唐宋时期，书信进入一个新的发展阶段，书信不仅是个人抒怀，也是时代命脉的写照。唐代的四个时期，在盛衰的转换中，书信从六朝的绮靡浮华中释放出来，将叙事、议论和抒情的多种手法融会其中，成为文人墨客抒情、写意的表达方式。到了明清时期，书信成为我们了解那个时期社会形态和文人思想的媒介。一些经典的作品，比如《板桥家书》向我们述说了一代大家郑板桥的“施善无痕”“得志不傲”“体恤贫苦”“严于律己”“平等互爱”的人生信条，是我们应该学习并内化的做人做事的准则。五四新文化运动时期，书信开始以白话文的形式展现在公众视野中，记载了那个时代的故事。

回顾书信的发展历史，我们看到了书信从甲骨文到白话文的演变过程。书信这一文学形式在不同时期有不同的表现形式，但所有时代，书信都在一定程度上表现了工具性和人文性。书信既是一种传递信息的工具，又具有文学性特征。优秀的书信中包含了作者的思想和观念，值得阅读与鉴赏。如今，随着网络信息化的发展，纸质书信一定程度上不再占据主流地位，我们接触到的主要是电子邮件形式的书信。从一定角度而言，书信的即时性被提升，那么语言的凝练、准确的要求也增加了。但不可否认的是，在这个快捷的时代，如若我们偶尔还可以运用一些纸质书信表情达意，在闲暇的午后，氤氲的小院，品茶、赏乐、读信，听庭前花落之音，看云霞翻卷之美，那是多么惬意的生活啊！

二、家书

家书，亦即家信，是异乡漂泊游子乡情的依托，是游子思妇动人的呢喃，是德高望重的长辈的谆谆教诲，是长夜孤梦的满纸宣泄。家书会轻抚我们心底最柔软的情愫，孤独、迷茫、喜悦都可以寄托在家书中。在古典诗词中，“烽火连三月，家书抵万金”，杜甫面对满目疮痍的破碎山河，唯有家书聊以慰藉；袁凯说“江水三千里，家书十五行”，将思乡情与绵绵江水勾连融会；岑参的“送子军中饮，家书醉里题”述说了孤身一人在万里之遥的悲苦和对家乡的思念。历史上还有一些以家训为主题的家书，比如《颜氏家训》《闻一多家书》《傅雷家书》等，都从不同的维度表现了作者的观念和思想。

笔者曾经带学生参加 14 岁的成人仪式，其中一个环节就是阅读父母的家书，并现场写回信。在现场我看到了难忘的一幕，一个女同学一边流着泪写回信，一边用手机自拍胸口的团徽。这个场景已经过去很多年，但体育馆昏黄的灯光和那个女同学一遍遍调整角度，想拍摄一张最美的团徽照片发给父母，并在信中述说这件事的情形至今还历历在目。家是我们温馨的港湾，那是我们成长的地方，有我们和父母讲不完的故事，家的温情足以慰藉我们遭遇的各种人生风雨。在有人生纪念意义的时刻，别忘了为父母送去一声问候，邀请父母分享你的欢悦；在遇到挫折，无助迷茫之时，你可以通过家书告诉你的父母，他们永远是你最耐心的听众。

在文学史上，有不少历史名人的书信，我们一起来看看。

饮冰室主人、戊戌变法的重要领袖梁启超给孩子们的家书是值得同学们读一读的。里面提及孟子的一个观点，“能与人规矩，不能使人巧”。这里谈到学习的目的是懂得规矩与法则，而不是巧，真正的“巧”需要我们自己的勤奋研究与摸索，在于自身的勤勉。我们学习技艺，通过学思结合和不断地创新，达到熟能生巧。此外，梁启超在书信中运用“河伯”和“海若”的类比，告知后世子孙要有广阔的胸襟，要拓宽自己的眼界，不断增长才识，成为有用之才。

胡适先生在 1929 年写给儿子胡祖望一封家书。当时 10 岁的胡祖望要去苏州读书，胡适用极其朴素而深刻的语言告知儿子，要勇担责任，要做学习和品德双优的人，做最优等的人。人要有志气，但不是体现在口头上，而是体现在实实在在的行动中。同时，人不可骄傲，要谦虚待人，和气知礼。

除此之外，还有很多中外名人，都非常重视家庭教育，重视父母的言传身教。他们将自己的人生阅历和对生活的体悟作为教育的素材，传达给孩子，希望孩子在成长发展中，汲取经验。

在“四史”学习中，同学们读过《爱国先辈的 29 封家书》，爱国的仁人志士为了国家的安定和人民的幸福，牺牲小我，将对祖国人民的一腔热情寄托在行动上。从他们的家书里，我们可以看到不朽的灵魂，那是中国人的脊梁，是每一个炎黄子孙需要去传承的民族大义！历史的滚滚洪流在宇宙的空间里前行，这些先贤为我们留下了宝贵的精神财富，他们教导了我们在社会责任和个人选择时该有的姿态。

同学们，如若我们要给长辈寄予祝福，可以如何写作呢，请大家尝试一下吧。

三、毕业信件

荷风送暖的 6 月，正是毕业的时节。莘莘学子告别熟悉的校园环境，即将踏上新的征程，在离别时刻，将千言万语化作书信一封，既是对过去的告别，也是别样的怀念。毕业信件可以写什么呢？这是一个很自由的话题，或回顾过往岁月，或感念师恩，或惜别故友，或畅想未来……下面是笔者为毕业班同学曾写的一封离别书信，有兴趣的同学据此内容构思一篇回信。

2020 届的孩子们：

你们好！你们了解人类通信方式的演变吗？你可知道早在公元前 3000 年左右，古埃及人就开用鸽子传递书信了？在通信技术高速发展的今天，我们的毕业寄语为何要采用这样一种古老的沟通方式呢？只因为一个缘故——她代表着一种庄重。14 岁生日，父母的家书是庆祝你们成年；今天，老师是为你们远航扬帆。

此时此景，老师想为你诵读一首泰戈尔的诗歌：

我听见回声，来自山谷和心间
以寂寞的镰刀收割空旷的灵魂
不断地重复决绝，又重复幸福
终有绿洲摇曳在沙漠
我相信自己
生来如同璀璨的夏日之花
不凋不败，妖冶如火
一路走来一路盛开

节选自泰戈尔《生如夏花》

“璀璨的夏日之花，不凋不败”，多么像你们啃！热烈、绚丽、张扬，源自父辈血液里的骄傲与荣光；善思、明辨、知礼，得益于良好的教育文化。学校的教育理念秉承着马相伯先生“囊括大典，网罗众学，兼容并收”的精神特质，并铸就了“小复旦人”宽广与包容的风骨和气度。你们是幸运的一代，又具有鲜明的时代印记。国际格局动荡不安，地区热点博弈激烈。2020 年，灾难与悲悯、机遇与担当都呈现在我们面前，我们需要内外兼修，不疾不徐又不矜不盈，从容面对。让复旦“自由而无用的灵魂”静静地在我们的身体里扎根，相信终有一天会生长成我们精神的参天大树。

这个 6 月，你们即将走进中考的考场。让我们一起关注一些信息。目前国家在大力推进“互联网 +”教育。这是指通过互联网及其衍生的相关技术与教育深度融合，实现对教育的变革，创造教育新业态。教育的加速“新陈代谢”，优质教育资源的再分配和共享问题必然是未来竞争的焦点，而人才的培养，归根结底还是对具有“全面社会能动性”素养的关注。中考作为一次重要的分流和筛选，是我们这群青春少年的一场热身演练。我们需要用满腔的热情应对，厉兵秣马，以“三千越甲可吞吴”的气势，以最好的状态接受九年义务教育的一次大检阅！四年磨一剑，策马闯关！同时，我们更需要一种淡然。这里只是第一个驿站，“暮色苍茫看劲松，乱云飞渡仍从容”，因为气魄与智慧才是支撑我们走向广阔天地的源动力。人生漫漫，无论荣辱成败，无论逆境顺境，我们都要做一个永不停歇的追光者，让我们的思想风驰电掣！心中有火，眼中有光，遇见最好的自己。

春花秋月，夏风冬雪，“窗外日光弹指过，席间花影坐前移”，四年的光阴像一条河，逝者如斯。在复旦如茵草坪上高歌郭沫若作词的《中国少年先锋队队歌》的情形如在眼前，而你们已然静静地长大。或许是距离父亲肩膀的高度，或许是校服变化的尺码，或许是傻笑呆萌表情随风飘散的怅惘，或许是 14 岁集体生日舞会上的紧张与羞怯……别了，我们都要和昨天说再见，学号会变，留在心里最重要的几个数字不会变；校服的颜色、款式会变，微笑的容颜不会变；上学的路线会变，向着家的方向不会变。我们在这里等你，记住那个带有祝福的门牌号——恒学路 100 号——你永远的家。

《尚书大传·虞夏传》之《卿云歌》有语云：“卿云烂兮，糺缦缦兮；日月光华，旦复旦兮。”

这是最早的诗歌之一，歌咏之，尽显辉煌、厚重与浪漫。

请记住，她，也是我们姓氏的来源……

你们的老师

2020 年 6 月

四、自荐信

说起自荐信，先要谈谈自荐的故事。战国时期平原君的门客毛遂，主动请求随同平原君去楚国求救，在和楚王的谈判中，平原君和楚王谈了一个上午都没有成功，后毛遂挺身而出，向楚王分析利弊，最终楚王委派春申君带兵救赵国。毛遂是如何打动平原君的呢？平原君运用了一个比喻，说贤能的人就好比锥子藏于囊中，针尖应该凸显，但已做门客三年的毛遂并未有过人之处。毛遂的回答是，我是今天才申请进入囊中，如果我早入囊中，我显现的不仅仅只是针尖，而是整个锥子。毛遂富有智慧和勇气，而且巧妙地更换了平原君的时间概念，并且运用心理暗示打消平原君的顾虑，给予平原君以希望。事实证明，他不辱使命。笔者特别喜欢的还有一个关于冯谖客孟尝君的故事。冯谖做孟尝君的门客，为孟尝君造就“三窟”，让他“高枕为乐矣”，但冯谖最初面见孟尝君时，自荐的方法很有意思。孟尝君曰：“客何好？”曰：“客无好也。”曰：“客何能？”曰：“客无能也。”孟尝君笑而受之曰：“诺。”这段自我推荐，将冯谖的智慧低调和孟尝君的宽怀大度的形象表达得栩栩如生。尤其是冯谖，他的自荐与后文他焚券市义、谋复相位、薛立宗庙三个故事形成鲜明的对比，让读者对冯谖的政治远见和卓越的谋略深为赞叹。此外古代关于自荐的美谈不少，千金买骨、东方朔上书自荐、高阳酒徒等也都是一些有趣的自荐故事，同学们可以自行阅读。

从上面的故事中，我们看到自荐的重要性。成功的自荐能搭建人生前进的阶梯，我们要认真对待每一次自荐的机会。自荐信的写作方法也是我们需要思考的。如何向心仪的学校推荐自己，写好自荐信呢？

其一，表达对对方学校的理解，申述自荐的理由。这部分内容不能借助官网上的学校简介泛泛而谈，应查阅学校官方网站、学校公众号及其他渠道的评价等。最好能关注该校历史信息、新闻，动态地介绍自己的了解，内容上可涉及该校的特色与自己特长的关系。

其二，自我学习经历做到言简意赅，切忌面面俱到。自荐信中表述学习经历时，突显最有价值的部分，冗长而没有突出重点的自我介绍无法给读者留下深刻的印象。

其三，表达个人荣誉注意措辞。在自荐信中，需要罗列所获得的荣誉。罗列时可以分类，且在罗列的基础上，结合自己的研究领域予以介绍，体现自己在这个领域里一直不断跋涉的状态。

其四，自荐信应有远大的构想。自荐信包含过去的成绩、今日的奋斗，还应体现明日的展望。认真地规划未来的发展，在自荐信中有一些可操作性的策略，让对方看到你着眼未来的姿态是很有必要的。

五、游学致谢信

研学行走是学校的一项特色课程，有国内行走和国外行走两种。学校与对方学校在教学方法、师生发展、学校管理等方面的交流，促成两校的共同研讨，互融共进，也是区域教育教学资源的重整。

研学行走行程安排比较丰富，其中会有两天左右的住家活动，即学生到结对伙伴家里居住，深度感受当地的民风民俗，这个行程安排一直得到参与课程同学们的喜爱。有的和对方家庭一起参观当地名胜古迹，有的与伙伴一起制作地方特色美食，还有的去垂钓、赏花、露营等，真正走进当地的家庭，感受他们的热情和淳朴。面对如此盛情的接待，我们返校后，会有一些同学通过书信和对方交流或者致谢。认真对待这封致谢信，表达自己的感谢，是很重要的。

致谢信写作相对比较自由，可以有很多生发点，这里大致做几方面的说明。

其一，对住家生活的回顾。住家活动是行走课程中印象很深的体验。我们可以着笔谈谈在对方家里的感受，表达对受到的照顾的感谢。可以运用细节刻画的方法描摹同学家里的某样物品，院子里的一棵石榴树、庭院里的落花、宁静的夜空或者家里的小动物等。这件物品可以是你感受深刻的，也可以是你的结对伙伴喜爱的，你对家中物品的评价会给你的伙伴以亲切感，他会很欣喜于你的观察力。此外，在对方家庭中的用餐情况也是可以回顾的，在致谢信中可以表达对对方父母的感谢，对美食的赞美。实际回顾住家生活一定意义上是和住家小伙伴共同回忆。现在二孩或三孩政策放开，但独生子女的家庭毕竟还是占据较大的比例，能和同龄的好友一同学习和生活，这是很美好的体验。致谢信里的回顾容易引起共鸣。

其二，对学校生活的描摹。行走课程的地点主要还是在学校，致谢信不仅仅是对结对伙伴的感谢，还应该涉及学校、教师以及班级其他同学。在以往的行走课程中，有研修学校课程、红色景点参观、希望小学支教、自然风景游览等。对方学校的精心安排，经常令我们感动不已，向结对伙伴致谢是我们必不可少的礼节。

其三，盛情邀请。阅览历届行走的照片、报道和感悟，离别篇是特别动人的，同学们在离别时依依不舍，相互祝福，举办欢送会的场景都记录在文字里，也看到了同学们的邀请。不过，如果我们可以在致谢信中再发出正式的邀请，而且附上我们预设的来访规划，会更能体现我们的诚意。

还有最后一个问题，我们的致谢信用电子信件还是纸质信件呢，如果有条件，采用纸质信件的方式也是不错的。曾记得我们的儿时，在文具店里挑选各色信纸，信纸上印有枫叶、兰草或者腊梅等，每一种都爱不释手。20 世纪，还流行各种折叠书信的方法，印象最深的是折叠成心形。如今，这些记忆都留存在一些怀旧的推文中了。

致谢信的写作不在于技法，不在于词藻的华丽，最可贵的是情感的真挚。在书信类的应用文中，情感依旧是核心要素。运用合适的语言真实地表达感谢、邀约，我们自己也能从中得到美好而愉悦的体验。

第六节　报告类应用文

在本章的第六节，我们开启报告类应用文的写作之旅。对于“报告”这个耳熟能详的词语，我们需要了解它的运用范畴，从广义和狭义的角度理解报告的内涵，并对报告的基本种类有所知晓。报告的汇报性、陈述性和事后性的几个特征决定了报告是以客观事实为基础的一种陈述性应用文。计划是以预设为主，报告是以对既定信息的解读和重组为主。

本节我们将会了解调查报告、开题报告、实验报告和述职报告的写作要点。关于调查报告，科学严谨的调查问卷的设计是很重要的一环。调查问卷在一定程度上也是对调查报告的浓缩。在获取调查问卷数据后，对相关信息进行分析、挖掘，得出结论指导后期的工作是调查报告的基本功能。开题报告，同学们不陌生，论文、课题都需要用开题报告对研究进行指导和规划。开题报告中，研究的创新点和关键问题是需要着力刻画的，这是开题报告中的一个亮点。实验报告的确证性和可读性是写作中的关注要点，这源于实验报告的作用。实验报告也是他人研究的可参考蓝本，我们必须秉持认真严谨的态度。最后一类应用文是述职报告，对同学们来说，也是学期工作总结中的必备项。如何避免千篇一律、机械重复，写出真正具有思考和意义的述职报告，为我们下一个阶段的工作积蓄一些有价值的反思，是值得我们思考的。

一、报告类应用文的概念和特征

在学习工作中，我们经常听到“写报告”这个短语，报告的概念是什么，在我们生活中又有哪些应用范畴？本章节我们将梳理这个问题。报告在工作学习中的使用很频繁。从广义上说，一般情况，报告是下级完成上级部署或者工作安排后的阶段性汇报，内容主要体现基本的工作进程，在实施过程中形成的经验，或者总结的教训，或者后期实施的设想与打算等。我们日常关注的政府工作报告就属于这一类公文，还有企业发展报告、行业发展报告等，它们都是一种适用范围广泛，正式，具有一定权威性的文书。当然，报告也可以是普通的学习者或者工作人员的总结。

报告的特征有以下几个方面。第一，内容的汇报性。报告的这一特征本质上源于这个名称的本义，即为下级向上级做的汇报，上级可以借助汇报对下级监管并予以指导。第二，语言的陈述性。报告是将工作中的过程、进展、成效、经验进行陈述，是客观、平允地对事件进行叙述，而且这种陈述是单项的，但也具有双向沟通的作用。第三，成文的事后性。报告不同于计划，主要不是对今后任务的规划，而是对前期工作的总结和陈述。陈述的内容是已经发生的事件，所以内容要立足于真实获得的数据和情况，而不是猜想和预设。

报告的种类有例行报告、综合报告等。例行报告主要指一些固定时间的报告，时间间隔可以是一日、一周、一月、一季度、一年、三年、五年或者更长的时间。这个过程中，报告的内容随着任务的深入发生变化。综合性报告涵盖的内容相对广泛一些，是一种兼具前期总结和后期规划的报告，立足总结观瞻计划和设想，通过综合分析，为后期的工作提供更好的指导。如果按照报告的职能来划分，报告又可以分为领导讲话、会议发言、述职报告、竞聘演讲、礼仪致辞等。报告的概念是比较广泛的，在生活中运用很广，我们要清楚掌握相关概念和写作的方法。

报告写作要注意观点的鲜明、清晰，语言的得体、准确，事件陈述的客观、合理。另外，报告的篇幅不能过长，应该在规定的范围进行叙述。把握好这些基本要求，是我们写作报告的基本原则。

二、调查报告

调查报告，顾名思义，即针对具体的事件、问题、现象进行考证研究，为事件的进展、问题的解决提供依据的应用文种类。这是一种由客观数据、信息形成的主观分析与判断，所以调查报告运用的表达方式主要为说明和议论。调查报告坚持唯物论和辩证法，坚持实事求是的原则。

调查报告有哪些种类呢？主要有经验介绍调查报告、揭露问题调查报告、社会情况调查报告等。和师生比较相关的主要有课题研究的问卷调查报告。问卷调查报告从属于调查报告这一类应用文，也是针对特定问题或者现象进行深入的调查研究，运用综合分析的方法形成研究成果的文字表现形式，具有比较显著的综合概括性、汇报性。

问卷调查有几个原则需要注意。在明确问卷调查的目的后，需要对问卷设置的科学性、逻辑性和可操作性做预判与审核。应该先选择不同人群的部分填写对象进行试填后再投放填写，这是问卷调查的重要前提。问卷填写完成后，对问卷所得信息进行分类整理、分析总结。调查报告得出的观点要明确、清晰，表述方式要一目了然。

问卷调查报告包含标题、前言、主体和结尾几个部分。每一部分涉及的写作要点不一样，下面对这几方面进行分述。

其一，标题。标题分为单标题和双标题。笔者比较赞成双标题的写法，可以突出调查报告的主题，避免常规化，同时又可以借助双标题的丰富性明确调查对象、课题。有时用问题做标题容易引起读者的阅读兴趣，不失为一种灵活的写法。

其二，前言。前言的目的是为读者提供问卷调查报告的缩略图，以便读者可以快速掌握问卷调查报告的主旨。提要式前言是一种很常用的前言写作方式，即作者对全文中心概述。交代式是从问卷调查的背景、目的、方式等方面对报告进行说明，也是常规方式之一。问题式相当于写作中开篇设问的手法，引起读者的兴趣和思考。对于一些大众关心的热点问题，这种方式可以快速抓住读者的兴奋点，又避免了提要式的“剧透”，也是推荐的一种方法。

其三，主体。这部分是问卷调查报告的核心，文字表现方式和构思布局关系到调查报告的成败。常见的表现方式借助的支点为作者的观点、材料的性质和调查的不同阶段。简单而言，第一种是按照作者调查到的信息或者数据而形成的观点分列条目，观点之间可以是平行并列式的，也可以是层层递进式的。第二种是根据材料的性质分类。这种主要针对材料比较分散的问卷调查，就需要报告的作者为读者进行分类梳理。建议运用板块式陈述，以增加问卷调查报告的清晰度。第三种是以调查的时间为顺序，阶段性地体现调查报告的结果。在以上三种方法中，笔者比较推荐第一种方法。或者换言之，第一种方法可以贯穿在另外两种方法中，根据材料分类后，每一类分条列出作者的观点，以时间为序，每一阶段也遵循一定的逻辑范式陈述作者的观点。

其四，结尾。结尾主要是对前文内容的概述、总结和深化，可以提出问题，也可以启发思考。结尾部分对调查分析的意义和价值需要重点陈述，这是写作的亮点。深化方法，同学们可以参考上篇中结尾的写作方法。

三、开题报告

开题报告是课题研究的文字说明，用于规划和指导课题研究的进程。开题报告是一种应用文体，体现了课题研究的计划性和科学性。开题报告需要经过相关专家的审议、评估后，确认课题的可操作性，才可予以实施。学校的探究性课题，非常重视开题的审核和指导。每届学生课题确立后，学校均会召集校内探究性课题指导团队和校外专家进行审核、辅导并组织学生答辩，对课题进行论证后再进行专题指导与推进。

开题报告一般是运用表格形式，内容主要包含综述、关键技术、可行性分析与课题计划安排四个方面，具体内容涉及面比较广。本节主要针对题目的确定、选题的目的和意义、拟解决的关键问题及创新点三个方面做指导。

其一，题目的确定。题目确定是开题报告中很重要的一项内容，确立一个合适的题目是开题成功的一半。开题报告的题目和后期论文的题目可以不一样，但应该是有相关性的；后期论文题目相对于开题报告题目可以有细微变动，或者是对选题精细化处理。开题报告的题目一定程度上确立了研究的方向和课题的定位，所以题目确立的准确性很关键。前期的准备工作充足，有助于课题研究达到事半功倍的效果。题目切口小、主题明确是定题时需要注意的。同学们经常容易出现的问题是选题过大，探究目标不够明确，题目给人一种大而空的感觉。在题目中对课题中的核心问题、核心目标的凸显可以避免题目宽泛。

其二，选题的目的和意义。这个内容涉及选题的研究价值，是非常重要的内容。这部分内容避免角度的常规化，应该深入挖掘选题在相关领域的价值和意义。在论述意义时，可以结合宏观和微观的角度进行剖析，也可从时间跨度上，整体观察这个课题的目的和意义。对于不同的时空环境，这个课题有怎样的成果显现，对学科研讨或者学习生活有怎样的指导意义，都是我们可以选择的表述角度。

其三，拟解决的关键问题及创新点。对于一份开题报告而言，创新点和拟解决的关键问题是开题报告的灵魂。对这个问题的思考也是课题研究的焦点之一，是有别于其他课题的特征。

下面是笔者参与的课题“创意之旅”开题报告中“特色与创新之处”的表述。

打破常规思维的禁锢，放飞思维，拓宽眼界，让学生在阅读和反思过程中激发潜在的创新意识，从而大胆进行尝试是本研究的宗旨。从学生个体到社会团队，从创新大赛成果到探究课堂，从感悟创新智慧到参与创意制作，本研究精心选择国内外内容新颖、富于启发的案例和名人故事，运用别具一格的活泼形式，循序渐进地将传授知识、启迪思考与自我测试有机结合，带领学生在阅读、观察、反思中体验创造思维带来的乐趣，致力于培养学生勇于创新、乐于创造、富于创意的学习思维和认知潜能。

上述这段文字从“创意之旅”的宗旨、形式和目标多个方面阐述了课题的创新之处。同学们写开题报告时注意以上几个方面的内容，对课题的顺利推进有一定作用。

四、实验报告

实验报告是一种课题研究中的常用文体，内容包含实验目的、过程、方法、结论。实验报告是记录实验的流程、研究方法、综合分析过程的文字材料，具有交流的作用，也是后期研究推进的参考资料。

实验报告的特点有三个。其一，客观正确性。实验报告写作对象必须是以客观事实为基础，所有的实验数据应该真实可信，科学有效。实验报告有指导后期研究的作用，数据真实是基本原则，也是科学研究态度的体现。另外，因为实验报告都是以客观事实为基础，所以，报告中涉及的观点和意见也是遵循客观事实的。其二，确证性。确证性是源于客观正确性的一个要求，也就是报告中的数据可以被验证和重复。任何人只要在相同的实验环境下重复这个实验，均可以得出相同的结论。其三，可读性。实验报告用于读者了解实验的过程，是搭建写作者和读者的桥梁，可以借助图片、表格和文字来体现。实验报告写作遵循逻辑规律，体现实验的发展。

下面介绍常用的实验报告撰写的注意事项。

第一，实验名称。实验名称用语简练，主旨明确。实验名称是实验内容的高度概括，读者通过名称可以初步了解实验的主要内容。实验的名称，要能体现实验的核心要素。

第二，实验目的。撰写实验目的时，同学们要注意表述语言。实验的目的不是实验的过程，实验目的必须清晰地表明通过实验最终需要达到的效果。实验目的可以是验证定理、公式，也可以是通过实践进行预设的论证。

第三，实验内容。实验内容和实验操作步骤有相似性，但表述方法略有不同。实验内容主要是从理论和实践的角度阐明实验的过程，其间需要阐述所用的原理、方法。实验操作步骤可以用实验操作流程图来具体表示实验过程，这样可以让实验报告更加简明扼要，便于读者理解和阅读。

第四，实验结果。实验结果是实验报告中最重要的部分。这部分既包含客观事实，也有作者根据客观事实分析综合后得出的结论。实验结果的表述方式可以是文字、图表或者数据分析，是对实验过程进行系统化梳理。

五、述职报告

述职报告是各级各类机关工作人员对自己所属的业务部门工作内容进行的陈述，是一种下级部门向上级部门进行汇报的文书，包含岗位的职责履行情况，工作进程汇报，工作优缺点分析，自我评估和后期设想等。述职报告内容比较宽泛，是对部门工作的阶段性总结，用于考核和反思。

在少先队工作中，每个学期末也会有各层级负责同学的述职要求。从大队部到班级，每个岗位对于自己一个学期以来的工作进行汇报和总结，接受大队部或者班级的考核，是少先队队伍建设的一项常规工作。

如何写好自己的述职报告呢?

首先，了解述职报告的性质与特征。与一般的公务文章不同，述职报告是具有艺术特征的，在文学接受层面注重语言的艺术性和文学性，能够给读者以亲切感，增强语言的感染力。语言的感染力包含两个方面——语言的通俗性和艺术性。述职报告是书面文字材料，经常需要写作者在公共场合用口语表达。那么，语言口语化、生活化，多用短句，排比、反复手法，激发听众的兴趣，都是可以采用的方法。但这里需要注意的是，述职报告又不能完全口语化，语言的文学性倾向可以让述职报告呈现不一样的风采。

其次，把握述职报告的核心要素——经验总结方式的适切性。所谓述职，即陈述履职情况，需要对前期工作的亮点进行陈述。陈述的方式和尺度比较微妙，遵从客观事实，既不夸饰，又不过分谦虚。这部分的写作有几个度量标准。遵循客观事实是述职报告的第一依据。真实的事件再现、准确的数据分析、合理客观的自我评估是述职报告的基本要求。这里需要注意的是，工作总结不要采用平行的线性记录，应该点面结合、详略得当。为了避免述职报告写作对象的恒定性特征所导致大同小异的弊端，我们可以采用这样的方法。对于工作富有个人色彩、典型特征的部分，在叙述时可以着墨刻画，凸显优势，给听众和读者留下深刻的影响。

再次，总结和提升。述职报告是对工作的陈述，更是对工作的评价。所以，在做述职时，选择一定的切入点对工作进行评述，提升或者挖掘，透过本质深挖内核，对自己所属的岗位和工作多一些人文性的思考和艺术性的提升，拓宽工作的广度，反观对工作应该秉持的方法和态度，这样的述职报告更能引起读者的共鸣。

第七节　启事类应用文

对于“启事”，同学们既陌生又熟悉。陌生，是因为单看“启事”一词，似乎很难从字面意思去理解，而且还会和另一个词“启示”混淆。不过，一旦将这个词加上修饰语后，我们就很熟悉了。比如，寻人启事、寻物启事、征稿启事、征集启事等，它们经常出现在我们的生活之中。

寻物启事最为常见，同学们都能把握基本写作方法，但一些形式独特的寻物启事，妙趣横生，别具一格，我们可以在本节看到两则。征稿启事中要将征稿主题、征稿上交方式、注意事项等相关信息表达清楚，为后期的征稿活动做好准备。狭义的招聘启事和同学们的生活还有一段距离，同学们还没有到需要入职的年龄，但广义的校内学生岗位招聘、一些活动团体策划人招纳贤才的公告倒也是校园一景。愿同学们发挥自己的潜能，撰写一些富有感召力的招聘启事。征集启事是一些大型活动准备工作中经常需要撰写的，本节我们可以读到发表在《新民晚报》上，关于追寻 20 世纪 90 年代上海时髦气韵的影视作品的征集启事。这则启事要寻找 20 世纪的一些代表性物件，是一则文化类征集启事。

一、关于启事的趣闻

启事属于应用文的一种，主要用于对公众进行说明或者发出请求。启事的使用主体为机关、团体或者个人。启事和另外一个词语——“启示”含义有所不同。“启”的含义是“说明”，“事”指被说明的事件，而“启示”指的是开导、启发的意思，意思大相径庭。同学们在写作时不要混淆。

启事包含标题、正文和落款三个部分。标题居中，标明启事的基本内容。启事按照种类，分为招生启事、寻物启事、招聘启事、挂失启事、征集启事、征婚启事、庆典启事等。在日常生活中，我们可能会遇到寻物启事、征稿启事、招领启事等。这些启事在写作上有形似之处，只是在正文中侧重有所不同。

下面我们先一起来看一些历史上的启事趣闻。

第一则是关于国学大师章太炎的“征婚启事”。章太炎的原名为学乘，字枚叔，名字的由来和汉代辞赋名篇《七发》的作者枚乘有关。章太炎先生具有浓烈的反清意识，世称“太炎先生”，是清末民初著名的思想家和学者，学识渊博，著述甚丰。章太炎先生曾在《顺天时报》上刊登过一则“征婚启事”，提出几个条件：一是以湖北女子为限；二是要文理通顺，能做短篇文章；三是要大家闺秀；四是要出身为学生，双方平等自由、互相尊敬；五是反对缠足女子，夫死可再嫁，不和可离婚。清末明初还是相对保守的，这则征婚启事反映了章太炎先生的婚恋观，开了新风气之先。

第二则是邓散木的“款客启事”。邓先生是我国著名的篆刻大师和书法大师，真、行、草、篆、隶各体皆精，在艺术界与齐白石先生并称，有“北齐南邓”之美誉。在抗日救亡运动中，邓先生曾经将自己的作品义卖，并且把所得款项捐献给国家，支援抗战。渐渐地，邓先生声名鹊起，一些社会团体和上层名流欲与邓先生交好，经常给他送去请柬邀约他参加各种社交活动，以此来扩大自己的社会声誉。邓散木拒绝了这些邀请，在自己的“厕楼间”门旁贴上了“款客启事”：“去不送，来不迎，烟自备，茶自斟。寒暄款曲非其伦，去，去，幸勿污吾茵。”这则启事反映了邓先生清高孤傲，落拓不羁的个性。他将自己毕生精力都投入到自己喜爱的篆刻事业中。

第三则是萧楚女的“名字启事”。萧楚女是青年运动领导人之一，中国共产党优秀理论家，《中国青年杂志》的创始人之一，原名树烈，又名萧秋，学名楚汝。他在四川开展工作，担任《新蜀报》的主笔，以“楚女”的笔名发表文章，引起了一些人的误会，因为仰慕他的才情，写信表达爱意。后来萧楚女在报上刊登启事：“本报有楚女者，绝非楚楚动人之女子，而是身材高大、皮肤黝黑并略有麻子一大汉也。”这则启事将萧楚女浪漫爽直的个性表现得栩栩如生。

二、寻物启事

寻物启事是个人或者单位丢失物品，借用启事以期找到物品的应用文体。寻物启事具有公众性，会张贴或者刊登在报刊上，行文需要规范，措辞要合理合规。

寻物启事分为三部分，即标题、正文和落款。常见的标题为“寻物启事”，也有在标题中体现丢失物品的表现形式。正文部分明确丢失物品的名称、外观、规格、数量或者品牌，可以在正文中表明丢失原因、时间和地点。对于丢失物品的信息呈递比较关键，会加深启事阅读者对丢失物品的印象，提高物品找回的概率。正文部分还需要交代物品归还方式、联系方式和酬谢方式。

以上是普通的寻物启事的写作方法，在生活中，有时还会有一些给人印象深刻的创意寻物启事。

第一则为饭卡寻物启事。

谢谢你的关注
君子请留目
常记遗失两物
郁闷不知何处
欲遇有心人
把物归还我处
黑色的爱国者
贴流星的饭卡
物归我手
盛宴酬金伺候

这则寻物启事“常记遗失两物，郁闷不知何处”化用了李清照《如梦令》中的句子“常记溪亭日暮，沉醉不知归路”，将丢失物品的心情表达出来。作者又采用现代诗的方式，诗中的部分韵脚为：注、目、物、处。采用不同于常规的寻物启事形式给读者留下了深刻的印象。

第二则是自行车寻物启事。

壬辰年四月十八日晚，吾不慎，爱车忘于青春剧场，旦日，寻之，乃觉其于人拾之。此乃吾个人之过，理应责罚，但因爱车相随多日，实乃难舍，每每念及，吾心痛万分。后听闻福建师大溪源论坛，各路英雄义薄云天，故写此书，望各位相助于江湖，小生不胜感激，在此谢过。如若寻得，他日定当酬谢。

这则寻物启事发布在微博上，被《福州晚报》报道，也引起了一些网友的关注。这篇寻物启事最大的特征主要是采用了文言体，形式新颖，别具一格。“每每念及，心痛万分”将痛失爱车的情绪用略夸张的语气表达出来，令读者感同身受，顿生帮他寻车的念头。“义薄云天”一词很巧妙地激发读者欲协力共助的意愿，非常巧妙。

同学们写作寻物启事时，既要遵循此类应用文的基本要求，也可以适当采用一些独特的表现形式，这能让我们的启事更加生动，事半功倍。

三、征稿启事

征稿启事是用于征集稿件的一类应用文。这类应用文在日常生活中较为常见，主要由标题、正文和落款几个部分组成。正文部分需要说明征文的目的、征文的主题、征文的要求、征文的上交方式等。同学们要做到写作后仔细检查核对，不要有信息疏漏，导致消息发布不够严谨。

下面是笔者撰写的一份征文启事，给同学们作参考。

2021 年×××学校青年教师征文启事

为促进中小学教师的专业发展和提高中小学教师的教学研究能力，由科研室、课程项目中心和教师专业发展中心共同策划，举办一年一届的青年教师征文比赛，我们期待着您的参与。

一、征文时间与参赛对象

(一) 征文时间：

2021 年 4 月 22 日至 2021 年 7 月 10 日

(二) 参赛对象：

3 年以内教龄的青年教师全员参加(当届见习教师可以与见习毕业论文结合)，其余 40 岁以下青年教师自愿参加。

二、论文主题与评选要求

(一) 论文主题：

1. 信息技术助力教育教学
2. 五育并举，立德树人的策略
3. 班主任工作中的家校沟通艺术
4. 班主任工作中的学生管理艺术
5. 教学五环节实践研究
6. 学校及部门管理艺术
7. 学校文化的传承与创新
8. 九年一贯制背景下的课程建设与队伍建设

(二) 论文要求：

1. 从上述主题中选择一项，论文题目自拟，题材科学，逻辑严谨，语言流畅。
2. 论文文体以研究论文为主，需注明摘要，关键词及参考文献。

3. 论文主题明确，结构合理，文风简约。

4. 论文所涉及的图表公式、标点符号等符合国家相关标准。

5. 字数以 3 000 至 5 000 字为宜，不超过 6 000 字。正文标题下方居中位置请注明作者姓名。

6. 参评论文必须是原创且未公开发表的作品，保证质量，文责自负。

三、论文征集

每位参与征文的作者，都需提交 Word 和 PDF 格式电子文件各一份，参考以下论文格式要求。

1. 论文格式：标题为单倍行距，三号字，宋体；正文行距固定值 20 磅，小四号字，宋体，小标题需加黑；如有图、表、公式等，请注意不要跨页。

2. 电子稿接收邮箱：efx_jszyfzzx@163.com；邮件主题注明：姓名 + 2021 年×××学校青年教师征文比赛；论文文件名：姓名 + 论文名称。

四、论文评选

学校将聘请相关专家组成优秀教学论文评委会，对本次征文进行评选。每篇论文都由多位评委进行评审和评分，所有论文按总分进行排序评奖。

五、奖项设置及颁布

1. 征文活动设一等奖、二等奖、三等奖，颁发获奖证书，并给予一定的物质奖励。

2. 部分获奖的优秀教学论文将结集成册，将来作为学校正式出版物。

×××学校教师专业发展中心

2021 年 4 月

四、招聘启事

招聘启事是用人单位向社会公开招聘从业人员的一种应用类文书。招聘是事业和企业单位人才梯队建设的重要工作。招聘启事的质量关系到用人单位的形象和招聘质量，也是社会人才合理分配，人尽其才的辅助条件。招聘启事准确适切，能促使优质人才通过自我评估，选择与自身能力相匹配的岗位；招聘启事生动，富有感染力，能激发受聘者向一些具有吸引力，可能略高于自己能力的岗位流动，对社会人才的能力提升和优化在一定意义上是一种正向的驱动。除了招聘启事常规概念和传统意义上的分属领域，校园里，我们也会看到类似的一些学生工作岗位的招聘启事，比如某个学生社团招聘工作秘书，某次文艺活动招聘工作人员或者志愿者等。这些招聘启事有时变身为“招贤纳才”的一些公告，经常出现在我们的视野里。所以，笔者也将招聘启事这个内容加入应用文写作指导中。

招聘启事主要包括标题、开头、正文和落款几个板块。常规的标题一般是“招聘启事”“招聘”“诚聘”这样直观简洁的表达，也有一些具有设计感的、独具创意的标题。非正式招聘使用创意标题略多一点，而且创意的标题和正文行文风格匹配。开头主要交代招聘的原因，一般有三种表达方式。第一种是开门见山、简洁明了地发布招聘信息，这一般是一些知名度高，正规的用人单位的做法。第二种是自我简介的方式。用简略的语言对招聘单位进行介绍，为应聘者提供选择的依据。第三种是用带有文学性的语言，表达单位对人才的渴求。正文部分主要是交代岗位要求、招聘数量以及待遇等。

下面是一则富有创意的招聘文案：

拿什么拯救你，我的设计师

——致我们终将逝去的创意

曾记否
那些年，被抹杀的创意的哭泣声
曾记否
那些年，马之千里者却没有伯乐的悲哀
曾记否
那些年，怀揣梦想却被现实无情地践踏的奈若何
如果你
绘声绘色，天马行空，出手不凡
如果你
点子飞溅，又不失时尚
如果你
出乎意料，却在情理之中
路有多远
看你与谁同行

一切从薪开始
让你的创意，再飞一会儿
你，是哪一手
我们不是 CATV
也不是芒果番茄
我们，只是本土第一家公关公司
但，在这里
没有禁言
也没有删帖
不管你是经验丰富的老手
还是激情四射的新手
只要你有你的一手
来嘉华
凭你跃
任你飞
设计师，请留步

上面这则创意招聘文案运用现代诗的方式，形式独特，主要包含几层意思。其一，回顾过去。这一部分运用三句反复的"曾记否"，描摹人才得不到赏识，创意被无情抹杀的现实，唤起应聘者的内心情绪共鸣。其二，热情地欢迎应聘者加盟，为应聘者提供才能发挥的空间，尤其凸显了公司尊重知识、尊重创意、尊重人才的人文情怀和文化氛围。这对于一个设计师来说，是非常珍贵，也是很有吸引力的。这种形式别具一格的招聘启事，同学们在一些校园招聘中，也是可以使用的。相信你们还会有更加生动的呈现形式。

五、征集启事

征集启事是生活中常见的一种文体，是围绕某个主题的方案、创意、设计、徽记、标语的应用文。一般某个班级初建立，班干部会向同学们征集班歌、班训、班徽，或者一些大型活动之前组织者向大众征集方案、构思和创意，或者大型展览会主办方征集实物和资料等。征集启事应用非常广泛。

征集启事有三种基本的类型。第一种是文化活动征集启事。纪念名人、庆祝典礼的征集活动，校歌校训征集，文艺活动作品征集等，属于文化类征集。第二种是展览会征集启事。主办方为了纪念某位名人、某个单位的历史，向社会各界或者相关人员征集纪念物、照片或者实物，用于宣传和展览。第三种是商业活动征集启事。商业团体、个人向某个范围的群体征集商标、广告词、设计方案等。凡是用于商业盈利目的的征集，均属于此类。

征集启事包含标题、正文和落款几项。标题可以为“征集启事”，也可以添加活动名称或者征集物品的名称。有具体内容的征集启事可以更加直观地向读者传达征集的范围和主题。

正文部分首先交代征集背景或者原因，其次告知征集主题和要求，这是比较关键的。征集要求可以分类表述，要表达清楚具体的尺寸、种类、数量等要求。再次是选用的方法或者报酬，征集项目上交的途径，截止日期等。最后是发布的日期。注意，在征集稿中，无论是开头的征集原因或者征集稿末尾，都可以增加一些倡议、鼓动性的语言，激发参与者的热情，提高征集的效率。

下面我们一起来看一则征集启事。这则征集启事是《繁花》在《新民晚报》上刊登的沪上寻物启事。电视剧《繁花》改编自金宇澄的同名小说，总导演和监制是王家卫，这部片子的主题是还原20世纪90年代上海的时髦气韵，在开机之际，向社会征集20世纪90年代和上海有关的老物件。

这则征集启事是一则文化类征集启事。标题是“繁花沪上寻物启事”，这个标题交代了征集的主办方以及征集的范围，之所以用“寻物”，有寻找、寻觅之意，是对20世纪90年代的感怀。正文部分开头是借用阿宝的身份发出的一段感叹：“一浪高过一浪，九〇红男绿女，曾留下多少潇洒，又有多少物事消失在上海的夜空中？”接着就是家住上海繁华里的阿宝先生交代了征稿启事的缘由和倡议，“再现九〇男女风姿，重构浦江时髦风景，还原当年上海繁华”“让你的旧物不再蒙尘，带你的记忆时空回溯”，这几句话从社会和个人的角度点明了本次文化类征集的意义和价值。正文的最后部分是征集物品的要求。因为这次征集对象范围广，征集的物品形式多样，且要作为《繁花》的道具，对征集物品的要求较高。征集要求中列举了七条具体标准，主要为物品在1976—1996年使用过，征集物品需要经过鉴定，以及征集物品需要有配套的物品故事和当年使用的照片。征集启事最后一条很有趣，“能力有限，拒不接受活人活物”，读罢让人忍俊不禁，也表现了征集稿撰写者的风趣和严谨。

了解了征集启事的写作方法，同学们不妨拿出笔，为班级即将开展的活动撰写一则启事吧！

第八节　古代应用文

应用文是社会实践中处理公私事务的一种实用性文体，是国家机关、政党、社会团体或者企事业单位在日常工作和生活中的交流工具，也是个人传递信息、处理事务和表情达意的载体，在社会生活中具有重要的作用。在古代社会生活中，应用文的种类也是比较丰富的，我们一起来欣赏古代一些应用文的名篇。

在中国历史上，明君表达对贤臣的渴慕之情的典故比比皆是，在那些风起云涌的政治斗争中，贤臣的作为经常成为左右历史进程的重要一笔，我们也非常喜欢看君王礼贤下士的故事。君王平和亲民、国泰民安、江山社稷蒸蒸日上，是大众喜欢的一种社会状态。在曹操的《求贤令》中，曹操从评论历代贤君尊重人才、爱惜人才说起，表达了对贤士的思慕之意。虽然在判别人才的标准上，曹操略显得有些偏执，重才轻德，但这篇《求贤令》表现了曹操唯才是举的政治态度。司马迁，一位将历史与文学结合的史学家，一位继承父亲志向，命运多舛的文学家，他对历史、社会与人生的书写具有强烈的民主性和批判性，歌颂积极豪迈、勇于建功立业、忍辱负重的人生观。他在《报任安书》中阐述了自己的屈辱，也申述了自己的抱负。李斯的《谏逐客书》以纵横捭阖的笔调，指点江山，激扬文字，鲜活的譬喻将客卿对于国家的意义深入浅出地分析出来，最终改变了秦王的观点，力挽狂澜，是劝谏史上的经典之作。李白，这位盛唐的高峰，是一个时代的传奇。龚自珍说："庄、屈实二，不可以并，并之以为心，自白始；儒、仙、侠实三，不可以合，合之以为气，又自白始也。"这位充满了矛盾的诗人，在求仕的路上曾经屡遭坎坷。他为了干谒求仕，给韩朝宗写了一封《与韩荆州书》，虽然是歌赞韩朝宗，却间接地展现了一个狂傲不羁的自己。《世说新语·雅量》中记载，嵇康临刑于东市，神气不变，奏《广陵》绝唱，三千太学生挥泪送别。嵇康这位旷世奇才，不仅仅是"竹林七贤"的代表和精神领袖，也是那个时代超然物外、越名教而任自然的典型代表。嵇康曾经借助给友人的书信，表达了对司马集团的不屈反抗和蔑视。一封绝交信，在文学史上留下浓墨重彩的一笔，让人倾慕其才情和潇洒。自由的思想，是文人尤其珍贵、令人敬重的秉性。下面让我们一起来领略这些名篇的风采吧！

一、曹操《求贤令》

远古政治中，对贤臣的倾慕一直是美谈。各种尊贤、求贤、选贤的历史典故不一而足。

从君王的角度，国家的竞争实则为人才的竞争，在《墨子》的《尚贤篇》中专门有描述。从贤士的角度而言，辗转于历史的政治舞台，各家各派纵横捭阖，著书立说，推行政治主张，修身齐家治国平天下。如何去招纳贤士，随之产生了"求贤令"这种特殊的文体。求贤令是向天下各国发出的"政府公文"，有点类似于"招聘广告"，表达君王搜求人才的主张，在古代是征召人才的一种流行方式。

历史上的求贤令名篇不少，比如秦孝公、汉高祖的求贤令，这里我们一起来赏析曹操的《求贤令》。这篇应用文是散文，行文逸动，语言凝练，情感真挚，言辞恳切，是一篇独具特色的公文。关于曹操对贤臣的重视，同学们在他著名的诗歌《短歌行》中有所了解，"山不厌高，海不厌深。周公吐哺，天下归心"借用典故表达了曹操求贤若渴的情感。

《求贤令》共分为三段。开篇从宏大的视角出发，评论古往今来"贤人君子""共治"对国家政治的意义。但作者指出，因为君王不善于发现和识别人才，导致人才隐匿在身边，从而提出，获得贤才首先应该具有识才的慧眼。这一观点将君王对贤才的评估能力提到首位，这确实是求贤中非常重要的一环，如何甄别选择，决定了人才的品质。

第二段是"唯才是举"的用人方针的阐述。作者首先为自己的观点选择了具有说服力的史实，运用举例论证的方法阐述了"唯才是举"的正确性。作者列举了齐桓公、周文王和陈平三个历史人物，因为贤臣的辅佐，最终成就大业。三个人物描述的侧重点略有不同。对于齐桓公的做法，曹操满怀敬意和仰慕，运用感叹句表达内心的情感。对于垂钓渭滨的吕尚，正是作者需要的贤才。至于陈平，一直是具有争议的。陈平因为个人品行问题，在"德"与"才"的选择上成为后世争论的焦点，但明显曹操更加重视"才"。当然，这里，作者运用了虚拟语气，情感表达得更加含蓄委婉。

第三段以"吾得而用之"结尾，点明了选贤任能的目的和意义，和文章的开头相照应，将作者开国中兴的壮志豪情寄托在文字里。这篇应用文用语贴切、不事雕琢，将历史事实和现实需求融为一体，语言爽直开阔，既有应用文的条理性，又兼具文学色彩，虚实结合，以小见大，后世评论家多有赞誉之词。比如张溥点评说帝王之家，文章写得“瑰玮”，曹魏和萧梁虽然都有文学上的造诣，然而“曹氏称最矣”。学者郭预衡说曹操《求贤令》这样的政令文章，“在战国以后，经过两汉几百年间，都不曾有过”。

当然，曹操的《求贤令》这种“弃德唯才”的做法确实存在偏执的一面，也一定程度契合了曹操的奸雄作风，但这篇文章对人才的渴求确实是值得玩味的。

二、司马迁《报任安书》

《史记》是中国文学史上第一部贯通古今的通史。这部巨著展示了社会历史的广阔画面，运用生动的文学叙事，塑造了一个个典型的文学形象，作品笔力精练，情感充沛，以宏大的视角展示历史事实，同时又富有文学艺术魅力，被鲁迅誉为“史家之绝唱，无韵之离骚”。作者司马迁从小受到父亲的影响，游历名山大川，博古通今，然而命运多舛，遭遇李陵之祸，由此也生发了他的“发愤著书”的文学主张，主要体现在司马迁写给友人的一封回信里，即《报任安书》。

《报任安书》用满含激愤的笔调陈述了自己的遭遇，表达了司马迁忍辱苟且的内心痛苦。这篇书信语言酸楚沉痛，将文人尊严遭遇践踏的愤懑表达得淋漓尽致，在写作手法上运用排比、对偶、整散结合的方式，说理和叙事融为一体，情感饱满，笔力遒健，是文学史上一篇不可多得的千古奇文。

书信首段主要是对任安来信的回复，并由首段“仆非敢如此也”引出作者志向。一般我们写作书信，如果是回信，应该对对方书信内容作答复，然后再陈述作者自己需要表达的内容。第二段交代了自己遭遇宫刑，郁郁不得志，不具备“推贤进士”的条件，而且表达自己的平庸是遭遇祸患之前，自己并非“尊宠任职”，只是平庸之辈而已。这样的文字表述，我们足见司马迁心中深深的悲愤之情。第三段，陈述李陵之事，解释自己和李陵没有私交，只是因为钦佩李陵的国士之风，他在战场上浴血奋战，虽然后面丧师，但他的做法并不辱国，指出汉武帝认为他为李陵辩护是误解。这部分内容，司马迁再一次还原历史事件，除了是表达自己的悲屈愤懑，更体现了他坚持信念，仗义执言，刚正不阿的个性。第四段和第五段申述了自己受辱，但又没有放弃生命的原因，即要“文采表于后世”。司马迁需要完成父亲司马谈的遗愿，所以隐忍苟活，希望通过著述历史寻求生命价值的自我实现。最后一段再次表达了自己受辱的沉痛心理和自己对余生的看法。这一段是作者直抒胸臆的段落,“浮沉”“俯仰”“狂惑”等自我贬低的语言,表现了他悲痛到了极致。这一段也与开端相照应,解释了无法“推贤进士”的原因,对任安的请求做了回答。

《报任安书》借“推荐进士”一事,以书信的形式揭露了封建帝王对待仗义执言的史官的态度,体现了刑狱制度的黑暗与封建统治者的残暴。本书信第一次提出的“发愤著书”的文学主张,与后世韩愈的“不平则鸣”、欧阳修的“穷而后工”和金圣叹的“怨毒著书”的文学主张都强调了作家生活遭遇对文学创作的影响。

三、李斯《谏逐客书》

《谏逐客书》是李斯写给秦王的一封奏折。书,即为“上书”,是陈述自己的政治见解和主张的文字。这份奏折写作背景是在秦王嬴政十年,秦国兴建大型灌溉工程,由韩国水工郑国主持,发动了近万人,历时十年,灌溉面积达到 18 万公顷。后秦宗室对秦王说,诸侯来辅佐秦国,“大抵为其主游间于秦耳,请一切逐客”。其中,李斯也在逐客名单之中。于是,李斯上书秦王进行劝谏,秦王最终放弃逐客。

这则奏折,开宗明义,点出逐客的做法是错误的。“窃”语气谦和,符合臣子的语气。第二部分运用例证法,阐明了客卿有功于秦,分别讲述了几件事:穆公求士,广纳贤人,遂霸西戎;秦孝公用商鞅,变法治国,民盛国强;秦惠王用张仪,四面扩张,以横破纵;昭王得范雎,打击豪门,强化集权。以上都是具有说服力的一些重要的历史事实,使论说让人信服。本文很精彩的一段类比论证值得玩味,作者分析秦王的爱好,有昆山的美玉、随侯珠、衣物上装饰的如明月的宝珠,身上佩戴的宝剑,乘坐的纤离马等,这些宝物都不是秦国产的,但大王非常喜欢。这里从秦王喜欢的宝物入手进行类比,既可以拉近和秦王的距离,又可以通过演绎和推理秦王逐客的谬误,达到驳斥和劝谏的作用。这里通过类比论证,指出了“重物轻人”的现状,提出“此非所以跨海内、制诸侯之术也”。最后,总结到物品不出产于秦国,宝贝却很多,贤士不生于秦国,效忠者却很多,衔接了前文的类比,也掷地有声地强调了客卿对国家的意义。接着,作者进行新的推演,驱逐的宾客的去向是“资助敌国”“减损百姓充实对手”,这样会形成内部的空虚、外部诸侯的怨恨,必然导致国家内忧外患。

李斯的这份《谏逐客书》在古代的公文中,具有明显的特色。首先是语言的文学性。这篇公文运用了大量排比进行举例论证,大量事实的列举,层层推进,文脉流畅，大气磅礴，情感充沛，富有极强的感染力。其次，论证有力。除了举例论证，文章大量运用对比论证。比如四君用客与“却客不内”的对比，重物与轻人的对比，由远及近，按照时间关系，从古代到现代以及未来的推移，强调了客卿对一个国家的重要影响。文章的推论层层深入，由轻到重，形成强烈的冲突，自然地将被劝谏者引入到作者的逻辑中去。公文具有针对性和实效性，解决了当时局势的危机，最终成功地说服了秦王，是一篇流传千古的佳作。

四、李白《与韩荆州书》

李白是继屈原之后的另一个浪漫主义的高峰。他的作品有欢乐、烦恼、高昂、苦闷，展现了鲜明的时代特征，将气干云霄的盛唐气象描绘于笔端，又将士大夫怀才不遇的抑郁痛苦流淌于字里行间。

李白曾经有多红？玄宗降辇步迎，以七宝床赐食，御手调羹以饭之，这一说法并非谣传，是记录在辛文房的《唐才子传》中的，虽然可能有一些夸张，但最早《唐国史补》中也有记载，真实可考证。李白在长安诗名很大，广交朋友，贺知章也曾是李白的忘年交。李白自称是李广后代，凉武昭王后代，然而，李白的人生又充满了失意。“五岁诵六甲，十岁观百家”，从小聪慧过人，却因为户籍和商贾家庭背景的问题没法参加科考。他在求仕的路上非常坎坷，曾经隐居求名和干谒求名。他 34 岁时，距他意气风发地外出游历已经快十年了，为当时举荐过很多贤士的韩朝宗写了一封“求职信”，其中的名句是“生不用封万户侯，但愿一识韩荆州”。下面我们具体来赏析这篇干谒求职信。

这篇自荐求职信开头借用天下士人的评论，缘事而发，赞美了韩荆州礼贤下士、慧眼识才的美名，接着，李白进行自我介绍，从经历、能力和气节几个方面展现自己。本文虽是对韩荆州有礼节的夸耀之词，但李白本着一种不卑不亢的平交王侯的态度，更多地展现了自己的才华。

首段从听闻起笔，赞颂了韩荆州具有周公之风。“躬吐握之事”是用了周公吐哺握发，起来接待贤士的典故。典故的运用，能让论述更加具有权威性，同时，表达上也更显含蓄。李白表达意愿，希望君侯“不以富贵而骄之”“不以寒贱而忽之”，自己愿意做那个自荐的毛遂。第二段和第三段李白开始介绍自己，也再次歌赞韩荆州。第二段说到自己“十五好剑术”“三十成文章”，通过王公大人们对自己的赞许，从侧面烘托待人接物的道义。第三段高度肯定了韩荆州的著作、德行。这两段文字尤其表现出李白纯真无邪的诗人气质。他非常真实，毫不掩饰自己的才情，没有丝毫遮掩和矫情，运用汪洋恣肆的表达方式，赞美自己和别人。而且，李白赞颂韩荆州，是为了间接地赞颂自己，并且希望韩荆州能给予自己试笔之机。这里李白没有夸张，他确实锦心绣口，可以做到“援笔三叫，文不加点”。关于这两段赞颂的文字，《古文观止》中也有评点，说李白绝无“寒乞态”，更加觉得豪气逼人。到这里似乎文章情绪已至山巅，然而，李白岂能就此停笔，下一段高潮再起。诗人引用了大量的典故、历史名人，进一步激发韩朝宗举荐自己的行动，呼应首段“周公之风”，从而表达感恩之意。最后李白提出请求给予纸笔，文章后期奉上。这个做法也很有趣，作者并没有立即献文求仕，而是寻求一次写作机会，这就是李白，自信、潇洒、光明磊落。

五、嵇康《与山巨源绝交书》

嵇康是“竹林七贤”之一。“竹林七贤”是魏晋时期的一个著名的文学团体，面对王朝更迭，时局丧乱，这个团体由原来的亲魏政治倾向开始出现分化，其中山涛投靠司马集团，从尚书吏部郎升任大将军从事中郎。嵇康是“竹林七贤”的精神领袖，是曹氏宗室的女婿，他学识渊博，性格刚烈，愤世嫉俗，拒绝与掌权的司马集团合作。他借着这封书信拒绝山涛的引荐，同时表达了自己放任自然，蔑视礼法的心志，尤其借此抨击了司马集团及其党羽的虚伪。这封信也成为他最终被司马集团处死的一个导火索。

这封绝交信从与之绝交的原因、自己的本性与习惯和自己与朝廷礼法的矛盾冲突几个方面开展论述。第一段开宗明义，点明了自己和山涛并不相知，向天下昭告交往的基础不复存在。真的是这样吗？嵇康和山涛的交情尤深，一件事足以证明。嵇康被杀之时，有一个10岁的儿子和12岁的女儿，他并没有把两个孩子托付给在朝为官的哥哥嵇喜。临刑前，他遗憾没有见到一个故人，后山涛带着妻子韩氏来看他，他说：“巨源在，儿不孤矣。”这里看到嵇康对山涛的信任，也有对山涛出任司马集团官职的理解。第一段交代写这封信的原因用了一个很鲜活的典故作比，反用了《庄子·逍遥游》中越俎代庖的典故，指出自己羞于被厨师拉着一起去拿着屠刀，沾满腥气，巧妙地抨击了司马集团鱼肉百姓的现状。接着嵇康列举了历史上十一位兼济天下又耿介孤直的人物，歌颂了他们守正自新，不追名逐利，具有高尚的情操和修身济世的胸怀。作者既有一种仰慕之情，又有一种以古人自况的志意，表达了自己不拘于凡尘俗世的情怀和高洁的情操。

在上篇的备考作文方法指导中，笔者曾经说过行文过程中要设置矛盾冲突和波澜，在嵇康的这封书信中，我们可以找到。嵇康表达了对古代贤人的钦慕之意后，立刻加入一个坡度设置，表现自己疏懒的生活状态自嘲，甚至包括自己如厕拖延症、邋遢得身上长虱子等一系列颇有“竹林七贤”怪癖的生活习惯。在这里，前文那个蔑视礼法、淡泊名利、超然物外、才高八斗、追慕先贤遗风的名士突然以如此形象展示在大众面前，言下之意，官场可以与虱子一类相提并论，这是一种对当权者多么辛辣的调侃。作者将自己与朝廷礼法的矛盾总结为“必不堪者七，甚不可者二”。作者后面举了阮籍受迫害之事，表达了自己绝不与朝廷合作的态度，并直抒胸臆地责骂山涛像专吃臭尸烂肉的猫头鹰一样，言辞非常激烈。一些评论曾说嵇康如此针锋相对，其实一定程度上是为了和山涛撇清关系，是对山涛的保护，对此笔者是认可的。

这封绝交信嵇康不是针对山涛，而是借山涛表达对司马集团的抨击和痛斥。文章大量排比、典故、对比手法的运用，如滔滔江水，纵横恣肆，展现了嵇康鞭辟入里的论辩才能，也表现了嵇康率真豁达、锋芒毕露的个性特征。刘勰称赞嵇康的文章“师心以遣论”，高度赞扬了嵇康的真淳，而这正是魏晋名士的精神内涵。

下篇　自由写作指南

这是本书的最后一个篇章——自由写作。从上篇“备考写作指南”到中篇“应用文写作指南”，相信经过这样一段旅程，对于写作，同学们的认识是在不断深化的。作为一种学科写作，我们可以总结写作的规律和技法，并娴熟地运用在写作之中，而当做了足够的综合与分析后，我们会发现很多一以贯之的写作原则。比如在本篇中，涉及的日记、游记、读书笔记、影评、艺术评论以及网络时代的写作等，深化文章的主旨，强化细节的打磨，巧用文辞的修饰等都是写作中需要关注的。在写作技法上，格式化写作和自由写作，具有同一性，但自由写作在主体精神上是不一样的。上篇和中篇的写作，要更多地恪守写作的准绳。下篇是日常生活中的一种自由的语言表达。在日记中记录心情，阅读时写下读书笔记，交流影片和艺术作品的技法和艺术构思，对热点新闻、实事进行点评等，写作成为一种情绪纾解和精神上的自我修炼。

第五章　写作意义与写作思维

写作是人类独有的一种精神生产活动。杜甫的“文章千古事，得失寸心知”，说的是文章是传之千古的事业，其中的甘苦得失只有作者心里最清楚。描述外在世界，需要运用语言表达，抒发个人情感，也需要语言，从口头到书面，都是思想和情绪的印记。不同的成长经历，不同的年龄阶段，不同的社会背景和文化背景，我们对待问题的认知层次具有差异。当写作时，我们静心审视自己的内心，正视自我的情感需要，在文字的折射中洞悉心灵的每一个角落，通过文字，照见最真实的自己，预估自我发展的趋势，感念曾经的柔韧与辉煌，笑对过往。外在客观世界，瞬息万变，沧海桑田，时光荏苒，岁月静好，文字是我们理解世界的桥梁。它向我们输送信息，给予我们提示或警醒，所有的苦痛、所有的灿烂都凝结成社会的符号摆在我们的眼前，待作为客体的我们去解码，寻找适合的自处方式。写作照亮我们的生活，给予我们拥抱生活的力量和热情。无论面对怎样的人生，文字都载着我们自由地飞翔，扶摇直上，不再惧怕。

思维是对事物的概括和间接的反映，借助的载体是语言，这个反映的过程有赖于主体的知识和经验，也就是背景知识及能力体系。为何在本章笔者要提及“重塑写作思维”？这里关系到思维的甄选和优化。在写作过程中，思维活动是与写作相生相形的常态，但大脑这个复杂的机体向我们输送信息时，我们接受的方式和加工生成的方式也是有区别的。如何调控这个复杂的心智操作过程，是思维优化的关键。这里笔者主要针对写作的形象思维状态予以分析。形象思维，是概念层面的划分，真正在头脑里的形象思维和抽象思维并没有那么明显的界限，但形象思维作为一种直观的思维，是我们应该重视培养的，它是抽象思维的基础。我们很难想象空茫的大脑如何去对事件进行逻辑上升的抽象，所以，通过想象、联想，在头脑中构筑充盈的信息链是提升思维质量的关键。深度思维的基础是思维的形象性，这是由一到多的必然衍生逻辑。对待事物的深度思维和创意思维是我们追求的终极目标，唯有深掘本质的推演才是认识事物的根本路径。

第一节　写作是自我认知

“我是谁？我从哪里来？我要到哪里去？”这是古希腊哲学家柏拉图提出的哲学命题。我们从出生开始，就与外在世界建立联系，家庭、社会和个人都从属于这个关系网络。在这个联系中，人的主观能动性与客观世界的融合是成就个人成长的关键。希腊德尔斐阿波罗神庙上镌刻了三句箴言，那句“认识你自己”是个体生存和发展的意识起点。马斯洛的需求理论的五个层次中，最高层次的自我实现需求是人生命价值的终极诉求。通过不断地探索和审视自己，在认识自我的基础上，自我修炼，不断超越，遇见最好的自己。

那么，为何写作是我们自我认知的方法呢？写作是人运用语言文字符号记述事件、抒发情志、传递信息和交流沟通的脑力活动，这个过程具有创造性。主体在写作过程中经历采集、构思和表述几个环节。首先，采集是对外部信息进行提取，充分显示采集主体的审美水平。对社会生活信息的提取和反映是写作中很重要的过程，选择的素材决定了文章所达到的高度。其次是构思。在《文心雕龙·深思》中的“登山则情满于山，观海则意溢于海”，指的就是作者在构思时，当无数的意念涌上心头时，作者对抽象概念和未定型之物进行定位和具体的雕琢。当作者想到登山时，脑海中便呈现出山川秀色；想到观海时，心中便洋溢着大海的奇幻。写作时的构思正是这样一种思接千载、视通万里的状态，作者的情思在自然、历史空间里驰骋，既是认识世界，也是在客观世界里反观自我，认识自我。最后是表述。从浅层而言，表述是表情达意和信息交流；从深层来看，表达是我们对生命生存形式的理解和诠释，是作者思想的反映。作者在反映自己对外在世界理解的同时，从不同的侧面反映自己的内心世界。

在写作中认识自我，有哪些层面和角度呢？首先，认识自己。认识自己的环境和处境，在写作中梳理自己在环境中扮演的角色，建立自己与外在世界的联系，寻求最适合的生存状态。其次，认识自己的兴趣，选择自己发展的方式和方向。每一个人对自己的能力并非真的了解，显露在外面的只是冰山一角，我们只有在不断的反思和总结中，调整和定位，才能更好地选择谋划自己的未来。第三，认识自己的优势与劣势。我们借助文字解析自己势能的最高点，也平静地面对自己的不足。

在写作的文字里，我们真正去理解自己的内心，解读自己的心情、情绪和情感，风雨或者喜悦都淡然处之。

第二节　写作是阅读世界

不知不觉，我们生活的时代，短视频占据了流量、吸引了注意力。人们的生活里充斥着快捷，很多东西都还没来得及看清，已经被裹挟着向前，各种社会现象、各种风潮像流水一样涌动，我们很难静下心来思考和感知。春日姹紫嫣红，我们行色匆匆；溽暑微雨将作，却难有静倚帘下赏荷香的逸然；秋风起，忘却了鲈鱼脍；冬日腊梅怒放，我们却蜷缩在人工暖房。在构筑的各种人工技术手段中，有时，人类像沙漠里困倦的行者，茫茫然不知方向。作为生命的主体，我们来到这五彩缤纷的世界，是为了看树叶抽枝，听溪水潺潺，观云卷云舒。我们要把大自然的一切音韵、符号记录在我们的文字里。

庄子说："天地有大美而不言。"宇宙之美在于生生不息，不断地创造和更新迭代。自然界的美客观存在，花草树木的时令、动与静、荣与枯是有规律的。几千年来，无数的文人墨客用诗歌、散文或者小说写下了大量的歌颂自然的篇章，或借景抒情，或遣物抒怀，或移情于景，表达喜悦、忧伤、孤独，抒发痛苦、迷茫、哀愁，在诗意的文字里品赏自然，静观生命。

除了自然景观，我们沉浸在主流的历史叙事中，在历史的洪流中从具体事件中抽离出来，以一个比较高的视野，全局地看待社会进程，审视社会，并能以史为鉴。学习和感知，理解人类繁衍生息的奥秘和规律，铭记每一个时期那些稍纵即逝的美好，形成我们的哲学观，在每一个时代背景里总结和提升，成为未来生活的指引。这一切，需要用文字来记载和表达。文字是我们为这个时代编年的工具，也是勾勒历史纹理的工笔。

未来的世界是怎样的？科幻里有解答。时空旅行和生命探索两大主题为焦点的科幻文学，向我们展示了未来的生活状态，缓解了由于资源匮乏而带来的焦虑，成为我们对未来期许的生发点。海洋、陆地、山川、河流依然是我们的背景，清风、明月、繁星不会只存在于记忆之中，我们在科幻的世界里寻求到别样的五彩斑斓，这些都是文字能给予我们的慰藉。

自然、历史、文化、社会交织形成的外在世界就在面前，让我们以自己的视角去理解和解读，并在这个客观世界中寻求最适合自己的生存状态，让自己远离孤独和不安，实现自我的理想。虽然我们每一个个体都非常微小，但也应该是有价值的存在。这一切，我们都可以借助写作来达成，在写作中反思，在反思中突破，以达到最佳的状态。

第三节 写作是拥抱生活

写作是人类社会的一种精神生产活动，与物质生产和社会文化生活紧密相连。曹丕在《典论·论文》中说："盖文章乃经国之大业，不朽之盛事。"《左传》中有"三不朽"之说，"大上有立德，其次有立功，其次有立言，虽久不废，此之谓不朽"。这里将立言作为人生中不朽的事业，说明翰墨篇章的重要性，因为它是人这个行为主体思想的记载。立足于写作对人生的重要性这个意义，笔者更想谈的是写作于生活的重要性。写作让我们敞开心扉拥抱生活。

说到这里，想起一首很喜欢的宋词——蒋捷的《虞美人·听雨》。这首词有三幅画面。曾经在歌楼昏罗帐少不经事，到客舟中看江云低垂，听孤雁哀鸣的中年，而如今僧庐下，尘满面，鬓如霜，想人世繁华落尽，思悲欢离合无情，最终只能"一任阶前，点滴到天明"。人生、时代的兴衰都是如此。不同的人生阅历、不同的情感，有文字的寄托，每一段生命都会显得更加丰盈。无论顺境还是逆境，文字的陪伴都是那样的真实可感。很多年以后，当再去阅读自己曾写下的文字，我们可以很真切地再次感知那段岁月的点点滴滴。

写作勾勒出不同的人生侧面，记载下每一阶段的故事，写作更是每一天生活的陪伴。哲学家罗素年轻时有一首诗：

我长期
寻求内心的平静，
我发现狂喜，我发现苦难，
我发现孤独。
我发现噬咬心灵的
孤单痛苦，
然而我没有发现平静。

诚然，我们一直在寻求舒适的生活状态，但太多繁杂左右我们的心绪，带来心灵的跌宕不安。从鲜衣怒马时的自我叛逆到理解生活，我们都在追求人生的宁静。我们的成长是一个漫长的过程。相比其他动物，人的情感的复杂性决定了情感的丰富性，因为人类是唯一被赋予悲伤的动物。每一个单独的生命都承载着千金的重量，然而正是因为丰富的情感，人又是最脆弱的。我们惧怕混乱，惧怕孤苦，惧怕虚无。我们在与世界建立联系，本质上还是与自己的内心建立联系，我们需要突破的不是外在的牵绊，更是内心的怯懦。请诉诸文字吧，这是心灵的栖息之所，它能给予你力量和骄傲。

塞万提斯说过“笔乃心灵之舌”。每一天，从晨间日记到深夜笔耕，文字载着我们驰骋云端，穿越古今，让我们意气风发，又让我们气定神闲。感受喜悦，我们可以挥毫写下壮言；孤独袭来，我们可以在日记中记录下静谧的伤悲。文字用不同的形式慰藉我们的心灵，它叠加我们的欢悦，驱赶我们的焦虑，带走我们的失意。文字像一面镜子，照见最真实的自己。面对自己的文字，我们更能正视自己的内心，不矫饰、不浮夸，不焦躁，闲庭信步，优雅从容。

第四节　形象思维

写作是人类一种独有的精神创造活动。在这项活动过程中，写作主体凭借自身对外在客观世界的理解和认知，从自己的独特视角提取信息，对信息进行整合与加工，形成新的创造性精神成果。无论是对外在世界的感知阶段，还是信息的提取甄选阶段，抑或构思再创造阶段，都离不开思维的作用。思维是感觉和记忆的综合，是对客观世界的能动反应，也是人类认知的高级阶段。写作过程，需要用到的思维类型比较丰富，形象思维、逻辑思维以及灵感思维都是非常重要的，它们左右着文章的广度和深度。不过，在笔者看来，在小学和初中阶段，基于学生身心发展的规律，形象思维的关注也许更为首要和直接，这是打开学生思维大门的钥匙，形象性思维的培育是逻辑思维培育的基础。

毛泽东在《给陈毅同志谈诗的一封信》中，极大地强化了形象思维在文艺创作中的作用。毛泽东还对宋代诗歌加以评判，认为有些宋诗味同嚼蜡，就是因为缺少了形象思维。当然，我们在不否认宋诗理趣的基础上，确实也看到有一些宋诗因为过于追求理性思辨，出现了诗意上的钝化。从另一个角度来看，从毛泽东的观点推论，形象思维并不仅仅局限于诗歌，在整个文艺创作中，形象思维都具有举足轻重的意义。

写作过程首先涉及认识论，而认识论又是和心理学相关联的。人凭借感官接触外物，感觉神经兴奋，向头脑传递事物的印象，产生感性认识，形成“观念”或者“表象”，这种表象长期在头脑中积淀就形成记忆。写作的形象思维将各种意象组合、排列和加工，形成新的整体。写作必须深入生活，加深对现实世界的感性认识，蕴蓄素材，并能建立素材之间的联系，才可能进一步的创作和加工。

如何培养自己的形象思维呢？形象思维作为一种对表象进行改造的思维形式，主要可以从分解和组合、想象和联想两个方面开展训练。第一方面是分解和组合。外在世界借助感觉神经向头脑里输入的信息呈现的方式是比较多元的，对于这些信息，运用主观直觉进行解构和重组排列，是形象思维训练的基本模式。当然，这里实际上也已经涉及了逻辑思维。第二方面是想象和联想。这是培养想象思维最重要的手段和方法，而且，想象和联想基本上是可以与形象思维内涵对等的一个概念。联想有类似联想、接近联想和对比联想等，通过多维地生发思维点，成就思维的丰富性。多阅读、多想象是形象思维培育的关键。保证每一天的阅读量，并结合写作的思维训练，相信同学们的形象思维会越来越活跃。

第五节　创造性思维

思维是视觉和感觉神经传递给大脑的信息存储。这个信息存储过程，除了信息传导，还有信息的甄选和分析，行为主体借助感性思维和抽象思维对信息进行加工和再生。写作这项精神生产活动是训练思维的一项重要方式，同时，我们也要运用优质的思维来指导写作，其中，创造性思维是优质思维的一种标志。

创造性思维是具有独创性和新颖性的思维。它的创造性体现在思维路径、思考模式和结论获得几个方面，涵盖整个思维活动。思维路径的创造性主要指我们在思考问题和处理问题时会采用的方法和手段。比如采用和常规思维不同的方向，逆而行之的方法。思考模式的创造性主要指我们在思考问题时，形成的一种自成系统的思考问题的方式。比如，思考问题时从结论出发，进行逆推，或者思考问题时先对问题进行分解重组，再综合分析，或者思考问题时立足于潜在问题和前瞻问题。长期的思维训练实践自然会形成一套系统的思维方法体系，可以帮助我们解决相似问题和相关问题。创造性思维最具有标志的表现形式实际更多体现在结论上，这也是最直观的检验标准。对于思维者的旁观者，如果不经过主体的叙述，是不能了解思维者的思维过程的，也难知晓思维者的创意思维模式和选择路径。但我们可以通过他最后获得的结论来评估其思维的创造性，这个结论也是旁观者学习和模仿的载体。

在生活中，有很多创造性思维应用的例子。比如美国牙膏公司将牙膏开口扩大1毫米，提升公司32%营业额；日本专卖手帕的夫妻，改变传统印制花鸟鱼虫，而变更为印制首都的交通图和风景区导游图；可口可乐公司以“芳醇可口，益气提神”作为可口可乐的宣传语等。当然还有很多其他的例子，除了上述的商业领域的例子，历史和现实生活中的创造性思维的例子也经常被人们津津乐道。改变解决问题的路径，形成别具一格的思维模式，运用创造性思维，找到解决问题的独特方式有助于文章写作的创新性实践。

写作中的创造性思维如何培养呢？笔者认为主要有三个方面。第一，逆向思维。逆向思维，换角度思考是创新性思维培养的常用方法。运用逆向思维，常常能找到不一样的解决思路，从而突破惯常的思维方式。第二，发散想象。写作时，在审题和选材上，很多人容易囿于个人的刻板印象，落入俗套。我们可以运用发散想象思维，抑制刻板印象。这个过程可以重复，不断更新优化，直至寻求到最好的素材和立意。第三，寻找联系。思维受到禁锢，仿佛进入山穷水尽的状态，原因在于我们孤立地看待对象，没有建立事物之间的联系，或者没有搭设好事物勾连的桥梁。如果我们能多侧面地看待问题，多元化地理解事物，势必更容易找到它们与其他事物的联系，也就能更多层次地解读事物和解决问题，从而寻找到最具创造性的解决方案。

第六节 思维的深度

思维，既具有群体的共有属性，也具有个体的气质属性。所谓群体属性，主要指思维的本质，是一种对客观现象和信息的组合性思维活动，是人与外界构建关系和联系的媒介。而个体气质属性则有很多差异，每一个个体知识积淀不同、人生经历不同、理解能力和水平不同，对待同一问题，个体差异就会非常明显。人的思维活动是伴随着每一天、每一件事、每一个外在的信息刺激而存在的，人的大脑的特殊性成就了人类这个高级的生物种群。所以，我们既在运用思维处理问题，也同时在借助外在世界历练我们的思维。这里谈论的不是思维的种类，而是思维的深度。

近日，笔者的学生写了一篇题为“别了，____”的作文。同类的素材，学生展现出来的思维方式是有差别的。比如，关于故乡的素材，就有几种模式。其一，一次离开故乡。文章具体描绘了某一次离开故乡的情景。其二，告别故乡的人文环境和生活方式。文章里写出了故乡的闲暇和乐趣，追忆故乡的宁静与美好。其三，告别故乡的自然环境，作别故乡的逸然宁静，却告别不了永恒的记忆，看上去是告别，实则是深藏。同学们看看，以上几种模式的思维梯度高下立现。我们在对一个主题进行思考时，需要对关键词的概念进行深度的挖掘和理解，正向逆向的解析，多角度阐述它的内涵。“别了”不仅仅是简单意义的别离，而应该代表着精神的深化。另外，还有同学写作了关于一些默默无闻的社会从业人员。比如写环卫工人，一般的思维多半停留在奉献和辛劳之上，但有同学表现环卫工人对自然美的追求，茫茫天宇之下，独立、平静、敬业，与自然风景融为一体。我们会看到，同样的题材，当我们将思维推向深处，所寻找到的内涵是不一样的。

如何让我们的思维向深处漫溯呢？首先，要有背景知识的积累。对某一领域知识的积累有助于我们深化思维的路径。同时，对于积累的知识，需要找到生发的外延，扩大知识领域的宽度，为后期思维加工做好铺垫。其次，运用一些思维方法。归纳和演绎是非常好的思维深化的方式。我们可以向上推导原因和向下推导结果，一方面追溯本质，另一方面推演内涵，加长逻辑链条。另外，对待问题，运用辩证思维进行分析，从正面和反面解析对象的本源，并加以定位，这也是思维深化的常用方法。

第六章　开启自由写作之旅

本章具体涉及几类生活中的自由写作形式。第一种是日记写作。日记从童年记忆开始，就是我们心灵栖息的港湾。在本章，我们会欣赏到一些名家的日记，学习他们的写作风格和写日记的手法，近距离感知他们的内心情感和思想艺术。山水游记是文人的精神史。《前赤壁赋》《兰亭序》《徐霞客游记》《湖心亭看雪》是山水游记中的名篇，有限的文字实难解读透彻，而且也不敢轻易妄论，只是谈一些粗浅的阅读体会，同学们可以在此基础上换角度鉴赏。读书笔记是我们的阅读伴侣，根据不同类型的阅读读本，可以有效地记录阅读过程。电影影评是观众对电影艺术的点评，反映了大众的审美情趣和电影艺术的蓬勃发展。艺术在我们的生活中担任着重要的角色，我们在艺术鉴赏中体会作品的丰富内涵，艺术作品让我们的精神世界更加丰盈。网络时代的写作自由是一种相对的自由，但同样要遵守文明、客观、公正的基本原则。

第一节　日记写作

在写作这种精神活动里，有很多自由写作的形式，我们首先要谈到的是日记。日记应该是在童年的写作记忆中印象比较深刻的。在我们刚刚学会写作，学会看图写话时，日记是进入正式写作的一扇门，也是青春心情的一个私密空间。家里尘封的柜子里，也许，总有那么几本未写完的日记本，稚嫩而真切的语言记下了我们曾经青春少年的模样。对大多数人来说，日记大概就是这样的形式了，美好纯真。在这节里，我们一起欣赏一些名人的日记，从日记里了解他们的思想，从他们的日记写作中获取灵感。首先，我们从曾国藩的日记入手，他的日记包含了大量他追慕圣贤的思想轨迹，有三种形式，也有三种名称，尤其“绵绵穆穆之室日记”所独创的日记形式，同学们可以借鉴。鲁迅先生的日记简洁富有个性，对于一些具体事件的描述鞭辟入里，妙趣横生。外国作家中，笔者选择了安妮和卡夫卡的日记。安妮通过日记描绘了在暗室里的生活，日记里既有对犹太人受到迫害的痛斥，也有与苦难抗争的乐观和坚毅。卡夫卡的日记里，绝望与抗争是不变的主旋律。读卡夫卡的日记，也是我们走进作家心灵的一条路径。

一、日记的相关概念

日记是写作者对生活的观察和思考，是对人生感悟的记录，是对自我思想的评述，是每一个人内心精神栖息之所。日记可以运用多种表达方式，可记叙、议论、抒情或者说明。在日记中，我们可以让想象自由地驰骋，任情思自在地飞扬，不受任何羁绊和牵制，不需要遵守任何金科玉律的戒条，真实地写自己、写生活。

因为日记内容的不确定性和较强的自由度，所以同学们经常面对的困惑之一是，写着写着，觉得突然找不到话题写了。写日记成为一种鸡肋般的苦差事，每一次打开日记本写好书端，也就是日期、星期和天气后，茫然找不到合适的主题。所以在本节，我们共同探讨日记的写作要点。

首先，关于日记的种类。日记分为生活日记、工作日记、观察日记、自然日记等。我们可以对写作的日记进行分类，运用纸质日记本或者运用印象笔记等 App 进行写作和记录。如果是纸质日记本，用同类型的多个日记本作为生活日记或者阅读日记都可以，当然，也可将多项内容合并在一个日记本中。如果运用电子文档的记录方式，印象笔记是很好的选择，可以按照相应的标签进行分类，也便于后期检索提取。根据日记的种类，写作的内容随之发生相应的变化，写作的重点有所侧重。日记是非常好的常规性写作训练，每天坚持，不断总结和练习，对于我们写作能力的提升很有帮助。

其次，关于日记的写法。日记可以讲故事，也可以写心情，日记需要记录事件过程，但是绝不是流水账似的实录，选择事件的生发点，对事件进行评析才是写作日记的正常打开方式。评析什么？追溯源头，解析原因，点评细节，深化主旨，联系生活都是可以采用的方法。运用动态的观点看待事件的发展脉络，不局限于某一个固定的时段；运用全局的意识纵观对象，不拘泥于某一片面镜像；运用感性思维体验，抽象逻辑解析，不停留在事件的表层。

当然，写日记是一种心情，是情绪的疏解，不能抱着太多功利的目的去写作，那样会适得其反。或许是某个霞光熹微的清晨，或许是某个星光灿烂的深夜，打开我们的日记本，在这个完全属于自己的空间里，让心绪放飞，拥抱最真实的自己，实乃人生一大快事！

二、曾国藩日记

上文谈了日记的一些基本概念以及写日记应该具备的心态，本节我们将借助一位历史名人的例子继续延伸这个话题。应该有很多同学都尝试过写日记，但总是难以坚持。难以坚持的根本原因在于写日记没能成为生活中的习惯，且写日记这一行为本身无法吸引我们坚持下去。我们需要考虑一下是不是方法上有问题。晚清著名的理学家曾国藩写日记的经历或许能给我们一些有意义的启示。

道光二十年，曾国藩担任翰林院检讨的职位，时年三十岁。这一人生转折对他触动很大，他为自己立下了学习做“圣人”的目标。为了寻求做圣人的标准，他请教大儒唐鉴圣人之道。唐鉴是当时的大学问家，唐鉴告诉他写日记是做圣人的基础。曾国藩早年也记过日记，唐鉴看了他早年的日记，指出日记不是流水账，而是一种反省自己的方式，通过反省可以提升自己的德行修养。并且，唐鉴还向他推荐了大学士倭仁的日记之法，即所谓“日课”，每天有日课，每天之中，“一念之差”“一事之失”“一言一默”均要记录下来。曾国藩按照唐鉴和倭仁的做法开始认真写日记，用工整的蝇头小楷，注重记录生活中的细节，时时反省自己，警诫自己不浮夸，真实待人做事，将日记当作一件大事恭敬地完成。曾国藩的日记一般一则一两百字，言简意赅，不太运用描写的手法。另外，他还定期将日记给朋友和师长看，给兄弟子侄看，他除了是用实际行动督促自己，也是为子侄晚辈们树立榜样。

从开始写日记，直到去世的前一天，曾国藩从没有间断过写日记。他在给弟弟写的家书中说，每天用楷书写日记，每天读史十页，每天记“茶余偶谈”一则，这三件事从没有间断过。作为清代著名的军事家、政治家和文学家，他还有诸多公务在身，能做到如此，实乃不易。

曾国藩的日记主要有三种样式。第一种为“求阙斋日记”。“求阙”是他的书斋名，意思是自有缺陷求不满之处。他写日记的初衷源自做圣人的目标，但他认识到即使是圣贤也会有不足之处。所以，他希望通过日记随时给自己以警醒，修身养气，不断自我完善。曾国藩在日记中曾提到人的一生不过一瞬间而已，大地数万里宽广难以丈量，人在其中劳作生息，白天仅一间房间，夜晚仅一张床而已，浩如烟海的书籍，我们终其一生也只能读到九牛一毛，美名多方，一生能办成的事也不过是太仓一粟。多么有人生哲理的感悟，正如庄子所言，我们应该“物物而不物于物”。天地宇宙，宏大开阔，人如何自处确实是我们需要考虑的课题。第二种是“无慢室日记”。曾国藩用这一类日记警诫自己戒除怠慢之气。最后一种是“绵绵穆穆之室日记”。这个名字的大致意思是说通过日记提醒自己在动静之中做到“戒惧”和“谨独”。这不禁让人想起孔子所言，君子有三畏，畏天命、畏大人，畏圣人之言。这种日记，格式别致，用一种专门印制的簿册，分为十栏，第一栏为日期，后面九栏分别为读书、静坐、属文、作字、办公、课子、对客、回信。

曾国藩写日记的故事以及方法，有很多值得我们学习和思考的地方，同学们可以具体去读一读他的日记，领略这位先贤圣人的自我进德修业的精神历程，但是大家也要取其精华，去其糟粕。同时，我们给自己准备的日记本，也可按照一定的类别进行分类，比如，可以分为阅读、旅行、艺术、娱乐等，也可以分为写景、状物、叙事、抒情几个种类，还可以分为进德、学业、生活、行走等。每一类采用个性化的命名，依据自己的喜好设置日记的体例，为自己做一份心境和思想的记录册，纪念过往的每一个值得纪念的日子、人物或者故事，是一件很有意义的事。

三、鲁迅日记

鲁迅先生是中国伟大的文学家、思想家和革命家。当代的青年从小接触过鲁迅太多的作品，从课内到课外阅读，鲁迅深邃的思想、犀利的文风影响了一代代青年的成长。在鲁迅的作品里，无论是写作的技法，还是文字里所评述的时代的利弊，以及对封建礼教压制下国民的劣根性、知识分子的迂腐愚昧和空虚的痛恨都是震撼和激励青少年的力量。

同学们读过鲁迅小说、散文、杂文，但鲁迅的另一种文体——日记，也许接触不太多。鲁迅的日记内容丰富，包含书信往来、习作文稿、游历记录等，具体而言，主要有三大类，第一类是备忘性质的日记。原生态的日记，让我们看到一个走下神坛的鲁迅，具有烟火气的鲁迅，最真实的鲁迅，这些日常记录被研究者所喜爱。第二类是一些发表的日记。鲁迅先生曾经发表过《马上日记》《马上支日记》和《马上支日记之二》。为何叫“马上日记”，鲁迅在豫序中说到自己最怕做文章，平时虽然偶有所思，但是一懒就搁下，便忘掉了，所以当有灵感闪现，马上就写下来。这几篇日记和鲁迅的原生态日记有一些不同，看似不经意的闲谈，其实是通过对一些具体问题的思考和剖析，直击事件的本质。比如，《马上日记》中从自己的胃痛起笔，谈到

“看病难”的问题，中西医的问题和医药质量问题，专家处方和民间偏方问题，公立医院和私人医院的问题等，这些跨世纪的问题在20世纪20年代提出来，是非常有见地的。再如，在《马上支日记》中，鲁迅先生先描绘了自己早晨被一只小绳子爬醒后和一只小蝇子的斗争，即斗争主体选择自己起来的路线方针，而后又描绘了前几年在S州饭店，蝇子追逐着鉴赏饭菜，夜间飞得让人头昏眼花，一败涂地，与其寻求各种捕杀技巧，不如练就一种静心涵养来应对蚊蝇，真是颇有生活理趣。鲁迅的第三类日记，也是鲁迅先生比较知名的日记，主要是借日记形式写作的文学作品。比如《狂人日记》，它是中国文学史上第一篇白话小说，是鲁迅创作的第一篇短篇白话日记体小说，通过被迫害者“狂人”的形象，揭示了封建礼教吃人的本质。作者从“革命民主主义”的角度表达了对文化的反省，对国家和人类的前途表现出了深切的忧愤之情。这类日记其实是广义概念上的日记，是作者的文学作品的载体，仅仅是借助了日记的概念表述而已。

鲁迅先生坚持了二十多年的写日记习惯，他在日记中表现最真实的自己。其中一句话很让人触动，他说，面具戴久了，就会长到脸上，再想揭下来，除非伤筋动骨扒皮。这是多么深刻的隐喻，面对生活，豁达自处，不矫饰，不虚夸，活出自己，多么可贵！

日记，作为备忘，或者是文学写作的日常载体，鲁迅先生向我们展示了日记的妙处。在语文学习中，写作任务的形式是比较丰富的，同学们也可以将日记作为日常习作的记录形式，无论是写作素材的辑录，还是灵感的收藏，或者阅读感悟的整理，都可以打开自己的日记本，分类梳理在日记中。一段时间后，可以将整理的日记用传图识字的方式转化成电子文档，收藏在印象笔记中，成为写作资源库，以便写作时随时调取，这是日记比较实用的一个意义。同学们，不要再对着日记发呆和苦思冥想，觉得找不到可写的内容了，扩大日记的外延，你会发现广袤的空间。

四、安妮日记

《安妮日记》是德籍犹太人安妮·弗兰克藏匿于密室25个月的生活和情感记录。日记从1942年6月12日记录到1944年8月1日，写下第一篇日记时，作者年仅13岁。然而，一切童年的美好似乎都与安妮·弗兰克无关，幽闭、恐怖、矛盾、疾病、痛苦的密室生活是这个世界最后留给安妮的印象。不过，事物的内核又不完全归于表象，在安妮的世界里，希望、憧憬、浪漫、好奇诠释了她对生活和未来的理解，背景与现实的冲撞、苦难与超越的伟大成为这部作品最动人心扉的原因之一。

欣赏这部作品，用细腻缜密的心思感知外在世界，那种敏锐、智慧和生动令人动容。那个只能从脏兮兮的窗户仰望天空的女孩告诉我们，只要能无谓地看着天空，你就会知道，自己的内心一片纯净，幸福也会再次到来。这是一名被剥夺了自由，被囚禁在密室的女孩令人震撼的豁达，让人敬仰。生活在和平年代的我们，自由地拥有阳光、空气、蓝天、雨露，然而，我们有时却迷失在自己的焦灼中，被自我设限，自怨自艾。安妮告诉我们，孤单、惊恐和悲伤治愈的最佳良药，就是出去走走，到那只有天空、自然和上帝的地方，我们可以感受到世界本来的样子，感受到淳朴和自然美景中的幸福，在这里，每一个悲伤的灵魂都会找到属于它的安慰。天地有大美而不言，唯有我们内心的宁静和豁达才是真正的自我拯救。安妮看到飞翔的海鸥身上闪耀着的银光，看到即使是光秃秃的栗树上的露珠都耀着亮闪闪的美。

安妮在日记中向我们控诉了法西斯的残暴罪行，犹太人的悲苦命运，自我理想的撕裂和人性丑陋的荒芜，但这仅仅属于表层，她真正展示的是执着的信念、顽强的热爱。在那个阴森恐怖的密室和密室之外同样难以生存的黑暗里，整个世界就是一座无情的监狱，挣扎、凄苦、迷茫的生活影像笼罩着历经苦难的二战人民。如果想走出这种苦楚，唯有希望和顽强，不屈服、不放弃、不退缩，坚毅如磐石，内心充盈着力量去爱和守望，找到精神的诺亚方舟，才是真正的出路。人类征服自然，征服外族，征服世界，最终需要征服的是自己，唯有如此，才是真正的自由。

看罢安妮的日记，日记写作给我们的启示是什么呢？日记不仅仅是个人生活的记录，我们在日记写作时，可以将广阔的外在世界和社会纳入写作的范围。我们生活在和平的年代和国度，这是无比幸福的。但放眼望去，战乱和硝烟尚未在世界范围内消失，罄竹难书的反人类的罪行，病毒的肆虐等令人无法淡定，但是我们有神舟十二号拍摄的宇宙大片，人工智能地球计划的推进，工业化国家的农业生产方式和农村中产化，中国核聚变独占鳌头，碳捕捉工厂的投产，等等。这个时代在飞速发展，我们是宇宙里的一分子，在茫茫的天地间，太微不足道，但认知世界，表达我们对于这个快速发展的世界的感想，是我们对外在了解和理解的方式，可以写入日记中。它告诉世界，我们曾经来过，这里是我们美丽的家园，我们共存共生。

五、卡夫卡日记

在日记的最后一个小节，我们将走进卡夫卡的世界。此刻，笔者不禁想起一个小游戏,游戏的内容是条件反射猜词。比如,首都——北京,饥饿——非洲,那么说到卡夫卡,你会想到什么?笔者心里的词语是绝望挣扎。卡夫卡在日记中记录了自己读书经历,感悟文学,思考人生。通过他的文字,我们看到了卡夫卡内心世界的焦灼,对身体状况每况愈下的无奈,将所有的情感投入到对信念的追求,对极致的文学的渴慕的挫败感,作者表现出一种囚禁和冲破,痛彻与释然。在多元的矛盾中,情感的交织与炽烈的燃烧,激荡着读者的心灵。

卡夫卡是一个怎样的人?在我们的印象中,卡夫卡偏执、忧郁、脆弱,是一个极具艺术家人格的一个禁闭室写作者,但也许真正走进他,他的形象应该比以上这些标签式的词语要更加丰富。牛津大学卡夫卡研究者里奇·罗伯森认为,拜伦和笔下主人公一样幻想破灭而忧郁,卡夫卡和他小说里的角色也难以分开。卡夫卡并不是一个完全的幽居遁世者,他有大量的欧洲漫游经历,他也提到陌生的城市是真实存在,只是生活方式互不相同。卡夫卡的确是一个热爱与自己对话的人。他敏锐的观察力、细密的心思和对文学的狂热让自己形成一种自我省察的个性气质。他在审视中再审视,面对自我,他像一个站在多面镜子中的人,从无数个侧面观照自我,剖析灵魂。

在卡夫卡的日记中,有大量对写作的感悟。1910 年的日记中说自己经历了五个月的写作停滞期,打算与自己对话。他认为对写作内容的提取,像日本杂耍艺人攀爬的梯子不是支在地上,而是放在躺着的人竖起来的脚掌上,自己则缺少支撑的脚掌,但是,每一天至少应该有一行文字是针对自己的,这就像人们用望远镜遥望彗星。当能找到合适的句子时,自己就找到了支撑自己的梯子,而且这个梯子是平稳地支在地上和靠在墙上的,这里卡夫卡说到了写作的灵感对于创作的影响。我们在日记写作时,要能寻找到触及心灵的事件,形成的句子会激发我们抒情写意的本能,再沿着这条路探索,就不会觉得无所思、无所写了。当然,我们的写作也会有不协调的矛盾。卡夫卡说自己写下的单词没有愿意和其他和睦相处的,辅音像破锣,元音像展览会上的黑人歌声,他自己面对写作时,比车辆来来往往的歌剧广场中摔断腿倒下的人一样还不舒服。但卡夫卡又说,他不再离得开日记,日记让他释放幸福,虽然只是偶尔存在,但这种充盈的感受像气泡一样,轻微、舒适的颤动带来的却是内心的满足与自我认同,这样的幸福感足以支撑他锲而不舍地去拥抱文字。在日记中,卡夫卡说,偶尔一天没有写作时,他会在耳朵里听到呼唤:“你来吧,无形的法庭!”

卡夫卡带着绝望挣扎，在绝望中写作和生活，绝望中又滋生出力量，这就是卡夫卡式的悖论。他的象征方式、文体特征和经验记忆被中国作家模仿。他也是中国先锋文学的精神源头，他告诉人们写作是通往内心深处的一条道路，也是治愈我们内心的精神慰藉。

写作是通向内心的一条道路，日记则是这条道路的探路石，它没有太多格式和体系的限制，是我们写作的自由空间。沉浸其中，文字可以涤荡俗世尘埃，让我们坦然面对外在的喧嚣繁华。在文字里，我们也能更加理性地触及事物的本质，更清晰地探求世界本来的面貌，唯有真正懂得，才会真实地拥有和珍惜。在日记中，我们为自己搭建了一座读懂自己的桥梁，先认识自己，再去描绘天空的流云、繁星、雾霭与艳阳，同时，我们也搭建了一座拥抱生活的桥梁，理解生命、尊重生命，热爱生命。

第二节　游记写作

“读万卷书，行万里路”是董其昌在《画禅室随笔》卷二中的观点，本义是指努力读书，丰富自己的学识，然后理论联系实践，学以致用。在今天，这句话已经被人们赋予了更多的意义，成为我们如何内化知识和拓宽学习的边界的一种方法，通过走到广袤的世界里去感知丰富的信息源，同时，深化已有的知识积累，形成个体独有的认知体系。与外在世界接触时，游记是我们记录所感所悟的一种方式。在本章节，我们将会接触到古代一些作家的游记佳作。第一篇是苏轼的《前赤壁赋》。苏轼的前后《赤壁赋》是宋代文赋中的精品，都是在黄州赤壁矶完成，是不同的时节赤壁景色的显现，前者表现喜悦豁达，后者则更多体现出萧瑟中的悲情，同学们可以将两篇赋的原文对比品读。王羲之的《兰亭序》在书法史上是久负盛名的扛鼎之作，这里我们主要是从内容的角度来鉴赏这篇山水游记。作者对兰亭周围景物的刻画，语言清丽，典雅而富有情致，更值得关注的是这篇文章所表现出来的宇宙和时空观念。宇宙、自然、山川既是永恒的，又处在瞬息万变的时空里，辩证地看待人与外界的关系，是每一个时代的我们都可以尝试的，因为当站在更久远的历史视角看待生命的存在，我们可以变得更加豁达。徐霞客这位地理学家运用文学家的语言记录下 34 年的游历经历。阅读他的游记，忘却俗世尘埃，是一种至纯至净的精神体验。《陶庵梦忆》的作者张岱，将故国情思寄托在山水图画中，留给我们一帧帧优美、空灵的画卷，是山水文学中的一抹亮色。

一、游记的相关概念

儿时一直被一句话打动，就是汪国真《热爱生命》里的一个句子：既然选择了远方，便只顾风雨兼程。这句话应该是建立了我最初的远方的概念，再大一些，有了诗与远方的怀想和离开自己熟悉的生存空间的冲动。伴随多年的远游，新的生活环境的固化，再一次短暂地离开，都是渴慕新的审美距离感这个初衷，这或许就是旅行的意义。现代人热衷于一种有别于常态的休闲方式和精神愉悦方式，到新的自然环境和人文环境里，感知不一样风景或者风情，当然，这也不仅限于现代人。人与环境新建立起来的联系和审美距离感是我们在旅行过程中获得的官能快感，这种快感可以记录下来，这便是游记。游记也是一个分门别类的文学体式。从古至今，游记类作品也比较丰富，山水游记文学是文学史上靓丽的一笔，因为，每一个时代，尤其是政治混乱的时代，游记成为文人精神寄托的载体，山水自然成为抚慰心灵的精神栖息之所。

游记在写作的形式上是很丰富的，多种表达方式，歌行散文均可以运用于游记表达。就分类而言，依据写作的主要内容可以分为记叙游记、抒情游记、写景游记和说理游记四类，当然，这几种游记在表现手法上又是相互交融的。游记写作是一种自由的写作，但在写作方式上还是有一些基本的方法可以遵循的。

其一，游记的主线设置。游记写作相比其他文体具有更高的自由度，但任何一篇游记选择一条合理的主线串联文章是很重要的。大部分游记的主线为游踪，根据作者游览的顺序进行记录是比较容易操作的方式。在主线串联的基础上，每一个景点或者游览情节展开的方式又是多样的，可以由主到次，由整体到局部或者平行点横向分布。游记涉及的内容本身较多，所以在写作时，注意文章线索的主导性，且增加合理的点缀，让文章呈现一种整饬之美是必要的。

其二，游记的详略。既然是游记，风景名胜的记录、自然或者人文风情的描绘一定是文章的主体，不过，描述过程中，人物在游记中应该占据的比例和表现方式如何把握是一个难点。写景不是真正的目的，表现景中的人，人心中的景，景人交织的构图才是游记写作的阶梯构成。理解人与自然的关系，勾勒人与景相处的意义，是游记写作的落脚点。

其三，游记的修改。游记是旅行过程中的感悟与体会。灵感经常会在游览过程中产生，这种灵感经常乍现，但又容易倏忽而过，及时地记录下瞬间的感悟是很重要的。此刻记录下来的东西，相对比较零散，也比较原生态，当我们行完全程，再次反观这段历程时，又会有新的感悟。所以，笔者建议游记分为三个写作阶段。第一阶段，片段式记录。在旅行过程中，将自己的感触及时地记录下来，可以用纸质游记本，或者印象笔记。第二阶段，整合和删减前期的记录，并且对记录的内容进行分类，这样有助于后期的深加工。第三阶段，对整合过的游记进行再次甄选和修改。游记细节的打磨是游记写作很重要的一项工作。对景物，运用正侧面烘托，虚实结合的方式，多种感官抒写，情景交融地表达作者的感悟。

二、苏轼的《前赤壁赋》

在北宋文坛上，代表着文学的最高成就、宋代的审美精神、文化价值和超越时代理想的人物，那就是苏轼。苏轼思想渊博，个性通达。他的一生崇尚儒学，“致君尧舜”，赞同以君子长者之道治天下，以天下为己任，政治上不随人俯仰，达观超脱，顺乎自然。当遭遇挫折失意之时，老庄哲学无限时空的立场看待人生的是是非非，在佛道的旷达中寻求出路和自我解脱。苏轼在诗词书画等多个领域占据重要的地位。本章节我们来鉴赏他的一篇赋，也是一篇山水游记。苏轼的文章，“文理自然，姿态横生”，说理透辟，雄辩滔滔，而且是翻新出奇，随机生发。

《前赤壁赋》记述作者与友人泛舟夜游赤壁之所见，描摹了月夜美景，借助主客问答的方式，从吊古伤今到超然物外，是文学史上具有较高价值的名篇。笔者无数次阅读这篇游记，每一次都会有不同的感受，总是会被苏轼的深致的情韵、透辟的理趣和高超的写作艺术所折服。

对于《前赤壁赋》的喜爱，源于景物描写载体之上的情致。文中优美的意象如诗如画，给读者以极致的美的体验。“白露横江，水光天接”写出了白色的雾气横贯在江面，水光天光融为一体的景象，“横”字动态地把自然的壮美灵动地表现出来，清风、明月、白露、高山、月色、天光勾勒出秋江的爽朗和澄净。这是美景，但苏轼的笔下不止于美景，苏轼在景物中寄寓的浩渺、开阔才是最动人的。从“明月之诗”“窈窕之章”到遗世独立，御风而行，羽化登仙，这是何等的想象力和奇谲的艺术构思。在景物中穿插音乐的描绘也是绝美之笔。当饮酒乐甚，扣舷而歌，作者写道桂棹兰桨、流光回溯、渺渺予怀、凝望美人，在水一方，继而转至洞箫的呜呜然，洞箫声不绝如缕，余音袅袅，能使深谷中的蛟龙为之起舞，孤舟上的嫠妇为之泣泪。作者还没有停止想象和时空的叠加，作者借客人之口，引用了曹操攻陷荆州、夺得江陵，横槊赋诗的典故。但眼前郁郁苍苍之景正是曹操被周郎围困的地方，历史在朝夕的变化中让人叹息，作者借景抒情，表达了在茫茫的天地宇宙之中，人不过如蜉蝣和沧海一粟的无奈。

罗大经在《鹤林玉露》中说："《庄子》之文，以无为有；《战国策》之文，以曲作直。苏轼平生熟此二书，故其为文横说竖说，惟意所到，俊辩痛快，无复滞碍。"苏轼的这篇游记，写作于作者被贬谪于黄州期间，半"犯人"式的管制生活幽闭不了苏轼的旷达。客人的表述，是苏轼思想的一个侧面。的确，再不可一世的英雄，也抵御不了历史的洪流，人如砂砾被冲刷，更何况是我们这些与鱼虾作伴，与麋鹿为友的普通人呢，广袤的宇宙之中，人何其渺小。当读到这里，我们不得不感叹苏轼的睿智和通达，人只有认识到自己的渺小，接受自己的渺小才有可能拥抱真正的自由。苏轼不愧为苏轼，外在的限制无法扼制他不羁的灵魂。他寄情自然山水与清风明月，解析世间万物盈虚消长、盛衰随缘的理趣，告诉世人，唯有忘怀得失，保持豁达和超脱，才能感受到江山无限、明月有色、清风长存和山川天地的大美。每一次吟"惟江上之清风，与山间之明月，耳得之而为声，目遇之而成色，取之无禁，用之不竭，是造物者之无尽藏也，而吾与子之所共适"，都禁不住感叹，人的心灵的自由才是真正的独立！美哉！美哉！

游记写作，对景物的刻画是基础，景物描写不是静止的，而是一种动态的呈现。苏轼的景物描写中，无论是景物的外在形态，还是景物的气韵内涵，都表现出灵动和逸然。他将个人的情感内化到景物之中，作者的达观、随性也在景物中流淌，文如其人，词采华章，让读者欲罢不能。我们在写作游记时，文章的形式和主旨不要囿于固定的模式，心之所至，文之所及，这样的文字会更有感染力。

三、王羲之的《兰亭序》

王羲之的《兰亭序》又称为《兰亭集序》《临河帖》《禊帖》等，是公元 353 年 4 月 22 日，时任会稽内史的王羲之和朋友谢安、孙绰等四十一人在会稽的兰亭雅集，饮酒作诗，王羲之挥毫为这些诗赋所作的一篇序。序言的主要内容是借曲水流觞一事，描绘兰亭周围山水之美和宴游之乐，抒发心中对人生、宇宙的慨叹。

提及《兰亭序》，留在我们心中的主要印象是书法作品。王羲之擅长书法，从小跟从卫夫人学书法，草书师从张芝，正书学习的是钟繇，而且王羲之钻研各家风格体式，博采众长，在对汉魏以来的波挑用笔的方式改进，独创了圆转流利的风格，被后世誉为“书圣”。其中《兰亭序》是他的代表作，采用“纵有行，横无列”的式样，字体大小长短参差变化，疏密相间，错落有致，千变万化，既有楷书的方正平直，严谨均衡，又不失草书的跌宕流转，气脉和畅，被宋代米芾称为“天下第一行书”。据说唐太宗李世民喜爱至深，命人临摹了很多版本赐给近臣，且将原稿作为殉葬品。

《兰亭序》不仅仅具有书法价值，而且具有文学价值。我们先从内容来看，这篇序虽然不属于典型的游记，但是值得仿效之作。先是写景，景物的层次变化由远到近，再由近到远，从有限的空间推向无限的距离。从崇山峻岭、茂林修竹到清流激湍，从流觞曲水到惠风和畅，句式整散并用，动静结合，对于自然景物的刻画迁移到对天地万物的俯察。“仰观宇宙之大，俯察品类之盛”，观察景物的视角之宏大深化了本文的意境。

深刻的哲理是这篇序的亮点。“当其欣于所遇，暂得于己，快然自足，不知老之将至”，这句话的最早出处是《论语・述而》：“其为人也，发愤忘食，乐以忘忧，不知老之将至。”这句话本来用来形容人专心工作，心怀愉快，忘掉自己的衰老，这是多么让人羡慕的人生境界。在现代这个繁杂的生活工作环境中，人们往往丢失的是初心和曾经的冲动，不由自主地进入内卷的怪圈，如若我们能在工作和生活中常常找到这种“忘我”的状态，是多么地奢侈。文字里谈及了生死观。“修短随化”指出生命长短听凭造化，最后归于消灭。这让笔者不禁想起庄子对生死的观点。《庄子・知北游》说气聚则生，气散则死，人之生死都是一种“天行”，即自然运动变化的结果，这是一种辩证的时空观。“后之视今，亦犹今之视昔”，王羲之说虽然时代不同，但触发人们情怀的原因是一样的，后人看待今人，就像今人看待前人，这样的时空转换，是一种横贯千年的通达和智慧，令人称赞！

在写游记时，扩大景物的时空感，运用哲思辩证地看待眼前之景和事，能赋予景物不同的意义。在游记或者其他类型的作文中，我们要尝试融入一些哲学观点。建议同学们阅读一些哲学著作，如果觉得深奥难懂，可以先阅读一些简明的哲学发展史，梳理中西方比较典型的著名哲学观点，适当地记诵，并在文章中尝试引用。同学们可以选择自己比较喜欢的哲学家及其观点，做一些针对性的阅读和探究，也可以借助喜马拉雅、得到 App 上的课程进行深入理解。另外，学习哲学应该首先掌握一些逻辑概念和论证结构，在此基础上去理解哲学观点，会更加透彻。这里要强调的是，哲学的深刻性是毋庸置疑的，对于自己不太理解的观点，一定要多查阅资料，查看引用的语境和实例，千万不要想当然，望文生义或者断章取义，那会贻笑大方。读世界，思美景，积极的人生观都是生命中的灿烂，值得我们去追寻。

四、徐霞客的《徐霞客游记》

《徐霞客游记》是日记体的地理著作，作者是明代的地理学家徐弘祖，号霞客。这部游记记载了作者34年的旅行经历，有诸多名山记载，比如天台山、雁荡山、庐山，也有一些地域性专题，粤西、黔、滇、楚等，共60余万字，涉及地理、植物、水文等多个方面，是用地理学家的眼光和文学家的笔触进行的记录，是我们本章节绕不开的巨著。一部《徐霞客游记》卷帙浩繁，俯仰皆为名篇佳文。这里带领同学们一起来鉴赏其中的《黄果树瀑布记》。

黄果树瀑布是贵州的著名景点，历代享有盛名，也是文人墨客描写的对象。清代严遂"万里水汇一水大，訇訇声闻十里外"运用夸张手法突出了水势宏大，水声巨响。清代田雯在《白水河放歌》中说"银汉倒倾三叠而后下，玉虹饮涧百丈那可探"，这里丰富的想象和浪漫主义的艺术手法让黄果树的气势跃然纸上。地理学家徐霞客怎么描述的呢？"泻崖而下""捣入重渊""横白阔""翻空涌雪"，这一组动词词组的连用，将白水河的水势展现在读者眼前。写到这里，作者引用了担夫的解说，"前有悬坠处，比此更深""余恨不一当其境，心犹慊慊"，这里通过路人的描述从侧面烘托了瀑布的高悬和壮阔。过了白虹桥，作者对溪水的描绘也可谓妙趣横生。"溪底翻崖喷雪，满溪皆如白鹭群飞"，其中"翻"字呼应前文，表现了水势激荡的样子，"喷雪"写出了水清，湍急的气势，让人不禁想起了苏轼的"卷起千堆雪"。在这个比喻之下，徐霞客嵌套第二个比喻句，"白鹭群飞"，以非常形象而生动的喻体，勾勒出水花四溅的情形，也表现了自然之景的生态和谐。而到此，作者还只是铺垫，真正表现的景物最后出场。在渡桥北，西行半里后，在如雷的声响中，"奇境至矣""万练飞空""鲛绡万幅""捣珠崩玉""烟雾腾空"，一连串的比喻和夸张，突出了黄果树瀑布波涛汹涌的自然奇观，让人不禁拍案叫绝。

徐霞客的时代，封建王朝在走向衰落，手工业和商业的发展推动着思想解放和对科学精神的尊重，人们开始走向广袤的自然，探寻物质世界的奥秘。徐霞客的游记不仅仅是对自然风景的再现，更是一部山水背景下的精神漫游。他诗意的文字背后遮掩了旅程的艰辛，三次遇盗，四次绝粮，借贷无门，但这些都影响不了一个地理学家对自然的痴迷与狂热。前一节王羲之面对兰亭美景感慨，喜欢的东西带来的满足让我们不知老之将至，而一些过去喜欢的东西，转瞬间成为旧迹，无法再触及我们的内心。如果，一生之中，有自己始终不渝的热爱，那是多么地幸福啊！

一路走，一路思，一路记，徐霞客向我们展现了游记富有价值的打开方式。阅读徐霞客的游记，好似在翻阅一本本旅行的相册，他生动地记下眼中之景和心中之境。似乎他的整个身心都融入了大自然的天地宇宙之间，没有时间的界限，没有空间的限制，他是用生命在品读山水自然、人情风物。在语言修饰上，大量的修辞手法让他笔下的物象飞跃灵动，颇具生气。建议同学们可以摘抄《徐霞客游记》中的文字，分类搜集，对其中精彩的描写记诵仿写，让我们的文字更加鲜活。

五、张岱《湖心亭看雪》

在古代文化艺术中，关于游记还有众多的名篇佳作，如璀璨的群星，让人目不暇接。在游记的最后一小节，选哪一篇游记让笔者为难了，但最终还是毅然选择了张岱的《湖心亭看雪》。历代大家虽然写山水的游记不计其数，但这篇文章描绘的雪景之悠远空灵，表现出的故国之思和远离世俗的情怀在同类作品中是一个独立的存在。每每想起这篇文章，眼前浮现的就是一幅渺远的山水画，万籁俱寂的雪景中，雾气弥漫，天云相连，一座孤亭，一叶扁舟，两三粒人影，天地、自然与个体浑然一体，孤独又自得，渺茫又真实……

《湖心亭看雪》是张岱《陶庵梦忆》中的一篇。明灭亡以后，消极避居在剡溪的张岱面对自然美景，缅怀昔日繁华风月，尘封旧事袭来，是满目的沧桑与深沉的故国之痛。写故国之思的作品，具有扣人心弦的感染力，陆游告诫子孙“王师北定中原日，家祭无忘告乃翁”，李煜被囚禁后苦吟“心事莫将和泪滴，凤笙休向月明吹，肠断更无疑”，张岱的故国之思又是另外一种表现形式，丰富而真切。他在《陶庵梦忆》中描写秦淮河端午盛况，京城士女竞看灯船，篷上挂羊角灯如联珠、水火激射的情景，将市井生活描摹得惟妙惟肖。通过唱戏、放灯说书、品茶等情景，将晚明的社会文化生活展现在读者面前。张岱善于汲取各家之长，明代祁彪佳说他“笔具化工，其所记游，有郦道元之博奥，有刘同人之生辣，有袁中郎之倩丽，有王季重之诙谐，无所不有”。张岱文字的清澈、简洁令人称叹，《湖心亭看雪》是非常具有代表性的。

《湖心亭看雪》中的景点在西湖，湖心亭位于西湖的中心。古人云，晴湖不如月湖和雪湖，而尤以雪湖为胜。张岱笔下的雪景极其空明、宁静，用语简练澄净。“湖中人鸟声俱绝”七个字将大雪三日后天地的冷清表现得淋漓尽致。而且，极为简练的用字从文章开篇就奠定了孤寂的色彩。这篇文章写景和柳宗元的《江雪》似有不同，柳宗元的雪景中只有鸟飞绝的千山、人踪灭的万径以及独钓的老翁，但张岱的景物中，还有共饮的舟子，几人赏雪品酒，雅兴闲情，其乐不可名状。然而，他们只是作者“痴绝”的陪衬，大雪的绝境中居然能遇到知音，多么奇特，有他们的存在，“吾道不孤也”。写景时，除了主要人物的刻画，陪衬人物的加入会在情节上产生跌宕，收到非凡的艺术效果。

此外，《湖心亭看雪》中主体的人物与宇宙自然的精神相通是这篇文章最大的亮点。“痴似相公者”表现了孤独者的心灵感应，他们为何痴，为何孤独？国家灭亡，繁华落尽，心灵无所依傍，所以孤寂苦闷。然而，在“有我之境”和“无我之境”的转化中，作者身世的变迁与伤感寄寓到大自然中，外化到天地宇宙之间，似乎就变得淡然、豁达、明净了。《庄子・外篇》有云：“吾在天地之间，犹小石小木之在大山也”。在宇宙天地中，即使是生死，也不过气聚气散，又有什么郁结无法消除？物质世界的消长岁岁年年地存在，人不朽的只有精神意象，看明白了一切，才能真正免除偏狭与落寞。

从童年开始接触诗歌，我们背诵过很多关于雪景的诗文，但是，读过张岱《湖心亭看雪》的同学会有这样一种感受，他所描绘的雪景在景物刻画和人物的塑造上极其不同凡俗。语言的凝练澄净让读者深深地震撼。写作景物时，我们不必着眼于景物的完整和繁杂。很多同学写作时，倾向于面面俱到，希望自己的笔墨极尽所有物象，不敢有一处遗漏，其实，我们可以逆向思维，反其道而行之，精练、剥离，凸显画意，画龙点睛。另外，《湖心亭看雪》中人物的精神意象的表现手法也是一大亮点。人与自然融为一体，借山水寓情怀，以文字勾勒山水画卷，在自然的消歇更迭中体悟生命的价值和意义，大美不可名状啊！

第三节　读书笔记

阅读是借助语言文字获取信息、发展思维，获得审美体验和认知的主动性活动。在课程标准中，各学段阅读量都有具体的规定，也有相对应的阅读课程。阅读习惯的培养，是阅读活动中非常重要的一环。科学的读书笔记，是有效阅读的一条重要路径。

读书笔记形式多样，可以采用的策略也比较丰富。在写作时，不同的文体，有不同的侧重点。本章节对阅读文本的分类是采用了传统的文体划分法，通过戏剧、诗歌、散文和小说四大类谈论读书笔记的写作方法。首先是戏剧。戏剧虽然在部编教材中占据的比例并不高，但其以文体的独特性，成为深受学生喜爱的一种文学样式。笔者的 2020 届学生就曾在六年级排练过莎士比亚的戏剧《哈姆雷特》，他们精心研读剧本，非常认真地揣摩人物的语言、动作和心理，用心用情地呈现了一台精彩的王子复仇记。直到如今，那群穿着丹麦 8 世纪宫廷服的翩翩少年的演出情景还如在目前。戏剧的读书笔记重点关注人物形象和戏剧冲突，就人物形象方面，戏剧和小说有异曲同工之妙。同学们可以将阅读剧本、写作阅读笔记与观看戏剧演出相结合。对于诗歌的读书笔记，一定程度上和诗歌鉴赏方法相似，但对于诗歌的格律这个部分，一般情况下常常被忽略。但平仄声律是品诗不可或缺的，希望同学们对格律的基本概念做一些初步了解，读诗时，做一些简单标注。散文读书笔记可以根据散文的种类而定。多摘抄和背诵，活学活用，定期复习，长期坚持，对阅读能力的提升会有一定帮助。

一、读书笔记的相关概念

国家新闻出版署研究院的调查结果显示，2017 年中国人均纸质书阅读量为 4.58 本，英国平均每人每年读书 64 本，美国伊利诺大学阅读研究中心的调查显示，美国儿童阅读量是中国儿童的 6 倍，如此大的阅读差距是我们始料未及的。但可喜的是，无论是制度层面，还是实践层面，国内对阅读越来越重视，也采取了一些行之有效的方式。除了这些外力的作用，阅读从意识养成、兴趣激发到变成一种终身的爱好，最终还是一个个人的问题。制订科学的阅读计划，掌握合适的阅读方法，坚持不懈地阅读，是培养阅读习惯的基本路径。阅读作为一种高级的精神活动，读与记，读与写，是不可分割的。

读书笔记是指读书时或读书后所记录的对书本的感受或者对书中内容的摘录。读书笔记是非常重要的，所谓“不动笔墨不读书”。因为阅读是读者、文本和作者之间建立联系的过程，整个阅读活动中，外在文本信息不断刺激人的神经元形成记忆，这些记忆储存在大脑中，将来会被某个相似的行为唤醒。通过读书笔记，这些记忆在不断的反复加工中及经过其他复杂的脑力和心理活动后，内化为人的意识，也逐渐上升为能力。读书笔记是加深文本理解和对抗遗忘的重要手段。在阅读中，一定要勤于记录、善于记录和巧于记录，让读书笔记成为阅读的有力辅助。

关于阅读、读书笔记，相关的概念很多，在此无法赘述，但有一点是必须要声明的，就是阅读书本的选择。笔者说的不是如何选择种类，这个有各种推荐书目和相关的研究，而且，就读书而言，兴趣是最好的老师，不一定要拘泥于推荐书目的顺序，可以依据自己的爱好选择和阅读。但很重要的一件事是选择合适的版本，这是我们阅读中不可忽略的环节。比如，常在网络上看到很多学龄前儿童背老子的《道德经》和简单讲述释义，仔细一听，版本完全不同。我们知道，方向错误、南辕北辙是追寻目标的大忌。就《道德经》而言，不敢妄言一定选择哪一个版本，但在魏晋王弼注译本及 1973 年马王堆汉墓出土的帛书甲、乙本为通行本的基础上，结合陈鼓应先生的《老子注译及评价》会更加严谨。读书前，查阅信息，综合选择会比较好，尤其是一些引进版的图书，译者的水平直接影响原著的精神，一定要谨慎选择。如果对书籍不甚了解，这里为同学们介绍一个方法，可以依循着奖项去选择图书，比如"英国卡内基儿童文学奖""国际安徒生奖""美国纽伯瑞奖""爱德华终身成就奖"等。

读书笔记的写作方法主要有摘录式、感悟式、提纲式、批注式等。定期复习和记诵读书笔记，并且适当地运用于作文之中，会获得不小的成就感。同学们，去买一个自己喜欢的笔记本，记录起来吧，可以用同款的多种颜色来分类，也可以全部选择一种颜色，用标签来分类。日积月累地记录，等待收获满满的喜悦。

二、戏剧的读书笔记

"阅读教学应该注重培养学生感受、理解、欣赏和评价的能力"。《义务教育语文课程标准》(2011 版)提出，阅读不仅仅是阅读教学的任务，也是学生作为一个独立的阅读者，应该逐渐形成的能力及习惯。学生面对的课外读物繁多，阅读的视域是比较宽的，其中一个分支也越来越被重视，就是戏剧的阅读。

戏剧对学生来说本来就不陌生，部编版教材九年级有独立的戏剧活动探究单元。学生可以在学习的基础上，选择合适的剧本排练并表演，通过表演表达对剧本主旨、人物形象的理解，也可以从剧本的写作艺术中汲取营养。戏剧是符合学生身心发展的一种重要的文学形式。20 世纪 20 年代就有戏剧教学的理论和教学方式的研讨，众多研究的共同概念归于一点，即戏剧在青少年教育中占据不可或缺的重要地位。但毕竟课内的戏剧教学还是有限的，所以，引导学生课外自主阅读戏剧，培养学生对戏剧的兴趣是可以尝试的路径。

日常的戏剧阅读，配合读书笔记的写作是帮助我们更好地理解戏剧的方式。如何做戏剧的读书笔记呢？这里首先要对戏剧这种文学体裁的特征做一些了解。高尔基在《论剧本》一文中提出，“剧本（悲剧和喜剧）是最难运用的一种文学形式，之所以难，是因为剧本要求每个剧中人物用自己的语言和动作来表示自己的特征，而不用作者的提示”。① 高尔基的这个观点突出了戏剧这种文学形式的特征，将人物、矛盾、情节和场面融汇到舞台的艺术表演中。人物在整个环节中，是联结剧本与观众，观众与作者的桥梁，人物是一部戏剧的灵魂，人物的行为、心理和语言也是剧本阅读的解码器。在做阅读笔记时，重视语言的刻画，包括对话、独白、旁白等，是走进人物的方法，比如莎士比亚戏剧中的人物独白是解析人物个性的重要素材。我们可以采用多种标记符号圈画人物的描写，还可以运用思维导图梳理每部剧中人物的关系，找到人物的内在联系，以及人物之间相互映衬的着力点，这也是解读人物的一个要点。

在读书笔记中，记录下戏剧冲突的形式以及对戏剧冲突的理解是必不可少的。对戏剧冲突的记录，可以采用批注式，在文本旁边写下冲突的前因后果，主要矛盾的呈现方式，自己预设的可能解决的方法。冲突中，最具有个性的人物是哪一位，自己这样理解的原因是什么，以及这个矛盾冲突对主旨的作用是什么等。此外，在剧本阅读时，了解剧本的基本结构是掌握剧本脉络的支点。剧本的基本结构主要有点线型，横截型和展示型三种：第一种是点线型，即一个中心事件和贯穿全文的情节主线交织，这也是中国古代戏剧的基本模式，用“折”“出”“场”或“宫”划分剧幕；第二种是横截型，这类戏剧是截取生活中的一个截面作为戏剧的核心，所有的故事浓缩在一个相对集中的时间段，地点也是比较少有的几个场景，通过人物讲述回顾事件来推动剧情，比较典型的就是曹禺先生的《雷雨》；第三种比较常见的是展示型，这是上述两种结构的综合，这类戏剧人物众多，情节相对简单，重点展示人物的个性和社会文化。

把握戏剧的基本常识，开始你的戏剧阅读计划吧，可以从莎士比亚的戏剧入手，因为丰富的情节和精美的语言会为我们打开一扇戏剧的大门，后期古今中外的

---

① 高尔基，《论文学》，人民文学出版社，1978 年，第 57 页。

一些传统戏剧也可以读。建议同学们在读戏剧，写读书笔记之余，还可以到一些戏剧旅游景点走走，比如河南的戏剧幻城、安徽的花戏楼、浙江乌镇的西栅景区等。阅读、旅行、写作相结合，我们一定会有所收获。

三、诗歌的读书笔记

诗歌是文学长廊中最靓丽的风景。《诗经》是古代诗歌的开端，作为中华文化的“元典”，蕴含着丰富的民族文化精神，对后世文学发展具有不可替代的作用，奠定了诗歌在人文社会中的重要地位。无论是古体诗、近体诗或者今天的现代诗，都是人们青睐的文学体裁，它滋养着人们的精神世界。

《论语·季氏篇》提出的“不学诗，无以言，不学礼，无以立”，阐述了学习《诗经》对人们交往的重要意义，也生动地讲述了诗歌于社会生活文化的重要性。在当今这个时代，诗歌对于青少年思维能力的提升、审美情感的孕育、个性品质的塑造都是非常重要的。采用正确有效的方式去读诗，是我们需要关注的。诗歌丰富的内涵、深韵的情致需要我们一遍遍品读和鉴赏，记录下阅读的体会和感受，这样有助于有效阅读、深入理解诗歌。本节关于诗歌的阅读，我们主要涉及的是古诗，即中国古代的诗歌，广义的古诗包括诗、词和散曲，从狭义的角度来讲，主要以近体诗作为本节的讨论对象。

第一步建议了解一些基本的格律平仄的知识。格律平仄是近体诗基本的规则，忽略这些基本的规则去谈论意境、手法、情感无异于无源之水、无本之木。当然，由于文字古今发音的变化，对于今人而言，真正精通平仄格律是有难度的，但同学们了解并掌握基本的平仄、用韵的知识，有助于诵读和理解诗歌。关于格律，大家无需去硬记“平平仄仄平平仄”之类的口诀，可以去理解一些基本规则。这里我们以七言律诗为例，常规的比如“一三五不论，二四六分明”。这是古人写七言律诗平仄搭配的常用口诀，即七言律诗中，第一、三、五字平仄不受限制，而第二、四、六字平仄分明合规；再比如“同句平仄相间”指一句诗句中，第二、四、六字需要平仄相间，“同联平仄相对”指首颔颈联内，前后句的第二、四、六字平仄相反，“邻联平仄相粘”指相邻的联的第二、四、六字平仄相同；律诗只押平声韵等。同学们可以读读王力的《诗词格律概要》、启功的《诗文声律论稿》、龙榆生的《词学十讲》等，也可以借助“吾爱诗词”这个网站，辅助我们诵读和做笔记。

第二步，关注诗歌的画面感，是我们写诗歌读书笔记的又一方法。在阅读诗歌时，头脑中形成诗歌的画面，运用表格的方式对诗歌画面中的基本元素进行记录。比如阅读《山居秋暝》，可以分别对“空山新雨图”“明月清泉图”“浣女晚归图”三幅画面的手法、重点词句、情感色彩等列表分类归纳，表格中还可以设置一列，用于归纳和这些画面相似的古诗词名句，便于积累。这种方法还适用于一些诗词的对比阅读，运用表格，清晰地展现出它们的异同。比如苏轼的《江城子·密州出猎》与陆游《诉衷情》在表现手法、作者情感、中心主旨的对比阅读和梳理。另外，绘画功底相对好的同学，可以为自己喜欢的诗歌配上画。题画诗最早兴起于南北朝时期，到唐宋逐渐兴盛，我们熟知的苏轼、黄庭坚都是题画诗的能手。同学们如今可以反其道为之，为诗配画，岂不乐哉！

此外，写诗歌读书笔记时，知人论世、解析手法、品鉴名句都是笔记中必不可少的，写读书笔记和阅读诗歌的方法是相通的。当然，读诗，自由自在地阅读，随性地记录下自己的体会，让自己的情绪得以释放，在诗歌的文字里寻求美和感知美，是我们读诗的正确打开方式。

四、散文的读书笔记

散文是文学类型的一种，在写作方式上相对比较自由灵活。在古代文学中，从广义而言，散文和韵文、骈文相对，只是不追求押韵和句式的工整而已；作为一种文体，与诗歌、小说、戏剧相对应，这是狭义的散文概念。

散文最大的特征为“形散神不散”。所谓“形散”，主要针对的是散文选材的多样性，结构的自由灵活，不受拘束，散文的文字富有流动性；“神不散”指的是散文的中心是集中和明确的，文中有贯穿全文的主线。语言优美是散文的又一标志性特征，散文是日常阅读和摘抄必不可少的素材。散文的基本类型有叙事散文、抒情散文和哲理散文，对于这三种类型，读书笔记的写作方法各有侧重。

第一类是叙事散文。叙事散文的另一个名称是“记叙散文”，顾名思义，主要以记叙事件为主，比如鲁迅的《从百草园到三味书屋》、史铁生的《秋天的怀念》、朱自清的《背影》。这类散文记叙的事件不一定完整，但会相对比较集中，有时间、地点、人物、事件等基本元素，一般通过一些特征性的事件表现人物或者生活。写这类散文的读书笔记时，重点放在人物的刻画上，可以运用不同符号标记、表格梳理、事件不同阶段对比分析等方法进行文本的整理，文中的典型描写可以挑选一些做摘录。同一个作家的不同篇目、不同作家的相似篇目都是可以进行摘抄和对比记录的。

第二类是抒情散文。抒情散文的另一名称是“写景散文”，即通过景物的刻画表达作者的主观感受和体验。抒情性是这类散文的重要特征，作者通过寓情于景、借景抒情或者情景交融等多种手法将人物的情感寓于具体的形象之中。抒情散文的读书笔记主要以摘抄为主，点评是对文中的抒情手法做鉴赏，鉴赏时常常要结合作者的情感和文本的主题。建议同学们摘抄时用多种彩色笔，摘抄、点评的文字用不同的颜色。

第三类是哲理散文。哲理散文具有深邃的内涵，对事物本质的挖掘透辟而深沉。在阅读时，我们要运用想象、联想、分析、综合等多种思维方式对文本中的内容进行赏析，从文字的表面到深层，结合同类散文的主旨加以理解。读书笔记，建议是摘抄结合读后感的形式，在读后感里，结合阅读积累分析文本的思想精华，阐释对自然、社会和人生的理解。

领会散文的情韵、神韵，品味散文的语言，感知散文深沉的哲思，用读书笔记记录下阅读的过程体会，忘却繁杂的心绪，情之所至，心之所向，无所羁绊，自在自得。

五、小说的读书笔记

同学们课外最喜欢阅读的文学作品是什么？大多数的回答应该是小说。小说是课外阅读中占比比较大的阅读素材。小说是侧重于用人物形象刻画、故事情节叙述和环境描写来反映社会生活的文学体裁。小说容量大，不像剧本那样受到时间、舞台的限制，在篇幅上具有自由度，无论长篇还是中短篇小说，都因其丰富的内涵而成为别样的存在。

小说的读书笔记首先涉及的问题是小说的阅读，读书笔记的写作经常是和阅读同步进行的。关于小说阅读，我们可以将小说的三要素作为阅读的支架。

首先，厘清小说的事件发展脉络和过程，梳理小说故事情节相对应的时间地点，把握小说的明暗线是阅读小说的第一步。可以根据小说目录中的关键词寻求章节之间的联系，读者适当的主观预设利于尽快进入故事情节，梳理主线副线。非常好用的读书笔记就是思维导图，思维导图图文并重的方法可以将小说的故事脉络、人物主次关系比较清晰地展现出来。尤其有些长篇巨著，比如《百年孤独》《战争与和平》《红楼梦》等，人物繁多、关系复杂，思维导图的作用就比较明显。

其次是小说的艺术手法。小说的艺术手法可谓写作手法之源，包括了人物形象刻画、环境描写、细节刻画、正侧面刻画等。对于小说的鉴赏，可以在书本边上做批注，如果是借阅的图书，可以用扫描宝对文本进行扫描打印，贴在笔记本上，再在旁边做批注。此外，分析艺术手法，不是就事论事地仅仅解析手法，而是在分析时要围绕着中心进行手法的鉴赏，所有的手法最终指向小说的中心主题。

再次，关于小说中的人物赏析。初读时，我们在小说文本中用多种符号进行标记，及时在文字旁做批注，记录下阅读过程中的即时性体验。当完成第一遍的粗读后，写下初步的阅读体验，这种读后感不需要拘泥于形式、字数或者其他要求，随兴所至。然后，同学们可以查阅一些关于这本著作的鉴赏文字，中国知网、万方数据库或者图书馆的纸质书籍都是不错的资料来源，阅读小说相关的评论，然后修改自己的阅读体会，并且做成电子稿保存在自己的作文文件夹中。后期阅读相似类型的小说时，可以将自己原来的读后感找出来进行对比鉴赏，经常做这样的训练，假以时日，同学们的阅读和写作能力会有一定程度的提升。

最后，谈谈小说反复阅读中读书笔记的整理问题。就经典的小说而言，建议反复阅读，每一次阅读，在知识积累悄然变化的情况下，对文本的感知是不一样的，体验也会大不相同。所以建议定期重复阅读曾经阅读过的经典小说，回顾当时的读书笔记，就原来的读书笔记进行加工或者同主题重写。通过这样一次次的深入，我们对小说的理解会逐渐加深，也会真正领会小说的内涵。

第四节　电影影评

电影越来越成为大众娱乐休闲活动中不可或缺的一部分，每一次法国戛纳电影节的金棕榈奖、德国柏林电影节的金熊奖、威尼斯电影节金狮奖一经颁布，定能引起评议热潮，更别说奥斯卡金像奖和金球奖了。人们热情不断地对奖项、剧本、演员、导演等点评，阐述自己的观点，电影影评成为大众娱乐的重要形式。本节借助几部笔者深爱的电影，与同学们聊聊关于影评的写作。

《天堂电影院》和《海上钢琴师》是笔者深爱的电影，都是意大利导演朱塞佩·托纳多雷执导的作品。《天堂电影院》是一部具有自传意味的作品，讲述了电影的发展史和个人的成长史。整部电影散发着一种迷离的伤感和怀旧气息，每一次看到萨尔瓦多在墙面投影他拍摄的与艾莲娜初见的情形，我都忍不住泪眼婆娑。青春是一道明媚的忧伤，属于你，属于我，属于每一个曾经用情的人。《海上钢琴师》

中，1900对Max说："Max，两条右臂能弹出什么音乐，希望天堂也有钢琴。"这句话和前面1900讲笑话的氛围大相径庭，让人沉思和伤感，然而，钢琴天才的那种简单和纯真，令人惊叹。《肖申克的救赎》是一部情节精彩，具有丰富的人文内涵的电影，值得一遍遍品读。同学们可以通过观影、写影评、读影评，加深对这部电影的理解。国漫王者——《哪吒之魔童降世》完美地演绎了神话，主角的叛逆、不服输，坚毅地与命运斗争的精神让这部电影具有震撼人心的艺术魅力。

一、电影影评的相关概念

电影是一种视觉艺术，涉及摄影、绘画、音乐、舞蹈等多种艺术。它借助于活动照相术和幻灯技术的综合发展，用连续的影像画面表达社会生活。和电视一样，电影也是大众娱乐生活的重要形式。相比舞台剧，电影在时空跨度上更大，可以直观地跨越不同的年代，反映不同的历史背景和社会环境下的生活与文化，具有艺术审美价值和教育功能。在现代生活中，观影之余，写作影评也是日常写作的一种形式。这种社会性行为的参与感是网络高度发展时代所带来的，符合大众的心理需要和情感需求。

电影影评是包含艺术构思、审美价值和主题思想多元评价的一种文体。电影影评写作内容比较丰富，可以对导演、演员、技术、主题等多方面进行分析和评论。影评的写作比较自由，可以针对任何一个方面或者几个方面撰写评论，也可以结合电影发展史、电影创作理论、某一种类型电影的共性研究等展开。电影影评反映观影者的鉴赏水平，也是电影艺术水平的展现，间接地促进电影艺术的发展。

电影影评在写作时有三方面需要注意。

其一，文本的整体把握。任何一部电影的影评，写作时应有大局观。电影是综合的艺术，在写作时要着眼于电影的整体格局，细节不要过于吹毛求疵，不要因为个别小细节的不足去否定一部电影。写作时可以在整体的基础上对一些细节加以点评，细节的点评可围绕文章的中心展开。

其二，思想性与艺术性相统一。影评，是对电影的艺术特征的诠释，是评论主体思想的反映。在写作时，应结合电影中的一些具体情节或者要点展开，思考这部电影运用了哪些艺术手法？人物的塑造中，最具有特色的人物是谁？电影的戏剧冲突中，最动人的情节是什么？电影的结构特征是什么？电影的逻辑性何在……当从这些问题角度去思考这部电影时，我们能更加深入电影的艺术世界。

其三，关注影评的文采。电影影评除了是观众的自我表达，也是观众之间关于电影的对话和交流，同时，也是给即将观影者以指导的文字。写作时，我们需要关注言辞思辨性和文采。一篇优秀的影评会激发别人观看这部电影的兴趣，也会让已经看过这部电影，但在思想层面还没有触及的观众有一种找到镜像的久违感。电影里的人物可能就是生活中的你我他，我们却没有发现。“电影是个人生命历程的史诗”，当银幕中的人物语言、行为和我们叠合时，我们会照见本真的自我，看到哀伤、激越和勇气，看到昨天的自我，憧憬未来的我们。

影评是生活中富有趣味的写作。同学们可以尝试多读一些影评，开始着笔写作。

二、《天堂电影院》影评

《天堂电影院》是意大利导演朱塞佩·托纳多雷执导的一部电影，和《海上钢琴师》以及《西西里的美丽传说》并称为托纳多雷的“回家三部曲”。这三部电影中，《天堂电影院》及其音乐是笔者的最爱，只要它的主题曲 *Cinema Paradiso* 和插曲 *Love Theme* 响起，钢琴的纯净，小提琴的轻柔，大提琴的低沉，在静静的光阴里流淌，似乎可以看见过往的美丽与哀伤、明净与温暖，爱恨情仇被放逐，孤寂忧伤随风飘摇，一生的每一段记忆都是值得铭记的。

这部电影的主题，是一个经久不衰的谈论话题。“天堂电影院”，这是一家电影院的名字，这里是主人公萨尔瓦多生活小镇的人们精神的天堂。这里的人们沉醉于电影的艺术世界，渴望电影中自由的欲望与幸福，渴望在有限的文化熏陶中摆脱现实中的艰难与苦痛，可能是战乱造成的流离失所，可能是亲人离散，也可能是阶层压迫与歧视，在电影的空间里，这些都会泯灭，只剩下原始的激情和狂热。然而，岁月不可能是死水，静止不动。一把火烧掉了陈旧的电影院，当新的电影院重新建造好，明亮通透、宽敞大气的“新天堂电影院”出现在银幕上，失明的阿尔夫莱多将放映的重担转交给衣着整齐的萨尔瓦多时，萨克斯的声音融合在主奏弦乐中，欢快与厚重的音色将一个新的时代展现在观众面前，这是这部影片中最欢乐的场景之一，还有一个场景就是萨尔瓦多和艾莲娜幸福的恋爱生活。然而，新的天堂电影院五色的彩灯和欢乐的气氛并不能让我感觉欢快，时间带走一切的无奈，就像儿时当风吹走你最心爱的气球，除了眼泪和叹息，我们别无他法。电影结尾，萨尔瓦多在布满灰尘的放映间找到艾莲娜当初留给自己，却被阿尔夫莱多藏起来的纸条，阿尔夫莱多的葬礼，天堂电影院被炸毁，人们落泪，广场上那个疯子念叨“广场是我的”，几个情节穿插胶合。每一次观影，我都会泪流满面。人生太奇妙，任何一个小小的转折都似乎让时光斗转星移，梦想与现实被击碎在生命中的无数个细微的时空里，不知会不会遇见和发光。

人物的塑造是这部电影的灵魂。萨尔瓦多是这部剧的主角，不过他的形象依托于另一个主角阿尔夫莱多，就是电影海报上那个骑车带着萨尔瓦多的老头。阿尔夫莱多是这家天堂电影院的放映员，也是萨尔瓦多的人生导师和生命中最重要的人。考场上萨尔瓦多帮他作弊时的窘态，为看不起电影的穷人在影院外广场墙壁上放映电影，萨尔瓦多被母亲打骂时，为他开脱，几个小细节，将阿尔夫莱多的淳朴、仁厚、善良表现出来。以天堂电影院火灾为分界线，双目失明的阿尔夫莱多的形象变得更加深沉。在站台上，坐着的他用手轻轻抚摸萨尔瓦多的脸庞，告诉他，让他离开这个小镇。青年萨尔瓦多从部队回来，阿尔夫莱多又让他离开，回罗马。为了让萨尔瓦多去远方追逐自己的梦想，他狠心地隐瞒了艾莲娜留给萨尔瓦多的纸条，隔断了他们的联系，这一别，再次相见，艾莲娜已为他人之妻，两鬓斑白，错过了一生。阿尔夫莱多无法摆脱命运里的悲剧，他只希望萨尔瓦多不要埋没在这个闭塞的小镇上，他如此决绝。他的直觉告诉他，萨尔瓦多不属于这里，但内心痛苦也煎熬着他，否则他不会在离世后托自己的妻子转交信件给萨尔瓦多，告知他真相。这个人物命运的悲剧和眼光的睿智让这个形象变得非常具有感染力。

《天堂电影院》是具有自传性质的一部电影，它表现了个人的成长史，也反映了电影的发展历程。小镇、电影院、广场作为物质世界的外壳，支撑着这个西西里小镇人的整个精神世界和情感天地，主人公的爱情与人生经历引发我们的思考。当我们平静地回望昨天时，我们对生命的理解会变得更加丰富和完整。

上文是笔者观看《天堂电影院》后的一些感受，因为看过太多遍，前后的时间差有二十多年，不同的心境和成长阶段，对这部电影的感受是不一样的。当我要用限定性的文字来表达自己最深的感受时，竟然有些不知所措，就像苏格拉底让柏拉图在稻田中不回头地找到一颗最大的麦穗，或者像炎炎夏日，疯跑得满头大汗的孩子对着琳琅满目的冰淇淋有选择障碍一样，无法确认自己是不是得到了最称意的选择。所以上面的文字，也就是随性而发。整体而言，写作影评，电影的主题是需要经常进行剖析的，因为主题是艺术语言所要表达的内涵。我们在写作时，结合电影的时代背景深入挖掘作品的主题，是鉴赏一部电影很必要的一个横截面。同时，任何一部电影作品，几乎都有足以支撑起整个影片的主要人物，对人物的形象和精神品质的剖析也是写影评时绕不过的一个重要方面。关于影评，我们也可以参考一些电影杂志，这对于我们的影视鉴赏能力是一种提升。

三、《海上钢琴师》影评

《海上钢琴师》是朱塞佩·托纳多雷执导的“回家三部曲”中的第二部，这部电影改编自亚利桑德罗·巴里克的文学剧本《1900：独白》。故事讲述的是1900年，一艘往返于欧美两地的邮轮上，一名被遗弃在钢琴上的新生儿，被锅炉工人丹尼·博德曼收养并取名为1900。丹尼·博德曼对他悉心照料并教他读书认字。后来丹尼在工作时遭遇意外离世，1900独自在船上生活，这个没有亲人，没有国籍，也没有户籍的小男孩却对钢琴有惊人的天赋，无师自通的他经常演奏出令满船人震惊的曲子。一次，一位自称“爵士乐祖师”的杰利前来挑战，自取其辱，大败而归。然而，这位钢琴天才从没有踏上过陆地，即使是最后邮轮报废被炸毁，他都没有离开这艘船。

《海上钢琴师》的人物塑造是非常精彩的。1900的身世富有传奇色彩，弃婴、无国籍与户籍，天赋异禀和独特的个性让1900成为整部剧最具有魅力的人物。对于1900的塑造，除了正面的刻画，其他人物的烘托也起到一定的作用。剧中的其他人物是凡尘俗世的代表，他们与1900似乎生活在不同的时空。主人公所有的生命、热情和梦想跟随着他的音乐灵魂生与死，在空寂无边的大海上，他完全属于自己，从不会成为随波逐流的泡影，当众人看到自由女神像惊呼，他平静得具有一种扣人心扉的震撼力。也许你会觉得他是害怕岸上的世俗生活，其实，留在这艘船上，守护这片净土，守候心中的自由，即使物质形态消亡也会无所畏惧，这样的执念和纯真，才是真正的艺术魂灵。我们每一个人都生活在社会关系之中，形形色色的人，纷繁复杂的事，每一天左右着我们的情绪，我们也期盼那种随心而至的状态，渴望冲破俗世的牵绊，但少有人拥有1900这样的勇气和决绝。曾经，他遇到了心爱的女子，有过下船的冲动，但陆地对于他来说，也是一艘太大的船，有太漂亮的女人，太长的旅程，太浓烈的香水，所以，他最终停住了脚步，回到这个自己熟悉而钟爱的空间，最后哪怕生命在炸药之中湮灭，他也没有丝毫的犹豫。

这部影片极具浪漫主义手法，探讨了关于个人生命抉择的问题。我们每一个人，都从属于一种生活方式和自处方式，但这种方式往往不由我们自己选择。社会和命运无形地牵制着我们，我们不由自主地被裹挟着茫然地奔劳，尽管我们多么地不情愿。这部影片中间有一段插曲是非常出名的，伴随 *Magic Waltz* 中跳跃的华尔兹，所有的忧郁不复存在，自由自在地随着钢琴转动，随性、自在是这段音乐的注脚。当遵从自己的本心时，任何羁绊都无法左右我们。

深邃的意境、富有个性的人物塑造、流淌的音乐、碧蓝的海水让这部电影像诗一样美。影片告诉我们，生命的宽度不受制于时间的长短，也不从属于世俗的评价，只有当我们认识自己时，我们才真正活着。

《海上钢琴师》是一部让人泪目的作品。对于这部作品的影评，紧扣人物形象的分析是写作的焦点。我们可以从哪些角度或者侧面分析人物呢？首先，笔者建议采用思维导图，理顺主要人物和剧中的次要人物的关系。这部剧中 1900 与他的养父锅炉工人丹尼·博德曼、好友马克斯、"爵士乐祖师"杰利、邂逅的女子以及船上的那些普通游客之间的对比和关系，就是一个非常好的影评切入点。他这个不食人间烟火的钢琴奇才与芸芸众生的对立和矛盾是这部影片的看点，也是这部作品表达人物的一个角度。此外，除了人与人之间的关系，人与社会、与人生、与时代的关系也是我们写作中可以涉及的。1900 对待外在世界的态度，对梦想和生活方式的追求是这个人物特立独行的典型特征，也是他最感动观众的地方。

四、《肖申克的救赎》影评

《肖申克的救赎》是著名导演弗兰克·德拉邦特执导的一部影片，这部影片在 1994 年公映。1994 年是影坛光辉的一年，其中《阿甘正传》成为最大的赢家，空手而归的《肖申克的救赎》后来却成为好莱坞最受欢迎的影片之一，在豆瓣上获得评分 9.6 分，高于 95%的剧情片，也超越了 97%的奇幻片，是一部真正的无冕之王。

这部影片剧情起伏跌宕，很多细节打造扣人心扉。影片主要讲述的是年轻有为的银行家被诬陷指控谋杀入狱，在狱中凭借自己的学识和才干，与贪婪的监狱长斗争周旋，为监狱扩建图书馆，帮助狱友学习，以惊人的毅力用小锤子花了 19 年凿洞，最后成功出逃，实现了自我救赎的故事。诚然，这是一部讲述越狱的电影，但不止于越狱，它通过丰富的剧情和人物形象的刻画，诠释的是心灵的救赎这个哲学命题。监狱的高墙并非真正的管制，正义与邪恶、善良与阴毒、光明与阴森永远是二元对立的。人生有太多意想不到，可能转瞬就是深渊，但人只有拥有希望，找到适应外在环境的方式，才会获得身体和灵魂的自由，生命之花才会真正绽放。

影片中有几处非常动人的情节。其一主要是围绕安迪展开的，安迪为劳作的伙伴争取冰啤酒的情节。安迪借助自己的专业知识和监狱官交易，报酬就是请狱友们喝三瓶冰啤酒。阳光洒在肩头，狱友们喝着冰啤酒，体会到了很多年来没有享受过的幸福和宁静，觉得自己仿佛坐在自己家里的阳台上一样自由。安迪，坐在阴凉处，微笑地看着狱友，无比满足。还有一个场景是安迪冒着生命危险播放他在图书馆翻到的莫扎特的旧唱片。安迪播放的是莫扎特的《费加罗的婚礼》中《微风轻拂》中柔美的女声二重奏，伯爵夫人和女佣轻轻地歌唱："希望能够吹起柔柔的西风，今晚，在林中松树的下面，在朦胧的夜色里……"在充斥着罪恶与死寂的肖申克监狱上空，当音乐响起，所有的罪犯停住了，纯净的和声、悠扬的旋律犹如天籁之音，洗涤了一切的黑暗、压抑，美好与圣洁唤醒了久违的渴望。冲破桎梏，追求自由和生命的意义此时变成一种本能的内心需求，光明和向善的审美感受不由自主地升腾，有一种穿云裂帛的力量，所谓"强者自救，圣者渡人"，睿智渊博、超脱达观的安迪诠释了救赎的内涵。另外，老布的选择是影片中触发泪点的情节。老布是和安迪遥相呼应，形成对比的一个人物。这个平凡、孤独又闭塞的图书管理员，长期囿于监狱这个狭窄的空间，在机械重复的工作中，被磨平了棱角，对未知的世界充满了恐惧和绝望，曾想寻衅滋事延缓刑满释放的日期。出狱后的他备受煎熬，徘徊在悬崖的边缘，最终选择结束自己的生命，可悲可叹！老布这样的人物，在生活中是有原型的，或者说具有相似的隐喻义。监狱的高墙筑起的世界是被体制化的，生活中的烦忧、不如意也可以成为包围我们的"高墙"，如果找不到救赎的大门，找不到与社会网络关联的安全自处方式，那生活真的只有惶恐和迷茫。

《肖申克的救赎》中有很多经典的台词。比如对于生命的意义的理解，"要么忙于生存，要么赶着去死"，这将人生的两种状态简单、透彻地展现出来。前面章节王羲之《兰亭序》中也说到"死生亦大矣"，那么，如何才算生存，如何更好地生存，怎样的生命状态才是区别生与死都是我们需要思考的命题。比如，"怯懦囚禁人的灵魂，希望可以令你感受自由""每一个人都是自己的上帝""有些鸟儿是注定不会关在牢笼里的，它们的每一片羽毛都闪耀着自由的光辉"。面对生活中的坎坷和困顿，怯懦才是真正囚禁我们的监狱，唯有自己主宰命运，即使遭遇不幸也永不放弃，执着追求希望和光明才能获得绝对的自由，才会让自己的羽毛熠熠生辉。

《肖申克的救赎》是一部具有深刻人文内涵的佳作，值得反复鉴赏。这部作品很多同学应该都听说过或者接触过，可能是观看过的电影，也有些大概就是通过影评了解的这部作品。关于这类作品的影评，从电影的名字入手，结合人物分析作品的主旨，是可以采用的方法。作品名字的多维内涵通过故事情节和人物塑造体现，读懂标题，也基本读懂了这部作品。另外，对于有很多金句的作品，加以摘抄和鉴赏，也是对文本、剧本不可或缺的赏析路径。

五、《哪吒之魔童降世》影评

在影评的最后一节，我们一起来看一部国漫大剧——《哪吒之魔童降世》。这里，暂且搁置这部作品上映后飙升的票房和纷至沓来的荣誉，平静地去解读这部源自中国神话的佳作。

对于一部神话题材的电影而言，在传承神话元素和精神的基础上，结合新的时代和民族审美心理的增删是不可缺少的，在人物塑造上的创新、主题内涵的深化、现代电影艺术的彰显都是必经之路。就这个意义而言，《哪吒之魔童降世》做到了秉承与创新，且展现出更加丰富的景深。哪吒的传说最早来自印度，传入中国后，哪吒这个形象在佛教和道教中演化，在历朝历代文化土壤中生长。哪吒和父亲李靖的关系具有来自文化基因里的矛盾与冲突，这种对立与中国传统文化中的“父父子子”的教义也是相左的。如今的家庭教育，已经逐渐从母爱笼罩的单项式育儿概念中走出，父爱的现代性意义，父子平等友爱的亲情模式建立的需求也在逐渐成为一种集体意识。这部作品中，运用了大量的肖像刻画。通过眼神的交流突出父亲的隐忍、无私和奉献，父亲对儿子的精神感召，使那个桀骜不驯，被世人遗弃的顽劣之子在一次次较量中，成为一个真正的少年英雄。尊重现实，朴素豁达，不埋怨，不妥协，认识本真的自我，相信自己才是主宰命运的主人，真心实意地实践和执着向前，支持真理，拥抱健康和道义，这是父亲践行的为人处世的准则，也是他传承给哪吒的基因。此外，龙族敖丙父子的关系成为哪吒与李靖关系的旁注和反衬。气宇轩昂、风度翩翩的敖丙披着龙族最坚硬鳞片做成的铠甲，承担着帮助龙族脱离海底炼狱的重担，这个是已经等待了千年的夙愿。面对友情和道义时，最令他痛苦窒息的，是违抗父命，成为龙族的千古罪人，还是选择友情和相对的正义，这让敖丙成为负着原罪踽踽独行的孤独者。

戏里戏外都在诠释一条真理，即坚毅、柔韧的内心是灵魂熠熠生辉的原因。作为社会体制里的个体，最害怕什么？被社会边缘化和妖魔化，被遗弃，那是多么的命运不公。哪吒就是这样，从一出生，就被打上了妖怪的烙印，无论怎样挣扎，都得不到别人的理解和认可，外界的怀疑、敌意和冷漠像一座山压着他。如何突破，如何重塑自己的政治身份，被社会群体所认可和信任，这对于一个本身已经几乎被人们判处“死刑”，处于社会话语权边缘的小人物来说，那更是难上加难。然而，正是因为哪吒叛逆、不囿于基本的世俗社会规则，他敢于挑战权威，具有可以扭转乾坤的勇气和决绝，“我命由我不由天”。这部电影剧本，是导演饺子删改了66版，和他的团队用时五年倾情打造的。饺子本科是华西医科大学，大三转行，毕业进入一家三维动画广告公司，其间经历父亲过世、辞职还有被认为不务正业的评论，但他没有放弃，带着他的团队，五年磨一剑，破苍穹响彻云霄。前行的路，我们也许会被否定，但通向成功的路，只需要相信自己！

《哪吒之魔童降世》，标志着国漫的复苏，引领着国潮文化的崛起。开拓创新，挑战未知，也正是这部影片里诠释的精神。

《哪吒之魔童降世》上映期间，关于这部作品的评论铺天盖地，大多数都是针对里面的人物和情节的，通过这些影评，我们也更加深刻地理解了这部作品。同时，关于它的导演饺子，也有很多的报道。所以在写作影评时，我们不要局限于作品本身，也可从它的创作团队、导演、作品构思和制作过程来反观作品，戏里戏外结合，以知人论世的手法，真正理解人物和作品的内涵。

第五节　艺术评论

艺术评论是一个学科专业术语，参与对象主要是专业的评论家，他们对艺术领域的见解和观点，也是大众审美的指导方向。本节我们探讨的艺术评论，是一个广义的概念，主要指在大众娱乐生活之中，作为普通的鉴赏者对艺术作品做的评论或者鉴赏心得。这种借助文字阐发对艺术的体会和见解，是艺术欣赏自动生成的情感体验，属于自由写作的一类。

本节从音乐、绘画、建筑和雕塑四个方面进行阐述。音乐是日常生活中必不可少的一种艺术形式和文化活动。音乐的艺术语言是节奏、旋律、歌词等，由有组织的、有规律的声波组成。在本节，笔者邀约同学们一起鉴赏古典音乐《流浪者之歌》，感受吉普赛人那种澄澈、浪漫的个性，体会划破天际的孤独与哀愁。关于绘画，因为笔者曾到河南省游玩，《清明上河图》大幅投影和壁画着实令人震撼，张择端带领我们一起重温古代汴京东郊的繁华盛世。我们也在山水田园诗和山水画中徜徉，品诗，观画，写意，流连忘返。中国古典建筑中，关于园林艺术，同学们并不陌生，我们早在叶圣陶先生的《苏州园林》中欣赏过园林艺术的匠心和典雅。鉴赏园林的外在美和艺术手法，都是我们可以进行的思维训练。最后是雕塑，我们将要欣赏的是被誉为“世界第八大奇迹”的秦始皇兵马俑，一起感受两千多年前秦王朝军容的威仪和古代雕塑艺术的精湛。

艺术领域浩瀚，精品灿若群星，本节粗谈一些拙见，抛砖引玉，愿同学们能沉浸在自己喜爱的艺术领域中，养心养气。

一、艺术评论的相关概念

艺术评论是指专业的艺术评论家对艺术作品发表看法和观点的文字，主要是对书法、绘画、音乐、舞蹈等艺术种类的评价，这样的评论一般都具有较高的理论性和专业水准，对艺术实践和大众的艺术认知有一定的指导作用。我们在鉴赏一些作品时，经常也要借助于专业的评论去深入理解作家和作品。艺术评论是我们走进艺术的桥梁，是人们审美的媒介。本节将要探讨的艺术评论，是一种广义的评论，是作为普通鉴赏者的我们在欣赏艺术作品之后，通过文字表达我们对作品的理解和感悟，相当于艺术随感，也是一种自由的写作形态。

写作艺术评论时，对艺术作品的理解和鉴赏是第一步。艺术作品的理解，可分为三个层次，即艺术语言、艺术形象和艺术意蕴，这三个层次代表了作品的结构层次。第一个层次是艺术语言。艺术语言是指艺术的创造主体在特定的艺术种类中，所运用的物质材料，这些材料按照审美法则进行组合，形成作品的外在形式。比如，绘画的艺术语言，即色彩、线条和形状等。音乐的艺术语言是乐音、节拍和旋律等。艺术语言是作品向我们传达内涵的载体，艺术语言的表现类型有写实、夸张、隐喻等，丰富生动的艺术语言能帮助我们理解作品。第二个层次是艺术形象。如果说艺术语言着眼于外部结构的物质材料，那么艺术形象属于抽象的概念。艺术形象是艺术反映社会生活的特殊方式，是审美主体和客体的交融，是由主体创造的艺术成果。艺术形象融汇了创作主体的思想感情、精神内涵，也包含了客体对艺术作品的审美理想和期待。艺术形象是艺术作品的灵魂。最后一个层次是艺术意蕴。“意蕴”是深藏在艺术作品内的，不同于艺术语言的显性特征，是需要审美客体通过解析和反复领会才能获得的理解，具有多义性和模糊性。艺术意蕴的获得涉及审美客体的知识背景和领悟能力，这是需要积累的。

同学们在写作艺术评论时，结合自己的背景知识，深入理解作品，并运用文字将自己对作品的见解记录下来。沉淀一些时日，闲暇之余，再去品评，也是很有意思的事。

二、音乐评论

音乐评论的写作比较自由，可以针对音乐的艺术风格、歌词、旋律、作词作曲者做相关评论，适当的音乐理论基础是需要的，但没有太高的要求。音乐评论是我们对某一类或者某一首曲子有所理解感悟时，结合曲子或者音乐种类的基本知识，写出我们的听后感，主观性是比较强的。

选择喜欢而熟悉的音乐主题或者曲子是写作音乐评论的第一步。在反复聆听的基础上做一些笔记，比如一首交响曲中运用的乐器，每一类乐器的音质与音色特征，这种乐器表达的情绪，这首曲子的章节和主题。对于一首歌曲而言，歌词的点评，节拍和旋律的感受，主题的评论等，都是我们写作音乐评论时可以涉及的内容。写作音乐评论可以采用下列结构。开篇列出艺术家、乐队、乐曲、歌曲的名字，简析音乐风格和种类，交代背景或者发展历史。在评论的主体部分，选择合适的角度对音乐进行点评，这里建议围绕着某一类主题，或者对某一方面进行点评。当然，因为是自由写作，涉及面适当广一些也无妨，但要注意分类叙述，兼顾叙述的逻辑性。最后，结合曲目的主题和情感整体评论。建议观看视频网站上的相关演出，并阅读这些乐曲的专业性评论，辅助我们的写作。

笔者钟爱古典音乐，有很多喜欢的古典名曲，这里就选择一首常听的《流浪者之歌》和同学们交流一下。《流浪者之歌》又名《吉普赛之歌》，是作曲家帕布罗·德·萨拉萨蒂的代表作，是小提琴独奏的名篇。笔者高中时代为了上学方便，寄宿于舅舅家。在那间灯光昏黄的小屋里，煤油炉散发着淡淡的味道，这种味道和户外的白雪，让人觉得日子很悠长，寂寞孤独。在外读大学的哥哥给我买了一个随声听(Walkman)和一些 CD，一次，我不经意听到了这首小提琴独奏。乐曲开篇是一段序奏，一种似从天而降的悲伤深沉倾泻而出，空灵，明朗，它充满了听者心灵的每一个角落，叠合在那些自在的忧伤里，轻轻拂过，清晰、朦胧、幻灭，继而又升腾、回旋，洗却了繁芜与寥落。伴随着小提琴的旋律在 G 弦上的反复吟唱，吉普赛人民间乐器的基本特征展现了出来。一段相对寂静后，乐曲进入第二段，柔和的慢板轻轻响起，忧郁、哀怨间杂着快速的乐音，给人一种瞬间的变换感。进入第三段，小提琴装上了弱音器，这是一段广为流传的曲子，旋律据说是来自一首匈牙利歌曲，歌词大意：有一位美丽的姑娘，那是我的鸽子和玫瑰，命运把她赐给了我，我要感谢上帝的恩惠。当我们还沉浸在第三段的感伤情调时，极快的快板，豪迈而狂野的第四段迎面而来。这一段音乐从C小调转入C大调，哀怨、愁苦抛诸脑后，把酒言欢、载歌载舞，欢乐、明快，朝气蓬勃，欢悦直上云霄。在雨果的《巴黎圣母院》中，吉普赛女郎艾丝美拉达俏丽的容颜、曼妙的舞姿和执着追求真善美的形象给我们留下了吉普赛人的初印象。而《流浪者之歌》里，吉普赛这个从属于流浪的民族，世代迁徙辗转，清苦疲累，但他们热情、活泼、乐观，在歌舞、美酒和音乐中，他们真实而幸福地活着，用积极的生活态度感召着子孙后代。

除了一些古典音乐，在21世纪的现代音乐中，还流行着一种新出现的古风歌曲。这种歌曲的歌词具有诗词歌赋之美，句式均齐，语言唯美典雅，多运用民族乐器进行演奏，是年轻人的新宠，每每在一些典礼或者仪式上出现，总能引起较强的共鸣。有兴趣的同学可以选择一两首喜欢的古风歌曲，从歌词或者风格方面进行品评，一定是很有趣味的。

三、绘画评论

绘画是以一个表面为支撑，艺术行为结合图形与构图的美学表达方式，它的艺术语言是色彩、线条和颜色等。绘画这种造型艺术，是艺术史上无比璀璨的明珠。

笔者于绘画，是一个彻底的旁观者，不敢妄论，但观赏画品，确实是由来已久的喜好，这种情缘自童年始。我的小学时光，都与一个方正的四合院有关，这个院子里住着我小学就读的煤矿子弟学校的老师，离我家最近的邻居是一位美术老师。这位美术老师身材瘦削，满头银发，颇有些仙风道骨。在院子里看他种花和绘画便是孩子们的一大乐事，常常是其他孩子没有耐心疯跑着玩去了，我还在那里驻足观看。在那个年代，即使再喜欢，也不会被爸妈激动地安排着去上绘画班，也许，正是这种天然，源自内心，未被塑形过的喜好才不会被弄丢，静静地随着时光生长，彩色成为唤醒童年记忆的符号。大学时，笔者在中文系选修过一门西方绘画史的课程，对中西方绘画的异同点有了一些了解。中国绘画重在神韵，西方绘画重形似，西方绘画运用“焦点透视”，而中国绘画运用“散点透视”，突破时空的限制。无论是清明上河园中，还是“只有河南・戏剧幻城”里，我看到了很多幅不同质地和呈现方式的

《清明上河图》，作者张择端就是采用了典型的"散点透视"的原理，将古代汴京东郊的世态风俗展现了出来。前些年我参与学校的游学活动，在美国纽约，参观了心心念念的大都会艺术博物馆，欣赏到了大量19世纪到20世纪的名画以及一些古代绘画艺术作品，非常震撼，流连忘返。绘画艺术作品，宛如天幕上闪烁的星辰，令人目不暇接，绘画艺术的熏陶是人类精神世界中具有蓬勃生命力的一道靓丽风景。

写作绘画评论，与写作音乐评论类似，选择自己最喜欢的绘画种类，结合绘画的主题、特点和画家艺术风格予以点评。在众多的绘画类型中，笔者还是最钟爱中国山水画。中国山水画是以自然山川为主要描绘对象的画作，反映了中国传统文化中的山水情思。在山水自然风物中，我们感受中国画的深邃诗意美和空灵意趣。绘画与文学的结合是文学史上的佳话，其中比较典型的有唐代的王维的作品。王维的《江干雪霁图卷》是一幅代表作，这幅画中的线条不繁复，没有刻意的着色渲染，墨色浓淡相宜，笔法轻练，勾勒出静谧、悠远和清奇的画面。王维的水墨神韵，对中唐以后的山水画发展具有较大的影响。在诗歌创作领域，王维的山水田园诗讲究画面的层次、远近交互、动静结合和声色相间，具有醇厚的乡间气息和生活趣味，但又告别烟火气。这种诗的意境与他的绘画相呼应，所以苏轼评价他说"味摩诘之诗，诗中有画；观摩诘之画，画中有诗"。王维的诗与画相交融，含蓄蕴藉，清冷幽邃，超脱凡俗，充满了禅意的自然美学。

四、建筑评论

信息高速发展的网络时代，通信方式被不断更新换代，邮票这样的字眼，在同学们的印象中，或许只是出现在余光中先生的诗句里："乡愁是一枚小小的邮票……""00后"不太知道，他们的父母——那些20世纪七八十年代的中学生，有很多关于邮票的记忆。邮票上的图案有人物、动物、植物、风光等，其中，邮票中的建筑是非常有特色的。在笔者的印象中，记得有一类是亭台楼阁轩榭廊坊，比如有中国名亭：爱晚亭、琵琶亭、兰亭和醉翁亭，还有一类是各地民居建筑群，比如福建土楼、陕北窑洞、北京四合院、上海石库门等。建筑是历史的载体和地域的文化符号，中国的古建筑种类繁多，历史悠久，值得玩味，其中，中国古典园林的写意之美是传统的文化精神最生动的表现之一。

园林建筑与中国的诗歌、绘画一样，注重意境的营设，借助对山水景色的模仿和造像，将婀娜多姿和神奇秀美融入建筑结构中，形成典雅的园林艺术。这种对自然的反映，不是一种单纯的模仿，而是创造性的再现和加工，表现了对自然的崇尚，巧妙地置景，烘托意境之美。园林中的景物是将自然的局部之景设置于建筑艺术之中，山水富有灵气，具有画面感，源于自然又高于自然，在有限的空间创造无限的意境。园中的景物以小见大，变换比例和尺度，形成视觉上的错落感，在构图中将广阔的自然融于建筑之中。

园林建筑含而不露的风格体现了中国人内敛、平和的精神气象。唐代常建的《题破山寺后禅院》中"竹径通幽处，禅房花木深"讲述的就是古典园林含蓄的艺术风格。在园林中，无论远景、近景，常常采用半隐半露的表现形式，这和中国山水画凝练、含蓄、蕴藉的主张有相通之处。比如，苏州的拙政园，进门呈现在游客面前的是一座假山，挡住了视线，却让园内风景若隐若现。到了远香堂南的山池，主景又是掩映可见，直到真正到达远香堂，主景才展露在游客面前，这样的景物设置，让园中层次丰富，妙趣横生。

虚实相间的建筑布局是园林意境美的另一特征。古典诗歌、绘画讲究虚实相间，在实景和虚景的贯通中体现主旨，园林景物的布置也遵循这样的法则。比如，成都的杜甫草堂里，草堂陈列馆一带的建筑相对密集，在树林内的水池边略微增加了一些亭台楼榭作为点缀，虚实相间，丰富了视觉空间，形成宽和窄的对立和互换，增添了景物的意趣。

在园林建筑中，建筑师摄取自然万象，通过加工，将自然美提炼和创造，寄寓主观的审美意识，借助物态抒写情思。同学们可以多走走看看，通过山水游记，记录下祖国山河的各种建筑艺术之美。

写作建筑评论，建议同学们选择自己最熟知的建筑物，如果有条件，最好能对实景进行评论，退而求其次，可以借助图片资料和视频资料等。建筑评论包含的基本内容有建筑的历史、艺术流派、外形风格等，这些都是基于审美主体的知识积淀和评价素养。写建筑评论需要融入我们对建筑文化的全景式观瞻和符合个体特征的美学视角，这样写出来的文字才能打动读者。此外，建筑是我们评论的核心，但不是唯一，同学们可以尝试为这个建筑增添和变换不同的背景，比如时令节气，日晚晨昏，不同的自然风光和背景元素，描摹出来的景物是不一样的。同时，移情于物，评论者的情感寄寓在建筑之上，建筑就会更有灵性。比如范仲淹的《岳阳楼记》、苏轼的《水调歌头·黄州快哉亭赠张偓佺》等，学习名家记录描摹建筑的视角，我们会获得不少写作启示。

五、雕塑评论

雕塑艺术是雕、刻和塑三种创制方法的总称，制作载体有石膏、树脂、黏土等可塑型材料和木材、石头、金属、块玉等可雕刻的硬质材料。制作者通过对材质的造型，形成具体可感的艺术形象，抒发思想情感和表达对社会生活的理解。

中国的雕塑具有悠久的发展历史，原始社会的石器和陶器是雕塑艺术的滥觞，殷商时期的青铜艺术是当时政治、经济和文化的注脚。后世有秦代的兵马俑、汉代的造像、魏晋南北朝的石窟艺术、隋唐的宗教造像艺术、陵墓装饰雕刻术等。直至明清，中国的雕塑艺术又进入了一个全新的时期。

笔者于2020年暑期第三次到西安秦始皇兵马俑，这是1961年国务院公布的第一批全国重点文物保护单位，被誉为“世界第八大奇迹”，是世界八大古墓之一。下面和同学们聊聊兵马俑的雕塑艺术。

西安秦始皇兵马俑目前已经发掘了三个俑坑，总面积为2万平方米，相当于50个篮球场的大小。俑坑中的兵马俑横成行，纵成列，排成长方形的军阵。多数陶俑拿着武器，有秦代的青铜剑，剑长40～90厘米。秦国的弩弓，流线型的设计，300米的射程，曾为秦朝统一立下汗马功劳，还有些诸如金钩、戈、戟、殳等配件和兵剑，单看这些兵器的锐利程度和阵容，足见当时秦朝的国力之强盛。但遗憾的是，俑坑中的很多兵器因为被氧化、侵蚀，还有些被偷盗，不能再现当年的盛况。欣赏兵马俑，最精彩的莫过于品鉴兵马俑的人物形象。在俑坑中的兵马俑，依据的是现实生活中真人的比例，陶俑身上的铠甲、战袍是当时军队服饰的模拟，配备的战车也是实物的造型。从服饰上看，头戴鹖冠，着双层战袍，外披彩色鱼鳞甲，体魄雄健、昂首阔步、倚剑伫立、气度非凡的是智慧而骁勇的将军，头戴长冠、披着长甲，表情严肃沉静的，多为辅佐将军的指挥官吏。重装武士身着战袍、外披甲衣、手持长兵，轻骑兵手持弓弩、背负箭镞，人物的身份一目了然。秦俑的面部表情非常鲜活，有些面带微笑，神情怡悦，有些表情凝重，若有所思，有些眉宇飒然，有些呆若木鸡，形态各异，栩栩如生。还有各种细节也一丝不苟，比如发辫造型、革带配饰，甚至连手指骨节、陶马口中的牙齿都精心打造，颇具匠心，令人叹为观止。

秦始皇兵马俑以高超的艺术手法，展现当年秦朝的盛大军威，大气磅礴，是秦代写实艺术的生动体现，继承了战国以来的制陶工艺，为唐代塑造艺术的繁荣奠定了基础，成为古代塑造工艺臻于成熟的标志，是雕塑发展史上浓墨重彩的一笔。

笔者学校的探究性课题中就有以雕塑为主题的艺术探究活动，文本中就会涉及对雕塑的评论。对雕塑进行点评，我们有以下思路。首先，对雕塑进行基本的分类，可以从主题内容、造型艺术、风格流派等方面进行归类。经过基本的归类后，我们可以明确评论的样式和重点。每一款雕塑都应该从所属的风格流派来分析和点评，同时，关注雕塑的发展历史，在更广袤的时空序列中看待雕塑的发展，能得到更加动态鲜活的信息。其次，可以横向对比同时期、同流派的雕塑作品，思考每一款雕塑与众不同的风格气质，在艺术评论中可以凸显点评对象的独特性。第三，思考雕塑和社会文化之间的关系。雕塑是具有文化彰显意味的造像艺术，必定承载着历史文化使命或者隐含着一定的社会心理意识，点评文字中应该有深层次内容的挖掘。

第六节　网络时代写作

20 世纪 60 年代末至 70 年代初，计算机网络才萌芽。半个多世纪以来，网络的发展速度令人惊叹，人们的生活被彻底改变，如果站在 20 世纪中叶想象今天的生活，是否也有些科幻的意味呢，但这一切就真实地存在。

网络时代，人们的学习方式和写作形式也发生了巨大的变化。普通民众在网络平台参与探讨和发表见解的机会越来越多了，经常会影响舆论导向。提升写作技能，养成良好的习惯，做一个文明、有修养的网络发言人是我们的必修课。本节将从微博撰写、网络评论、短视频评论和公众号写作四个方面和同学们交流。微博类似于微型网络日记，微博的定位、新颖度和真实性是需要重视的。网络评论是广大民众参与时事新闻的常见形式，保持客观公正和理性是我们应该遵守的基本原则。短视频在我们的生活中出现并兴起，以其快捷、轻松的方式和视觉感官冲击成为人们喜爱的一种娱乐方式，也有很多人参与短视频制作。短视频脚本的写作对视频的录制有重要的指导作用，基本元素的确立和细节的打磨是后期视频制作的先决条件。随着微信越来越多地被使用，个人公众号也在成为一种潮流。公众号文章的质量是公众号的生命线，创建别样的主题和风格，持续地更新有价值的文章，会让我们的生活更加丰富多彩。

一、网络时代写作的相关概念

网络时代是由节点和连线构成的一个崭新的交流时代，具有即时性、广泛性和社会性，是人类发展历程中科技发展的有力见证。网络是连接、输送信息和共享资源的虚拟平台，人们借助网络平台进行文章阅读、影音播放、下载传输等资源共享和交流。网络时代将一个开阔的视野呈现在人们的面前，网络像一个神奇的解码器，将包罗万象的大千世界传输给我们，对我们的生活、学习和交流方式产生了巨大的影响。

网络时代对写作的影响首先源自阅读和学习模式的改变。在传统的工业社会，学习个体既得知识的学科分类明显，人们被限制在所属的学科领域里。互联网时代打破了这种传统的学习模式和教育体系，知识被碎片化地分解、重构在不同的领域和空间里，学习和阅读方式需要关注更广阔的视域，需运用我们的知识背景建立更丰富的联系。写作也是如此，素材来源更广，表达方式更自由，常常是一篇博文能激起千层浪。在这个时代，写作的私密性和关注度形成二元对立，文字成为人们交流的媒介，是传递个人见解和思想的途径。网络的广泛性对写作而言是优势，但言论仍然需要遵循约定俗成的公共法则。

网络时代的写作可以关注一些什么呢？笔者认为客观与深刻是最重要的两个原则。

客观地获取信息并客观地评论是网络写作的前提。这里谈及的网络写作是广义的写作，凡是在网络公共平台上有一定数量和阅读量的文字，均被视为网络写作。对一些时事要闻的评论，是大众网络写作的基本形式。目前在互联网上，言论的随意性令人忧虑。一个人只要成为公众人物，他的私人空间就会被极大地侵占，微博中任意一个措辞就可能就成为大众关注的热点，继而引发一场全民猎巫的狂欢热潮，给当事人造成很大的困扰和伤害。客观公正、尊重事实，不随意跟风，客观理性地行使自己的话语自由权利，这是公民的基本素养。

文字思想深刻，具有穿透力是网络写作的旨归。快捷的信息传递充斥在人们的视野中，现代人每天沉溺在海量的网络信息中，如何提升网络文字的思想内涵，提升大众阅读的质量和境界，是每一个参与网络写作的个体需要思考的。在写作中，甄选一些具有交流价值的素材，深度挖掘，剖析评论，形成自己独特的主张，传播具有正面影响力的观点，分享生活的美好，颂扬人性的高贵，提醒被忽略的幸福，才更有意义。

二、微博撰写

微博是一种微型网络日记，140 字的容量，实现即时的分享。美国的推特是微博的最初形式，国内的微博正式开启于 2009 年，是由中国门户网站新浪推出的“新浪微博”。

撰写微博有几个简单的步骤。第一步，注册。用真实姓名注册是第一步。一些知名的微博都是需要真实姓名注册的。第二步，自我介绍。每一位微博博主都有自己的个人首页，首页上的自我介绍是向别人介绍自己的平台。自我介绍包括头像、昵称、简介文字等部分，其中头像是第一印象，昵称的独特性是吸引眼球的一个方面，简介文字要个性化一些，可以幽默风，也可以诗意路线，这是很随意的。

以上是微博写作的基本步骤，很容易掌握，但要写好微博，需要真正明确一些要点。

首先，微博的定位。微博既个性化，又大众化。撰写微博之前，需要思考几个问题，微博的主题是什么？微博的主要阅读者是谁？微博写作的目的是什么？我的微博的核心竞争力是什么？当然，微博写作是比较自由的，可以简单地概括成两大类，即我在做什么和我在想什么。我们可以发布一些独家新闻、书评、影评、美食评论、节日活动、产业分析等，也可以发布自己擅长的领域的知识经验或者感悟体验。

其次，内容的新颖度。微博内容的撰写的新颖度包含选材的新颖、表述方式的新颖和中心主旨的新颖。关于选材的新，博主的视野应较为宽广。微博是热门话题的展现平台，我们可以结合一些焦点话题，时常更新微博，提供一些及时的独家新闻，借助热点的“热度”，表达自己的思想或者观点，提高自己的知名度。表述方式的新颖很重要，涉及语言技巧和叙述技巧。140 字可以运用故事讲述的方式，尤其注意悬念的设置，引起读者的兴趣。语言风格可以煽情，也可以幽默，可运用一些微博热词，提升语言的趣味，也可以以一些具有关注度的照片、图片或者观点为引子来撰写微博，言简意赅又别立新宗。

第三，情感的真实性。微博写作需要一种真诚的态度。我们的微博有不同的阅读对象，但首先是写给生活中的自己，所以，在撰写微博时，避免刻意掩饰自己，也不要选用自己不熟悉的语言风格，要真诚地面对自己的读者和粉丝，讲真话，写真情。

在微博这个虚拟的世界里，坚守传统新闻写作的操守是非常重要的，这也是个人公信力的保障。我们可以去报道别人的观点和言论，但需要把握好实名还是匿名的尺度，避免侵犯他人隐私和传播网络虚假信息。不要随波逐流，人云亦云，对于一些焦点问题，发表观点之前一定要慎重，不要以讹传讹。

三、网络评论

网络评论借助网络媒体平台对新闻时事或者一些公众事件进行评论，是一种原创性评论。中国的网民数量庞大，网络评论是广大用户参与社会生活的一种重要方式。

网络评论有三个主要的特征。第一是即时性。新闻时事的网络评论经常早于纸媒和电视媒体上的评论，人们也更趋于借助网络评论掌握最新的消息，而纸媒和电视媒体的官方言论常常只是确证手段而已。但也因为它的及时特征，评论信息的可靠性常常受到质疑，官方辟谣经常紧跟其后，所以，当我们去参与网络评论时，一定要尊重事实，谨慎评论，避免被错误的信息和评论误导，成为传递谬误的帮手。第二，网络评论言简意赅。和纸媒评论相比，网络评论的文章篇幅略短，人民网的“人民网评”一般在 1 000 字左右，新华网的“新华网评”则在 800 字左右。另外一些社交网络平台上的评论深受用户喜爱，比如微博、微信朋友圈、搜狐、豆瓣、腾讯上的评论，得分高的篇幅不长，简明扼要。第三，网络评论语言鲜活。网络评论的语言生动，或深刻，或犀利，或幽默，很多都非常富有感染力。网络评论中也经常出现一些具有代表性的网络热词，这些网络热词源自一些网络热点新闻，所以是很有趣味的。

经常参与网络评论的中学生，写作网络评论时需要注意一些写作要点，让我们一起来看看。

其一，中心明确。网络评论篇幅不长，写作时围绕中心观点写作，主旨明确，逻辑清晰很重要。网络评论的浏览是一种速读和粗读，如果我们写作时，设置太多铺垫和悬念，文字过于繁杂，会因此带来阅读障碍。所以，建议写作时，首段摆明自己的观点，评论主体部分围绕中心展开论述，在结尾处可以强调和再次升华中心论点。

其二，观点新颖。网络评论写作时，表述方式不要拘泥于一些传统的论述方式，可以采用富有趣味的表达。评论文章的标题的命名是吸引人的一个途径。下面是《人民日报》评论的一些超燃的标题："山货'乘云'出山门"，这个标题借用了拟人手法，表现了网络营销的情景；"'疫考'过关，'汛考'加试"，这个标题运用了比喻手法，讲述疫情和防汛的双重考验；"从'筛子'到'梳子'再到'篦子'"，这个标题形象地将扶贫工作细致清晰的做法表现出来。

其三，客观公正。网络评论写作最重要的一条原则是对客观事实的尊重。写作网络评论时，我们应先借助相关的准确信息了解事件的原委，再参与评论。而且，写作时，我们用语要注意把握尺度，不宜偏激和主观臆断。面对别人对我们评论的质疑，也要客观地寻找数据和证据进行客观的反驳，做到文明有序地评论和回应。

四、短视频脚本

在互联网发展日新月异的今天，短视频行业也在飞速发展，"美拍""快手""抖音"等短视频平台争奇斗艳，刷短视频成为高达九亿网民的娱乐方式。短视频最初只是一种休闲娱乐手段。2019 年后，短视频逐渐成为一种营销带货手段，它打破了传统的电商流量瓶颈，改变了人们的消费模式，成为了广告媒体青睐的传播方式。短视频也不是民间的专属品，政府职能部门也在利用短视频革新管理方式，加强与公众的良好沟通，提高公共事务管理能力。短视频和传统媒体相比，及时而直观，有较强的表现力，传播速度快，是大众学习各个领域知识的载体，改变了大众的重要生活方式。另外，短视频制作门槛低，有越来越多的个人和团体着手制作短视频，手机、电脑加上剪辑软件就能满足基本条件，但短视频要提高质量，视频脚本的写作是很重要的一个环节。

先了解一下脚本的概念。脚本是电影拍摄、戏剧表演所依照的底本或者书稿底本。短视频脚本是指导视频拍摄的基本故事大纲，搭建了视频的整体故事框架，包含时间、地点、人物、台词、表情和动作以及这些元素的搭配方案等。脚本写作者根据视频的主题，需要对基本元素进行增删和修改。当内容确定后，视频制作者根据脚本内容，确立故事发展的流程，并以此为依据进行拍摄、剪辑和加工制作。视频脚本对视频的录制和后期修改具有重要的指导作用，前期确定好脚本，定位准确，能大大提高短视频录制的效率。

短视频脚本写作步骤简单，容易操作。

首先，确立框架。框架相当于作文提纲，围绕着短视频的中心主题，初步确立事件的故事框架、人物关系、背景等基本信息。确立框架时，应考虑不同角色对应的场景、道具等。框架的基本元素确定后，应思考串联这些信息的线索是什么，方法和本书第一章所涉及的线索类作文相似。主线串联的方式可以有单线串联、多线并联的嵌套式，不过都要确保主题清晰明确。其次，场景的设计。短视频中的故事画面实际是以场景的形式一幕幕地展现在观众面前的。每个场景片段的拍摄设备、道具、具体位置、技法和景别都要写清楚，这里的“景别”，主要包含远景、全景、中景、近景和特写五类。所以，精心打磨设计好片段的场景是高效合理剪辑短视频的手段，可借助多个场景阐述一个中心主题。注意，每一个场景的时间都是需要准确划分的。最后，技法和故事载体只是依托，通过这些物质元素需要表达怎样的主题，才是短视频脚本写作的关键。深入剖析短视频的故事内涵，从中提取具有价值的主题进行传播，这样的短视频才具有社会意义和审美价值。

同学们着手写脚本前，可以参看一些经典的短视频，从模仿开始，由易到难，循序渐进，相信一定会有优质的短视频作品产生。

五、公众号写作

微信作为我们生活中必不可少的社交软件，其公众号也是资讯和知识的一个重要来源。如今，一些以学术推送或者读书分享为主的公众号具有一定的知名度。另外，个人申请开通微信公众号也成为潮流，其中个人情感、娱乐休闲这两类比较常见。个人微信公众号开通很容易，邮箱注册申请方便操作，不过，要提升公众号的品质和持续更新内容，需要思考和毅力。很多个人的公众号从个人的自娱自乐逐渐变成一片被遗忘的荒芜之地，所以，是否开始，是否能坚持，是需要确认后再实施的。关于公众号的运营，涉及的内容比较多，比如涨粉、变现、广告等很多方面，本节仅从文章写作的角度和同学们聊一聊。

一个公众号在建立之初，需要关注的首要问题就是文章内容的确立与风格的打造。内容的确立关乎公众号的定位，定位的坐标为自己和读者，即包括对自我的分析和对读者需求的预估两个方面。对自我的分析，我们第一反应是找寻自己熟悉和感兴趣的领域，这是可以遵循的思路，但也需要结合受众阅读心理综合考量。如果一味只关注个人兴趣，缺少对阅读需求的考虑，这样的公众号会因缺少关注而丧失坚持的毅力。另外，尤其对于新手来说，建议选择的主题不要过于广和杂，可以适当切分，采用专栏的形式进行写作，比如，做一个文言文阅读的公众号，通过确立对象，用小学、初中或者高中来分区或定位，这样更具有针对性。关于公众号的风格，依随主题的选择和作者文字的个人风格，文章自成体系，前后风格保持一致，确保文章的统一性。

文章的创新性是公众号提升关注度的要旨。关于创新，有一些小技法。首先是标题新颖。标题中的时事、热词、修辞、制造悬念等，会大大增加文章的新颖度和关注度，但标题也忌过于追求新颖，从而导致文题不符，给读者带来一种哗众取宠，夸张不实的感受。"标题党"并不真正受人欢迎，优质的标题加上适合的内容才是好文的双翼。其次是图文并茂。公众号文章增加一些配图，能让文章更加生动，配图与文字搭配合适很重要。另外，配图最好是自己拍摄的照片或者选用一些免费网站的图片，图片也需要了解是否涉及版权。再次，选用素材的实时性。如果文章是一些社会新闻的点评，一定要及时，观点新颖，人云亦云的文章很难有关注度。最后，文章中有个性化思维。网络是一个高速运转的磁场，每时每刻都会有海量的信息涌现，人们的大脑被信息的浪潮推动着，网络上千篇一律的观点会不经意就被人过滤掉，所以，个性化的思维，深邃的见解才可以使文章独树一帜。

同学们，在此，关于自由写作的篇章即将结束。写作是一项复杂的脑力活动，包含构思、选材和表达。我们通过文字记录阅读的体悟、记录生活与我们的思想。很多年以后，当我们去翻阅之前的写作内容，会再次邂逅当时的心情与感怀，想想这确实是一件挺有趣的事情。同学们，开启你的写作之旅吧！

参考文献

[1] 王运熙,周锋.文心雕龙译注[M].上海:上海古籍出版社,1998.

[2] 朱立元.西方美学思想史[M].上海:上海人民出版社,2008.

[3] 郑克鲁,蒋承勇.外国文学史:上[M].3版.北京:高等教育出版社,1999.

[4] 朱光潜.西方美学史:上册[M].北京:商务印书馆,2010.

[5] 王习胜,张建军.逻辑与思维[M].北京:人民教育出版社,2019.

[6] 敏泽.中国美学思想史[M].济南:齐鲁书社,1987.

[7] 孙通海.庄子[M].北京:中华书局,2007.

[8] 郭绍虞,王文生.历代文论选[M].上海:上海古籍出版社,2001.

[9] 蒋勋.中国美术史[M].上海:三联出版社,2008.

[10] 王振复.中国美学史教程[M].上海:复旦大学出版社,2006.

[11] 刘文孝.外国文学的艺术发展史[M].昆明:云南人民出版社,1998.

[12] 朱立元.当代西方文艺理论[M].上海:华东师范大学出版社,1997.

[13] 理查德·保罗,琳达·埃尔德.批判思维工具[M].北京:机械工业出版社,2015.

[14] L.W.安德森.学习、教学和评估的分类学[M].上海:华东师范大学出版社,2008.

后　记

写作是运用语言文字符号以记述的方式反映事物、表达思想感情、传递知识信息、实现交流沟通的创造性脑力劳动过程。换言之，写作是以语言文字符号为载体的脑力劳动，具有创造性，可以实现对客观事物的反馈、主体情感的表达，人与人信息的交流，是一个包含多维主客体参与的交互过程。写作链接素材、主体和外在世界，写作主体接收外在信息，在自身知识背景基础上，借助思维转化，经过糅合、加工和再创造，形成观点向外输出；写作搭建文本、作者和阅读者的桥梁，阅读者通过作品的外在语言表现形式，探知作者的思想和观点。作者和阅读者的观念有叠合、冲撞和依从等多种关系，反驳与认同可能同时存在，这是一个矛盾的综合体。

写作是人类的创造性精神活动之一，具有丰富的现实意义。从表层来看，写作是人们借助文字组合形式获取知识和沟通交流的手段。这是写作的原始意义，和古人依靠工具远离蛮荒相似，即工具性的实践意义是原初的价值，也是我们认识事物本体时，事物本体在我们思维层面的反射。对于事物的认识、剥离、辨析和审视是我们真正理解其本质的路径。写作不仅是从属于个体的精神活动，更是一种以思想交流为支架的社会性互动。写作主体运用多种文字组合构成语境，展开修辞性精神创造。这个创造过程是以个体为原点，向外散发的多射线形态，指向阅读者，再经过阅读者的思维加工，诠释出写作的终极意义，即人类生命存在和自由秩序的精神行为与活动。人类通过写作探寻生命的本体价值和存在的多样性，写作是民族思想文化繁衍、灿烂的实践策略。

但是，写作不是一种本能，而是一种需要训练才能形成的文化素养。多年来，大家都在强调阅读普及性的意义，其实，作为阅读配套的写作更应该被强调。唯有读写结合的阅读，输入与输出交互作用，我们才会真正沉浸到真实而纯粹的文字中，才能更深入地理解作品的内涵。对于写作的训练方法，从古至今，有很多流派，但写作教学逐渐走向课程化和实用化，越来越关注读与写的结合。从阅读的视角来搭设写作框架，有助于写作技法的教学和实践，通过在读与写的互动过程中生成活动主体对文字的感受，促进主体的语言能力发展。

对写作内涵的领悟是提升表达能力的第一步。在此基础上，我们需要对个人写作风格定位，所谓风格，首先还是对本质的把握，即对自己写作状态的准确评估和对未来写作趋势的预设。就写作评估而言，细化自己写作中的优势和劣势，对比分析个人对多体裁文本写作的适应性，寻找问题解决的盲区和症结，有针对性地选择合适的策略予以改善。同时，在基础性写作之余，结合个人兴趣爱好，采用一些适合自己的日常写作训练，保持写作思维的敏感度和语言表达的流畅性。

本书是一本指导初中生写作的工具书，主要从备考写作、应用文写作和自由写作三个方面进行阐述。上篇的备考写作指南以中考作文评分规则为指引，主要从材料、构思、语言、手法、布局及主旨六个方面展开。同时增加了修改和积累两个日常备考的章节，这两个章节关注了作文备考的诸多细节问题，希望能帮助同学们轻松备考。中篇是应用文写作，这是目前重视度不够，却又存在现实需要的写作类型。应用文在日常生活中占有较大的比例，但无论是写作格式，还是逻辑条理，抑或是中心主旨，同学们都还需要加强训练。所以，中篇选择了宣介类应用文、传播类应用文、礼仪类应用文、申请类应用文、书信类应用文、报告类应用文、启事类应用文七种常见的应用文类型，总结了基本的写作方法和注意要点。同学们可以通过反复训练和实践，提高应用文写作的准确性和规范性。另外，中篇第八节古代应用文是一个阅读篇章，我们可以对比古今应用文写作的异同，借鉴名家名作的写作技法。下篇的自由写作是本写作指导工具书的旨归，循规蹈矩的写作要求是我们不可忽略的，而随意任情、唯心所适的自由写作更是我们写作的最佳状态。在下篇，主要从日记写作、游记写作、读书笔记、电影影评、艺术评论和网络时代的写作六大方面呈现了日常的写作形式，这里有很多经典的写作素材，由于篇幅限制，仅做了一些粗略的评述和推荐，作抛砖引玉之用，欢迎同学们或有兴趣的同行批评指正。

在本书即将付梓之际，真心感谢写作过程中给予笔者鼓励和支持的师长与友人，尤其感谢笔者的研究生导师李支舜老师的悉心指导和帮助，在此，向李老师致以真诚的谢意和敬意！今后的日子，在阅读、写作、思考中继续前行。

张　隽

2021 年 8 月于上海